技能人才评价质量督导
工作指导手册

中国就业培训技术指导中心
人力资源和社会保障部职业技能鉴定中心　编写

中国劳动社会保障出版社

图书在版编目(CIP)数据

技能人才评价质量督导工作指导手册/中国就业培训技术指导中心，人力资源和社会保障部职业技能鉴定中心编写. -- 北京：中国劳动社会保障出版社，2024.
ISBN 978-7-5167-6539-5

Ⅰ. F272.92-62

中国国家版本馆 CIP 数据核字第 2024UB0424 号

中国劳动社会保障出版社出版发行

（北京市惠新东街 1 号　邮政编码：100029）

*

北京鑫海金澳胶印有限公司印刷装订　　新华书店经销
787 毫米×1092 毫米　16 开本　18.25 印张　350 千字
2024 年 7 月第 1 版　　2025 年 6 月第 3 次印刷
定价：56.00 元

营销中心电话：400-606-6496
出版社网址：http://www.class.com.cn

版权专有　　侵权必究

如有印装差错，请与本社联系调换：(010) 81211666
我社将与版权执法机关配合，大力打击盗印、销售和使用盗版图书活动，敬请广大读者协助举报，经查实将给予举报者奖励。
举报电话：(010) 64954652

编写指导组

组　长：吴礼舵
副组长：葛恒双
成　员：王　静　李　克　张裕佳　马新芳　李荣生　朱　兵

本书编写人员

主　编：朱　兵
编　者：(以姓氏笔画为序)
　　　　丁新兴　叶　磊　朱　兵　刘永澎　孙汉中　年启初
　　　　李聚杰　苗振林　周世强　赵　宁　赵新涛　蔡　仑

序

加强评价质量监管　助力技能人才队伍建设

习近平总书记指示，要高度重视技能人才工作，培养更多高技能人才和大国工匠，为全面建设社会主义现代化国家提供有力人才保障。党的二十大报告提出，要强化现代化建设人才支撑，加快建设国家战略人才力量，努力培养造就更多大师、战略科学家、一流科技领军人才和创新团队、青年科技人才、卓越工程师、大国工匠、高技能人才。

中共中央办公厅、国务院办公厅《关于加强新时代高技能人才队伍建设的意见》指出，要健全技能人才培养、使用、评价、激励制度，打造一支爱党报国、敬业奉献、技艺精湛、素质优良、规模宏大、结构合理的高技能人才队伍。要构建政府监管、机构自律、社会监督的质量监督体系，保障评价认定结果的科学性、公平性和权威性。

技能人才是实施人才强国战略、就业优先战略和创新驱动发展战略的宝贵资源，技能人才评价工作是技能人才队伍建设的"指挥棒"和"风向标"。随着职业资格制度改革的深入开展，近年来技能人才评价工作面临的形势和任务发生了重大调整。一是各级人力资源社会保障部门的职业技能鉴定中心全面退出评价活动的组织实施，转为质量监管和公共服务；二是评价服务的主体，由人力资源社会保障部门审批的鉴定所（站），转变为人力资源社会保障部门备案的评价机构；三是支持和鼓励有条件的企业自主开展技能人才评价；四是评价类型在职业资格鉴定基础上增加了职业技能等级认定和专项职业能力考核。

质量是技能人才评价工作的生命线。备案评价机构依据国家职业标准和工作规程开展评价，所发放的国家职业资格证书、职业技能等级证书，是技能人才达到特定职业相应技能等级的有效证明，一是满足劳动者对自身职业技能水平认定的需要，提供职业能力的证明，支持新生劳动力求职就业；二是满足用人单位对人力资源开发的需要，并为确定技能劳动者岗位薪酬待遇提供重要参考；三是服务于人力资源市场，支持劳动者跨企业跨地区流动。贯彻落实国家职业标准组织实施考评，是保障评价质量的应有之义。

当前，技能人才评价监管和服务工作面临着公众对职业技能等级制度的认知度有限、备案评价机构组织实施评价活动的经验和能力不足、评价监管工作机制和队伍建设相对滞后等风险。技能人才评价质量监管及督导，是规范和提升技能人才评价质量的一个重要抓手。各级各类技能人才评价机构及工作人员都应认识质量监管工作的重要性，了解质量督导工作的积极作用和工作要求。质量督导人员更要熟悉督导工作的政策依据，了解质量督导内容，掌握督导方法和技术要求。

做好技能人才评价质量督导工作，要落实"三个必须"。

一、必须坚持原则

坚持人民立场。以维护人民群众利益为出发点，坚决杜绝违纪违规评价行为，保障评价主体、评价对象、评价过程和评价结果的真实性和有效性，维护人民利益，回应社会关切，维护技能人才评价制度的权威性和职业技能等级（职业资格）证书的信誉。

坚持国家标准。以遵守国家标准为底线，依据国家职业标准对评价内容、评价方式、评价资源和评价结果等进行检查，保证评价过程和结果与国家职业标准的一致性。社会培训评价组织必须依据国家职业标准，用人单位如果使用行业企业评价规范应依据国家职业标准，其评价规范应依据国家职业标准和最新《国家职业标准编制技术规程》（2023年版）制定。

坚持质量第一。以提高评价质量为目标，不断推进技能人才评价体制机制建设、质量监管能力建设。指导评价机构建立督导评估和持续改进的质量管理机制，不断改进评价管理机制、完善评价资源体系、优化评价服务流程。

坚持公平公正。以公平公正为根本遵循，坚持制度公平，做到要求统一、程序完整、内容全面，保障督导工作过程和结果公正。加强信息反馈，凡属在工作过程中应该让督导对象知晓的信息，应及时反馈，帮助督导对象了解情况。

二、必须加强规范

持续规范评价质量监管制度机制。通过完善质量监管制度和运用督导指标开展督导评估，强化督导规范化和针对性，实现对评价机构和评价行为质量督导常态化和标准化。严肃评价工作纪律，建立质量管理承诺和信用约束机制。完善技能人才评价违纪违规行为处理工作依据，畅通质量投诉举报渠道，建立质量监督和预警机制。

持续规范技能人才评价工作队伍管理。加强质量督导队伍建设，严格督导人员选聘条件和程序，加强督导人员培训、管理和使用，明确督导工作职责和纪律要求，提高质量督导行为的规范性。通过督导，提高考评人员、管理人员、考务人员、专家等各类人员的工作规范性。

持续规范质量督导内容和程序。贯彻落实技能人才评价违纪违规行为处理、备案评价机构管理等政策文件要求，广泛应用技能人才评价质量督导指标，监督、检查、评估技能人才评价活动各环节的组织实施情况。结合督导结果，提出意见建议。

三、必须注重实践

在实践中锻炼队伍。加强质量监管政策宣传解读，加强质量监控技术支持服务，加强业务培训和经验交流，在技能人才评价质量督导实践中打造一支讲政治、重作风、负责任、守诚信、懂技术、有经验的技能人才评价质量督导队伍。

在实践中发现问题和解决问题。要及时掌握社会关注度高、发生频率高的问题，准确识别具有隐蔽性的问题，找准问题根源，精准发力，给予针对性指导，及时消除隐患，防范重大风险，督促解决问题。

在实践中研究和运用质量督导技术方法。要在实践中运用、检验和完善工作方法，明确质量管理要求，不断提高监督检查和指导的科学性、针对性和有效性，完善相关制度，强化管理落实，建立科学长效的监管机制。

本书全面介绍了技能人才评价质量督导的概念和意义、质量督导工作内容和工作方式、技能人才评价违纪违规行为的核实处置、质量督导指标应用和督导人员的管理使用等具体内容，能够为各级人力资源社会保障部门技能人才评价监管服务机构、广大技能人才评价质量督导人员及其他工作人员提供工作指导和参考。

实践是完善制度、贯彻标准、锻炼队伍、提高效率、宣传推动、形成合力的基本途径。各地各部门行业及用人单位从事技能人才评价质量督导的机构及人员，应高度重视技能人才评价质量监管及督导工作，为技能人才评价保驾护航，促进技能人才评价事业健康发展。

目 录

● 第一章 技能人才评价质量督导概述 ……………………………………… 001
第一节 督导工作概述 ……………………………………………………… 003
第二节 督导工作体系 ……………………………………………………… 016
第三节 督导工作依据 ……………………………………………………… 021

● 第二章 对评价机构、评价活动和工作人员的督导 ……………………… 039
第一节 对评价机构的督导 ………………………………………………… 041
第二节 对评价活动的督导 ………………………………………………… 058
第三节 对工作人员的督导 ………………………………………………… 072

● 第三章 技能人才评价违纪违规情况调查 ………………………………… 097
第一节 违纪违规情况查处工作内容 ……………………………………… 099
第二节 违纪违规行为处理工作程序 ……………………………………… 105
第三节 要情报告 …………………………………………………………… 110

● 第四章 质量督导指标应用和督导组工作方法 …………………………… 117
第一节 质量督导指标体系 ………………………………………………… 119
第二节 督导组的工作方法 ………………………………………………… 138

● 第五章 技能人才评价质量督导人员 ……………………………………… 155
第一节 条件要求 …………………………………………………………… 157
第二节 权利义务 …………………………………………………………… 159
第三节 管理使用 …………………………………………………………… 162

● 附录 …………………………………………………………………………… 177
中共中央办公厅 国务院办公厅印发《关于分类推进人才评价机制改革的指导意见》 ……………………………………………………………………… 177

国务院关于推行终身职业技能培训制度的意见（国发〔2018〕11号） …… 183
国务院办公厅关于进一步规范行业协会商会收费的通知（国办发〔2020〕21号） … 189
中共中央办公厅 国务院办公厅印发《关于加强新时代高技能人才队伍建设的意见》 …… 193
人力资源社会保障部关于在工程技术领域实现高技能人才与工程技术人才职业发展贯通的意见（试行）（人社部发〔2018〕74号） …… 199
人力资源社会保障部关于改革完善技能人才评价制度的意见（人社部发〔2019〕90号） …… 202
人力资源社会保障部办公厅 公安部办公厅 市场监管总局办公厅关于加强职业技能评价规范管理工作的通知（人社厅发〔2024〕27号） …… 206
人力资源社会保障部办公厅关于做好人力资源社会保障部门职业资格实施机构职能调整有关工作的通知（人社厅发〔2020〕49号） …… 208
人力资源社会保障部办公厅关于支持企业大力开展技能人才评价工作的通知（人社厅发〔2020〕104号） …… 210
人力资源社会保障部关于健全完善新时代技能人才职业技能等级制度的意见（试行）（人社部发〔2022〕14号） …… 213
人力资源社会保障部办公厅关于印发《国家职业标准编制技术规程（2023年版）》的通知（人社厅发〔2023〕31号） …… 219
关于印发《职业技能等级认定工作规程（试行）》的通知（人社职司便函〔2020〕17号） …… 245
关于加强职业技能鉴定质量管理有关工作的通知（人社职司便函〔2020〕44号） … 250
关于印发《技能人才评价质量督导工作规程（试行）》的通知（人社职司便函〔2020〕53号） …… 251
关于印发《职业技能等级评价机构备案事项办理指南（试行）》和《技能人才评价违纪违规行为处理工作指引（试行）》的函（人社职司便函〔2021〕57号） …… 260
关于开展技能人才评价要情报告工作的通知（人社职司便函〔2022〕11号） …… 271
关于印发《职业技能等级证书编码规则（试行）》和《职业技能等级证书参考样式》的通知（人社鉴发〔2019〕2号） …… 273

- 参考文献 …… 279
- 后记 …… 280

第一章 技能人才评价质量督导概述

- 第一节 督导工作概述
- 第二节 督导工作体系
- 第三节 督导工作依据

以习近平新时代中国特色社会主义思想为指导，深入贯彻落实党的二十大精神，全面贯彻习近平总书记关于做好新时代人才工作的重要指示要求，深入实施新时代人才强国战略，实施科教兴国战略，强化现代化建设人才支撑，以服务发展、稳定就业为导向，大力弘扬劳模精神、劳动精神、工匠精神，健全技能人才培养、使用、评价、激励制度，打造一支爱党报国、敬业奉献、技艺精湛、素质优良、规模宏大、结构合理的高技能人才队伍，努力培养造就更多技能大师、大国工匠、高技能人才，需要充分发挥技能人才评价工作的导向和激励作用。

质量是技能人才评价工作的生命线。开展技能人才评价质量督导（以下简称"质量督导"或"督导"）工作，是加强技能人才评价质量监管和公共服务的必然要求，是提升职业资格证书和职业技能等级证书等技能类证书权威性、公信力的有效途径，是保障全面推行职业技能等级制度的必要举措。不断提高质量督导技术水平，是提高技能人才评价机构质量意识和质量管理水平、促进技能人才评价健康发展的客观要求。

第一节　督导工作概述

- 评价质量和质量督导
- 质量管控工作的发展
- 质量督导作用和特点

习近平总书记在致首届全国职业技能大赛的贺信中强调："技术工人队伍是支撑中国制造、中国创造的重要力量""各级党委和政府要高度重视技能人才工作，大力弘扬劳模精神、劳动精神、工匠精神，激励更多劳动者特别是青年一代走技能成才、技能报国之路，培养更多高技能人才和大国工匠，为全面建设社会主义现代化国家提供有力人才保障"。

建立和完善技能人才评价质量监督指导机制，对各类技能人才评价机构及评价活动实行质量督导，可以有效提升技能人才评价机构质量意识，推动技能人才评价机构持续改进质量管理水平，规范评价行为，确保技能人才培养评价工作健康发展。质量是技能人才评价工作的生命线，技能人才评价机构和评价活动管理水平的高低直接影响着评价工作的质量。技能人才评价质量督导体系的建立和完善伴随技能人才评价工作的形成、改革和发展。经过多年质量督导制度的推行，在质量控制和管理提升方面取得了明显效果，得到技能人才评价监管机构和实施机构、用人单位和考生以及其他相关方面的积极响应。

一、评价质量和质量督导

开展技能人才评价质量督导工作，先要厘清各种名词术语，理解相关概念含义，包括但不限于技能人才评价、技能人才评价质量、技能人才评价质量监管、技能人才评价质量督导和技能人才评价质量督导人员等。

（一）技能人才评价

技能人才评价是以促进劳动者能力提升和职业晋升为目标，对其工作能力、技能水平进行客观、科学、系统、标准化的评价或认定，技能评价证书是职业技能水平的凭证，反映劳动者在职业活动和个人职业生涯发展中所具备的综合能力。技能人才评价包括职业资格评价、职业技能等级认定和专项职业能力考核三种类型。实施三类评价的机构统称技能人才评价机构。

1. 职业资格评价

对关系公共利益或涉及国家安全、公共安全、人身健康、生命财产安全的职业（工种），由国家公布《国家职业资格目录》，实行职业资格评价。由经备案的考核鉴定机构依据《国家职业标准》对劳动者的职业技能进行职业资格考核评价，合格者取得职业资格证书。职业资格证书表明劳动者具有从事该职业所必备的学识和技能。

2. 职业技能等级认定

《中华人民共和国职业分类大典》收录及后续发布的技能类职业（工种）未纳入准入类的水平评价类职业中，社会通用性强、专业性强、技术技能要求高的职业（工种），根据经济社会发展需要，实行职业技能等级认定。经人力资源社会保障部门备案公布的技能人才评级机构（含用人单位、技工院校和社会培训评价组织），按照国家职业标准或经备案的行业企业评价规范和岗位任职条件，对劳动者的职业技能水平进行考核评价，合格者由职业技能等级认定机构按照《职业技能等级证书参考样式》规定制发相应职业技能等级证书。职业技能等级认定是技能人才评价的重要方式。

3. 专项职业能力考核

结合新兴产业发展、地方特色产业需要和就业创业需求，选择市场需求量大、可就业创业的、具有一定技术含量的最小技能单元（模块）专项职业能力，依据人力资源社会保障部门备案的专项职业能力考核规范，由人力资源社会保障部门备案的考核机构实施专项职业能力考核，发放专项职业能力证书。专项职业能力考核是技能人才评价的重要补充。

（二）技能人才评价质量

技能人才评价质量是指开展技能人才评价的工作活动和工作结果以及人员行为，与现行评价有关的规章制度、职业标准或考核规范、技术规程及工作要求的一致性程度。换言之，即评价活动内容、评价过程、行为及结果与相关标准、规范及规定的符合程度。维护和提升技能人才评价质量，既要重视质量建设，也要重视质量监管。技能人才评价机构应注重质量保证，积极开展质量管理体系建设；技能人才评价监管部门应强化质量监管和相关技术支持服务，做好质量保障和组织推动质量督导工作。

（三）技能人才评价质量监管

技能人才评价质量监管是为了保障技能人才评价质量而进行的监督管理活动。通过监督管理，建立完善的质量管控体系，以保障规范、有效地提供达到用人单位、考生及其他相关方满意的技能人才评价服务。质量监管运用科学方法和机制，包括过程质量控制和内容质量控制，控制和保障技能人才评价质量，包括对职业标准与教材、命题与题库、考核与评价、证书核发与管理、技能人才评价机构与场所、设备设施及考评人员、管理人员等进行质量监测和管控。技能人才评价质量监管有两个不可缺少的方面，即技能人才评价监管部门加强监督服务和技能人才评价实施机构完善管理机制。

（四）技能人才评价质量督导

结合国家技能人才评价的有关要求和技术方法，对技能人才评价机构和评价活动、相关行为情况及结果等开展的监督指导、检查评估工作，是技能人才评价质量监管的一种具体措施。技能人才评价质量督导工作包括针对技能人才评价机构贯彻执行国家技能人才评价有关法规、规章和政策及其质量管理体系建设等情况，在备案范围内开展评价活动中执行国家职业标准（评价规范）[①] 和执行考生资格条件、命题、考务、考场、证书管理相关规定及考评人员、管理人员工作等情况所开展的质量监督指导活动；同时包括针对投诉举报的技能人才评价工作中涉嫌违纪违规情况进行的调查核实，以及对技能人才评价工作中重大问题进行的调查研究等工作。

2018年，中共中央办公厅、国务院办公厅印发《关于分类推进人才评价机制改革的指导意见》要求建立健全监管制度，加强人才评价法治建设，健全完善规章制度，提高评价质量和公信力。2018年，《人力资源社会保障部办公厅关于开展职业技能等级认定试点工作的通知》（人社厅发〔2018〕148号）中提出工作要求："试点机构根据试点工作方案，组织实施职业技能等级认定，全过程接受人力资源社会保障部门的质量督导""各级人力资源社会保障部门职业技能鉴定中心要做好技术支持服务和质量督导等工作，受理投诉举报并核实处理"。2019年，《人力资源社会保障部关于改革完善技能人才评价制度的意见》（人社部发〔2019〕90号）明确要求加强技能人才评价监督管理服务。2020年，人力资源社会保障部职业能力建设司和职业技能鉴定中心印发《职业技能等级认定工作规程（试行）》（人社职司便函〔2020〕17号）明确"加强职业技能等级认定工作质量督导，探索建立评价机构信用评估机制，动态公布评估结果"；规定"人力资源社会保障部门会同有关部门采取'双随机、一公开'监管模式，通过调阅资料、现场检查等方式，对评价机构及其评价活动进行抽查检查；对群众投诉举报和媒体报道反映的问题及时调查核实处理"；要求"有关职业技能鉴定中心要做好职业技能等级认定管理人员、考评人员、质量督导人员和专家队伍建设规划，指导评价机构做好人员培训，

[①] 国家职业标准是技能人才评价基本依据。评价机构（包括社会培训评价组织和用人单位）必须依据国家职业标准，用人单位如需使用行业企业评价规范，其评价规范必须依据国家职业标准，并依据最新《国家职业标准编制技术规程》（2023年版）编制。下同。

加强规范管理，提供技术支持和指导"。2020年，人力资源社会保障部职业能力建设司和职业技能鉴定中心印发《关于加强职业技能鉴定质量管理有关工作的通知》（人社职司便函〔2020〕44号）强调"强化职业技能鉴定质量督导，加强对职业技能鉴定所（站）和考评员、督导员等人员的管理，加强现场督导"。

（五）技能人才评价质量督导人员

《技能人才评价质量督导工作规程（试行）》（人社职司便函〔2020〕53号）第四条规定质量督导人员分为外部质量督导员（以下简称"外督"）和内部质量督导员（以下简称"内督"）。

外督是指人力资源社会保障部门根据实际工作需要选聘的相关人员，代表人力资源社会保障部门对评价机构实施的技能人才评价工作进行质量督导。

内督是指评价机构和相关行业部门选聘的符合条件的相关人员，负责对评价机构实施的技能人才评价工作进行质量督导。

外部质量督导和内部质量督导是维护和提高技能人才评价质量的有效方式，其工作原则、方法技术、核心要求基本一致。外督和内督都需要按照相关要求进行培训考核聘用管理。外部质量督导是质量监管的重要方式，内部质量督导是评价工作的组成部分，内部质量督导和外部质量督导相结合，可以提高质量督导工作效率。

二、质量管控工作的发展

我国技能人才评价经过多年开拓发展、改革完善，积累了丰富的经验，形成了丰硕的成果。

（一）工人技术等级考核制度中的质量建设

1950年，东北人民政府发布《关于调整公营产业工人、技术人员工薪及改行八级工资制的指示》，实行八级工资制，即按照生产劳动的复杂程度和技术的熟练程度，将工资分为八个等级。1952年，工资管理工作移交劳动部门负责。1956年6月16日，国务院全体会议第三十二次会议通过《关于工资改革的决定》，指出"为了使工人的工资等级制度更加合理，各产业部门必须根据实际情况制定和修订工人的技术等级标准，严格地按照技术等级标准进行考工升级，使升级成为一种正常的制度"。这标志着国家正式建立并实行八级工资制，确立了考工定级和晋级制度。在八级工资制实施初期，较好地体现了按劳分配的原则，调动了工人队伍的劳动热情，在技术水平、劳动对象、劳动强度等方面都作出明确的、差异化的具体要求，体现了不同技术水平工人之间的工资差别，且兼顾公平性。但随着社会生产发展，八级工资制面对企业制定的技术等级与工资等级不对应、工资统一计划管理束缚企业执行灵活性、因财政经济方面的困难导致工人工资长期难以调整等许多现实困境，以资历为主要依据晋升工资的做法滋长了平均主义和"大锅饭"现象，虽然在1971年国家强调要坚持以技术高低、贡献大小为依据重新进行工资调整，但是相关措施未得到很好贯彻落实。

党的十一届三中全会以来，社会经济、企业管理等各方面改革发展日新月异，传统八级工资制在技术等级真实反映技能和贡献方面显露了偏差，无法满足社会发展的需要。1981年，中共中央、国务院下发《关于加强职工教育工作的决定》，要求对青壮年职工进行政治思想教育和文化、技术补课（即"双补"教育）；同年，原机械工业部率先将八级工资制中1~3级工定为初级工，4~6级工定为中级工，7~8级工定为高级工，此后在全国各行业普遍推广。1985年，国务院发出《关于国营企业工资改革问题的通知》，同年中共中央、国务院下发《关于国家机关和事业单位工作人员工资制度改革问题的通知》，部分国有大中型企业试行职工工资总额同企业经济效益按比例浮动的办法，各企业根据情况确定自己所实行的工资制度。1987年，原劳动人事部制定《关于实行技师聘任制的暂行规定》，在全国范围试点。1988年，原劳动部在调研论证基础上，组织国务院45个行业主管部门进行了第三次技术等级标准修订工作（1963年第一次、1979年第二次），解决部门间工种交叉重复问题，将原来近万个工种整合，并颁布了我国首部《中华人民共和国工种分类目录》，包含4700多个工种，将传统八级工资制改造成初、中、高三级制。1989年，原劳动部进行了高级技师评聘试点，并于1990年正式印发《关于高级技师评聘的实施意见》。1990年，原劳动部以部令形式颁布《工人考核条例》，这是新中国成立以来第一部由国务院批准的关于工人考核的行政法规。

工人考核制度的建立与完善构建了技能人才评价基本框架，具有重要的历史意义。在质量保证方面：一是明确了全国工人考核工作由原劳动部综合管理，并负责制定有关规定，指导协调工人考核工作；二是评价与使用相结合，并按照国家有关规定确定工人工资待遇；三是确立了以等级为特点的考核体系；四是形成特有的考评方式，即考评包括技术业务理论和实际操作技能的考核，并成为考核工人技术业务水平的基本方法；五是工人技术业务水平的考核主要按照现行《工人技术等级标准》或者《岗位规范》进行考核。

随着《工人考核条例》的颁布，初级工、中级工、高级工、技师和高级技师5个等级的技术工人考核体系确立，为推行国家职业资格证书制度和实现职业技能鉴定社会化管理奠定了基础。

（二）职业资格证书制度中的质量管理

党的十四大以来我国经济体制的历史性变革，即从传统计划经济体制向社会主义市场经济体制的转变，推动我国技能人才评价制度重要转轨。1993年，党的十四届三中全会通过的《中共中央关于建立社会主义市场经济体制若干问题的决定》。1993年9月，原劳动部颁布了《职业技能鉴定规定》（劳部发〔1993〕134号），明确在全国开展职业技能鉴定工作。1994年，原劳动部、原人事部印发《关于颁发〈职业资格证书规定〉的通知》，明确由原劳动部、原人事部分别负责技能人员和专业技术人员的职业资格评价和证书核发。1995年实施的《劳动法》第六十九条明确规定："国家确定职业分类，对规定的职业制定职业技能标准，实行职业资格证书制度，由经过政府批准的考核鉴定机构负责对劳动者实施职业技能考核鉴定。"

1996年，原劳动部《关于加强职业技能鉴定质量管理的通知》（劳部发〔1996〕362号）提出，要树立职业技能鉴定工作社会效益和质量第一的观念，建立质量保证体系，加强管理，规范秩序，强化监督检查，为企业和劳动者服务，同时要求加强鉴定所（站）基础工作，规范了考评员、命题、考务、证书、社会力量办学鉴定、异地考核、新职业（工种）标准制定、监督检查等管理措施。

职业技能鉴定工作以国家职业标准为基准，通过政府批准的考核鉴定机构，对劳动者的理论知识和操作技能水平进行客观、公正、科学、规范的评价与认证活动。职业技能鉴定实行政府指导下的社会化管理体制。各级职业技能鉴定（指导）中心负责组织、协调、指导职业技能鉴定工作，职业技能鉴定所（站）具体实施对劳动者职业技能的鉴定。国家职业资格证书制度和职业技能鉴定工作经过多年的推动与发展，取得了令人瞩目的成绩，构建了国家职业资格证书框架体系，形成了各项职业技能鉴定工作制度，完善了职业技能鉴定的政策和法规体系，确定了国家职业分类并开发建立了国家职业标准和国家职业技能鉴定题库及其管理运行系统，建立了国家职业分类和职业标准专家队伍，颁布了《国家职业标准编制技术规程》《国家职业技能鉴定命题技术标准》《国家职业技能鉴定考务管理规程》《职业技能鉴定质量督导工作规程》《职业技能鉴定质量管理体系标准》等一系列技术性文件，建立了职业技能鉴定组织实施和技术支持体系，完善了职业技能鉴定的质量管理体系，形成了覆盖全国的职业技能鉴定服务网络，建立了统一的鉴定所（站）、考评人员、考务管理、鉴定命题、资格证书管理模式。

1. 职业分类和国家职业标准

1999年，原劳动和社会保障部培训就业司《关于印发〈实行就业准入的职业目录〉及有关问题的通知》（劳社培就司发〔1999〕17号）颁布了调整后的《实行就业准入的职业目录》，原劳动和社会保障部、国家质量技术监督局、国家统计局联合发出《关于颁布〈中华人民共和国职业分类大典〉的通知》（劳社部发〔1999〕18号）。严格按照《国家职业标准制定技术规程》制订并颁布国家职业标准，编写国家职业资格培训教程。2004年，原劳动和社会保障部建立新职业信息发布制度。2005年，原劳动和社会保障部职业技能鉴定中心编写了《专项职业能力鉴定规范编写要求》等。

2. 命题和题库

1995年，原劳动部印发《关于建立国家职业技能鉴定试题库的通知》（劳部发

〔1995〕177号）。1999年，原劳动和社会保障部印发《关于启用职业技能鉴定国家题库的通知》（劳社部函〔1999〕154号），国家题库网络运行管理得到规范。原劳动和社会保障部职业技能鉴定中心组织命题质量评估等研究，按照《国家题库开发技术规程》严格规范题库开发管理。

3. 考务管理

1997年，原劳动部职业技能鉴定中心开发推广职业资格证书打印软件，同年开发全国鉴定统计软件。1998年，原劳动和社会保障部职业技能鉴定中心开发国家职业技能鉴定考务管理系统，为配合该系统的推广使用，印发《职业技能鉴定考务管理编码方案》（劳社培就司函〔2001〕62号）。2002年，国家职业资格工作网启动建设。

4. 质量督导

《关于印发〈推行职业资格证书制度完善职业技能鉴定社会化管理体系的实施方案（1997—2000年）〉的通知》（劳培司字〔1997〕54号）提出完善职业技能鉴定质量保障体系的要求。1997年印发《职业技能鉴定质量督导工作规则（试行）》（劳培司字〔1997〕49号），2003年印发《职业技能鉴定质量督导工作规程》（劳社培就司函〔2003〕126号），提出规范职业技能鉴定工作，进一步提高职业技能鉴定质量，全面推进职业资格证书制度建设。

5. 质量管理责任书

2003年12月，中共中央、国务院印发的《关于进一步加强人才工作的决定》提出人才强国战略，强调了高技能人才是我国人才队伍的重要组成部分。2006年6月，中共中央办公厅和国务院办公厅印发的《关于进一步加强高技能人才工作的意见》提出"积极探索高技能人才多元评价机制，逐步完善社会化职业技能鉴定、企业技能人才评价、院校职业资格认证和专项职业能力考核的实施办法"。面对职业技能鉴定全面推行和快速发展时期出现的各种情况和问题，职业技能鉴定质量管理工作者全力以赴加强法律法规研究，推进体制机制改革，不断完善监督机制，采取层层签订质量管理责任书的形式，推动职业技能鉴定机构加强质量管理建设，建立了符合当时管理体系特点的责任机制。

6. 质量管理体系

2003年，中国就业培训技术指导中心启动职业技能鉴定机构系统化、科学化质量管理研究，开发《职业技能鉴定质量管理体系标准（试行）》。2005年，原劳动和社会保障部办公厅印发《关于扩大职业技能鉴定机构质量管理体系认证试点工作的通知》（劳社厅函〔2005〕132号），正式颁布《职业技能鉴定机构质量管理体系标准》和《职业技能鉴定机构质量管理体系认证工作流程》。随后在各地区、各行业及试点企业职业技能鉴定机构积极开展质量管理体系建设基础上，在2009年人力资源社会保障部组织的"全国职业技能鉴定机构质量管理体系技术交流会"等工作的有力推动下，通过质量督导强调坚持国家职业标准、严肃考核规范操作，职业技能鉴定工作逐步由注重规模和质量转到质量第一、兼顾规模；由社会效益与经济效益兼顾转到明确不营利的公共服务性质，更加突出社会效益第一；由治理"假乱低"问题的应急治标措施转到标本兼治构建质量建设长效机制；由质量问题事后处理转为事先预防、事中监管与事后处理相结合，从而争取最大限度地减少质量问题的发生。质量管理体系建设为质量督导等技能人才评价监管工作提供了更加客观、科学的标准化方案，为提高技能人才评价质量督导系统性与可靠性、开发技能人才评价质量督导指标（以下简称"质量督导指标"或"督导指标"）奠定了技术基础，极大地提升了评价工作质量管理和监控的针对性、有效性，增强了国家技能证书的公信力，为维护技能证书信誉、推动技能人才评价工作的健康发展迈出了坚实步伐。

职业资格证书制度倡导推动的"以职业活动为导向，以职业能力为核心"的基本理念，得到社会、企业、院校和广大劳动者的广泛认同，职业资格证书成为求职、就业的"通行证"，职业资格证书制度为加快推进人才强国战略、做好高技能人才评价和技能人才多元评价奠定了基础。

（三）技能人才评价质量监管的发展

党的十八大以来，国家深化简政放权与放管结合、优化服务改革，推进技能人才评价制度改革工作，将部分技能人员水平评价证书由国家职业资格证书改为职业技能等级证书，由用人单位或社会培训评价组织发放，人力资源社会保障部门负责职业资格评价、职业技能等级认定和专项职业能力考核等工作的质量监管服务。以降低社会就业创业门槛、减轻各类人才和用人单位负担为出发点，2013—2016年，国务院分7批审议通过取消国务院部门职业资格许可和认定事项434项，其中专业技术人员职业资格154项、技能人员职业资格280项，国务院部门设置的职业资格许可和认定事项至此取消70%以上。2017年9月发布的《国家职业资格目录》中国家职业资格减少到140项，技能类职业资格减少到81项。

2018年，修改后的《中华人民共和国劳动法》第六十九条规定"国家确定职业分类，对规定的职业制定职业技能标准，实行职业资格证书制度，由经备案的考核鉴定机构负责对劳动者实施职业技能考核鉴定"。与本次修订前的《劳动法》中第六十九条相比，考核鉴定机构"由经过政府批准的"改为"由经备案的"，由此带来技能人才评价管理体制变化。

职能转变再出发。2019年，人力资源社会保障部印发《关于改革完善技能人才评价制度的意见》（人社部发〔2019〕90号），明确了技能人才评价制度改革完善的基本原则，要求完善国家职业资格目录，建立职业技能等级制度，规范专项职业能力考核，加强监督管理服务，规范证书发放管理，完善监督管理措施等。2021年，人力资源社会保障部颁布的2021年版的《国家职业资格目录》突出"两退一进"的特点，一是73项水平评价类技能人员职业资格分两批退出目录；二是人力资源社会保障部门退出技能人员职业资格具体实施工作；三是涉及人员资格的行政许可事项作为准入类技能人员职业资格纳入目录，新增了"危险货物、化学品运输从业人员""道路运输从业人员""特种作业人员""建筑施工特种作业人员""特种设备安全管理和作业人员"等准入类职业资格。这一特点突出体现进一步优化就业创业环境，提高职业资格设置管理规范化水平，持续激发市场主体创造活力，推动高质量发展的意义。至此，大批曾经颁发国家职业资格证书的职业已改为水平评价类职业，由备案的用人单位和社会培训评价组织具体实施评价并颁发职业技能等级证书。

对水平评价类技能人员，由职业技能鉴定改为职业技能等级认定后，政府主管部门依据有关法律法规负责组织制定职业分类、发布国家职业标准（评价规范），负责技能人才评价质量监管，对质量督导负有主要职责的技能人才评价质量监管部门面临的质量监督任务更加艰巨。国务院《关于深化"证照分离"改革进一步激发市场主体发展活力的通知》（国发〔2021〕7号）规定了创新和加强事中事后监管，实行"谁审批、谁监管，谁主管、谁监管"，"直接取消审批、审批改为备案的，由原审批部门依法承担监管职责"。为了确保职业资格证书、职业技能等级证书、专项职业能力证书等技能类评价证书的质量信誉，包括质量督导在内的质量监管工作成为技能人才评价质量监管部门和技能人才评价机构共同关注和研究的工作课题，人力资源社会保障部积极探索推动技能人才评价质量监管相关工作。

1. 颁布新版国家职业标准

2022年，人力资源社会保障部颁布《中华人民共和国职业分类大典（2022年版）》，中国就业培训技术指导中心编印《中华人民共和国职业分类大典应用指南》。2023年，人力资源社会保障部办公厅印发《国家职业标准编制技术规程（2023年版）》（人社厅发〔2023〕31号）。

2. 印发《职业技能等级证书数据工作指南》

为加强职业技能等级证书数据管理，根据《中华人民共和国数据安全法》《人力资源社会保障部关于改革完善技能人才评价制度的意见》（人社部发〔2019〕90号）等有关要求，中国就业培训技术指导中心制定印发《职业技能等级证书数据工作指南》（中就培发〔2022〕1号）。

3. 明确技能人才评价质量督导工作基本要求

《人力资源社会保障部关于改革完善技能人才评价制度的意见》（人社部发〔2019〕90号）明确了技能人才评价制度改革完善的基本原则，要求加强监督管理服务、完善监督管理措施等。人力资源社会保障部职业能力建设司和职业技能鉴定中心《关于印发〈职业技能等级认定工作规程（试行）〉的通知》（人社职司便函〔2020〕17号）要求加强职业技能等级认定工作质量督导，构建政府监管、机构自律、社会监督的质量监督体系。人力资源社会保障部职业能力建设司印发《关于加强职业技能鉴定质量管理有关工作的通知》（人社职司便函〔2020〕44号）要求强化职业技能鉴定质量督导。2020年，人力资源社会保障部职业能力建设司和职业技能鉴定中心印发《技能人才评价质量督导工作规程（试行）》（人社职司便函〔2020〕53号），为监督、检查、指导职业资格评价、职业技能等级认定、专项职业能力考核等技能人才评价提供依据和指南，明确了质量督导人员培养使用具体要求。

4. 规范违纪违规行为认定和处理

2021年，人力资源社会保障部职业能力建设司和职业技能鉴定中心印发《技能人才评价违纪违规行为处理工作指引（试行）》（人社职司便函〔2021〕57号），提出考生[①]、工作人员、评价机构违纪违规行为的认定与处理程序，并要求各地结合实际制定实施细则，维护技能人才评价工作的公平、公正。同时，人力资源社会保障部有关部门承办部长信箱、相关投诉举报线索处理等工作，对技能人才评价工作网投诉举报信箱和"山寨"证书专项治理信箱进行日常管理，回复群众来信，组织调查核实涉及人力资源社会保障部门备案技能人才评价机构的问题线索。

5. 完善质量监督管理工作方法和机制

为提高技能人才评价工作风险防控和治理能力，及时发现工作中出现的重要情况和问题，2022年人力资源社会保障部职业能力建设司、中国就业培训技术指导中心印发《关于开展技能人才评价要情报告工作的通知》（人社职司便函〔2022〕11号），提出加强要情发现、处置等情况的跟踪和督办力度，同时部、省鉴定（指导）中心结合实际加强技能人才评价质量监管信息化建设。

6. 提升技能人才评价质量监管标准化水平

为推动质量监管工作有效开展，提高质量督导公正性，2021年以来，中国就业培训技术指导中心在总结以往质量督导方法和质量管理体系技术基础上，编制了《技能人才评价质量督导评估指标体系》，经2021年年底广泛征求意见、2022年在部分地区试用和2023年上半年再次征求各地职业技能鉴定中心[②]、企业和社会培训评价组织意见后形成《技能人才评价质量督导指标体系（试用完善稿）》。

7. 加强技能人才评价质量督导队伍建设

中国就业培训技术指导中心一方面更新质量督导系统，为建立质量督导人员数据库做准备；另一方面为地方、行业企业组织的质量督导人员培训提供了部分技术指导服务。2023年，为完善督导队伍建设技术支持，中国就业培训技术指导中心开发质量督导人员培训教材。

[①] 该文件中使用的名词"参评人员"在本书中均称为考生。
[②] 职业资格改革后，部分地区职业技能鉴定中心的名称未变更，部分地区职业技能鉴定中心已更名，且新名称不统一，为简明起见，本书仍以职业技能鉴定中心作为各地技能人才评价监管服务责任机构的统一称谓。

从工人技术等级考核到职业技能鉴定的发展成熟，从职业资格制度改革到职业技能等级认定的启动和技能人才评价工作政策机制的逐步完善，人力资源社会保障部门一直将"社会效益第一，质量第一"作为质量方针摆在技能人才评价工作的首位。质量督导对维护技能人才评价信誉，保证技能类证书的严肃性和权威性发挥了重要的作用。

三、质量督导作用和特点

质量督导是质量监管的重要组成部分，是提高技能人才评价质量的有效手段。

（一）质量督导的地位和作用

1. 质量督导的地位

技能人才评价工作在实施人才强国战略中发挥积极的作用，而质量督导在督促技能人才评价机构提高管理水平、保证评价质量方面具有重要的地位。

（1）质量督导维护国家利益

建立和完善技能人才评价质量监督指导机制，可以确保技能人才评价机构重视质量，加大质量保证工作力度。备案的技能人才评价机构发出的证书可以在人力资源社会保障部门网站查询。评价质量得到有效保障，可以保护合格证书，打击伪劣、假冒证书，打击"山寨证书"，营造公平的市场化机制。这是保障高质量发展、服务人才强国战略和就业优先战略的具体措施，也是维护国家利益的具体体现。

（2）质量督导维护技能人才评价的权威性

随着技能人才评价工作影响力提升，社会关注度越来越高，人力资源社会保障部出台一系列政策规定，中国就业培训技术指导中心研发一系列支持服务技术，各地人力资源社会保障部门结合实际出台配套政策措施，认真开展督导实践，促使越来越多技能人才评价机构高度重视评价质量信誉，提高质量管理能力。维护证书公信力就是维护评价制度的权威性。

（3）质量督导维护合法考证持证人员的利益

技能人才评价为就业服务，为培养众多技能大师、大国工匠、高技能人才服务，为考生服务。证书信誉和考生利益密不可分。当前，群众监督、社会监督氛围越来越浓，质量督导应高度重视了解考生诉求，对侵害考生利益的行为进行调查处理，切实做到维护合法考证持证人员利益。

2. 质量督导的作用

质量督导是对评价活动的内容和整个过程及评价结果进行监督、检查与指导，其作用如下。

（1）督促技能人才评价机构及相关人员遵章守纪

通过开展质量督导，督促技能人才评价机构贯彻落实国家有关技能人才评价法规、规章和政策,保障技能人才评价工作依法合规。

(2) 引导相关工作人员提高能力水平

质量督导内容之一是对各类工作人员监督指导。以考评人员为例,考评人员主要工作职责是在规定职业(工种)等级范围内,按照国家职业标准(评价规范),对考生进行考核评审、鉴定认定。考评人员是关系技能人才评价质量的关键因素,其工作是技能人才评价的核心活动。提高考评人员能力水平,包括严格遵循国家关于技能人才评价的法律法规、规章制度,坚持公平、公开、公正的原则,科学、合理地运用有关考评技术,确保高质量完成评价工作,必须建立科学的考评人员培养考核使用管理制度,对考评工作实施有效监督。

(3) 规范评价工作程序

通过向技能人才评价机构派遣质量督导人员,对评价活动实施有效监督指导,运用科学的技术方法,从考前、考中、考后的全部工作环节入手,规范技能人才评价工作程序和工作秩序,避免随意性和不规范操作的发生。

(4) 保障评价内容质量

通过对评价所用标准、试题与国家职业标准(评价规范)的一致性、技能人才评价机构符合评价活动需要的设施设备等评价活动相关内容进行督导,确保评价结果与标准要求的一致性,并在实践中不断提升对技能人才评价内容的技术管控能力。

(5) 解决评价中的问题

对群众投诉举报进行及时调查核实,及时处理技能人才评价机构及其工作活动存在的有关问题。

(6) 推动改进技能人才评价机构质量管理

通过建立质量督导制度,对评价机构实行质量督导,提升评价机构质量意识,推动评价机构持续改进管理水平,不断完善内部规章制度,确保评价工作健康发展。

(二)质量督导的特点和发展趋势

1. 质量督导的特点

基于技能人才评价质量督导工作的规程规定、内容形式和工作方法,探讨其基本性质特征如下。

(1) 政策性

质量督导以国家法律法规和国家职业标准(评价规范)及其他政策性、技术性文件等为技术支撑,以监管部门有关政策技术文件为实施依据。外部质量督导以国家或各地区人力资源社会保障监管部门为实施主体,外督受监管部门委派履行职责;内督由评价机构和相关行业部门委派履行职责,应向相关监管部门报备。

(2) 技术性

质量督导通过对技能人才评价机构督导、对评价活动现场督导、对违纪违规情况调查核实和技能人才评价工作重大问题调研等形式实现，质量督导的范围、内容及过程要求，都与相关技术紧密联系。质量督导需要借用多种技术方法对技能人才评价过程和结果信息、状态进行监测、分析、评估及提出建议，因此离不开相关技术方法的支撑，具有较强的技术性。

（3）一致性

质量督导的一致性最根本体现在贯彻职业标准方面。一致性不仅体现在政策与技术的统一、部门监管与技术支持的统一性等方面，也体现在管理部门对质量督导活动的统一要求、内部质量督导和外部质量督导工作目的一致性等方面。在对技能人才评价机构和评价活动的督导过程中，通过对点和面、过程和内容质量的检查，形成全面、系统的质量监管格局。采用统一的质量督导指标体系，可以防止不同地区、不同评价机构由于质量督导方法技术不同而影响质量督导评判效果，避免区域间、评价机构间出现督导结论的人为差异。

2. 质量督导的发展趋势

质量督导坚持能力提升要求，坚守持续改进理念，具有不断发展的趋势。督导目标是最大限度避免或减少技能人才评价机构及工作人员不规范操作现象和违纪违规行为。质量督导具有一定的技术性，是运用一系列技术方法，对技能人才评价活动过程与工作结果、对评价机构及工作人员进行督导，对容易产生质量问题的环节与结果进行检查纠正和评估指导工作，而其应用的技术具有不断发展的趋势。因此质量督导具有不断发展的趋势和要求。

（1）规范化、制度化发展

全面贯彻党的二十大精神，深入贯彻习近平新时代中国特色社会主义思想，落实习近平总书记重要讲话精神和治国理政新理念、新思想、新战略，统筹推进"五位一体"总体布局和协调推进"四个全面"战略布局，牢固树立和贯彻落实创新、协调、绿色、开放、共享的新发展理念，按照国务院深化改革的部署和要求，遵循社会主义市场经济规律和人才成长规律，大力推进人才评价事业发展，为促进大众创业、万众创新提供全面支持服务，必须加强对技能类证书监管的法治化建设，完善国家技能人才评价制度建设体系，提升技能人才评价监管服务，伴随新时代中国特色社会主义现代化建设事业高质量发展，新的职业（工种）不断出现，技能类证书必须按照国家有关政策规定，坚持规范化、制度化发展方向。

（2）一体化、系统化发展

技能人才评价质量督导面向技能人才评价机构及其评价活动，质量督导与技能人才评价工作之间有着密切联系，督导活动既体现出督导与评价在原则体系、政策规范、机制要求、内容程序、技术指标、方式方法、队伍建设等各个方面的相互关联，又体现在监管部门与质量督导人员、质量督导人员与评价机构及其工作人员、监管部门和评价机构与考生之间的关系方面。一体化包括两个方面：一是工作机制方面，技能人才评价监管部门和评价实施机构发挥各自优势，利用已有资源、人员和技术力量，根据市场需要，向评价深度和广度的共同目标发展；二是质控技术方面，评价质量管理与监管一体化技术策略，如采取计算机及网络技术组织考试时，传统督导方式随之发生变化。

技能人才评价是一个系统化过程，具有一定技术含量，督导工作既有一定独立性，又置于技能人才评价质量控制链条中，质量督导应满足人才评价工作要求，遵循技能人才评价客观规律，探索适应新时代高质量发展需要的全方位和全过程督导技术，保证和提高技能人才评价质量，实现一体化、系统化发展。

（3）信息化、科学化发展

技能人才评价信息化是应用智能化工具，以现代通信、网络、数据库技术为基础，开发应用大数据评价技术，提高质量监管效率。同时，应不断提高技能人才评价效率，助力高质量发展。

第二节 督导工作体系

- 质量督导基本原则
- 质量督导工作体系
- 质量督导内容方法

研究技能人才评价工作规律，构建和完善质量督导工作体系，规范开展质量督导工作，对于树立质量督导队伍形象、真正发挥质量督导积极作用、有效降低技能人才评价工作风险至关重要。

一、质量督导基本原则

质量督导是为发展技能人才评价事业服务的，质量督导工作原则与技能人才评价

"客观公正，科学规范"的基本原则紧密联系。

（一）依法规范

为了保证质量督导工作的严肃性，顺利开展相关工作，有效发挥质量督导的作用，质量督导必须依照法律、法规及政策规范开展工作，例如，《技能人才评价质量督导工作规程》《技能人才评价违纪违规行为处理工作指引》、技能人才评价质量督导指标体系、国家职业标准（评价规范），以及命题题库管理、考务管理、工作人员管理等有关技术规程要求等。

（二）公正公平

为了保证评价的公平性和公正地开展评价活动，质量督导应注重标准化，坚持标准一致性，降低评价误差。技能人才评价必须依据国家职业标准（评价规范），坚持正确的工作程序；同时，技能人才评价质量督导应遵守《技能人才评价质量督导工作规程》要求，督导评估应用技能人才评价质量督导指标体系，在工作中严格把握评估评分尺度，减少技能人才评价工作在把握标准、程序和操作等方面的差异。

（三）客观严谨

质量督导主要是对技能人才评价机构开展的机构管理和考核评价工作进行定性定量监督检验，质量督导工作必须注重实事求是，督导结论必须用证据说话，必须客观严谨。

（四）科学系统

针对评价工作过程、各环节及其工作衔接，以及评价工作运行整体状况的检查分析，是发现影响评价质量因素的有效途径。督导工作既重视技能人才评价过程的系统性、可控性，也重视技能人才评价结果的科学性、可靠性，同时重视应用科学系统的督导技术方法。具体包括三个方面：一是要有效发挥督导的监督、检查、指导作用；二是要综合运用各种工作方式方法，如现场督导、应用互联网技术的督导等方式；三是全方位统筹协调开展督导工作。

二、质量督导工作体系

质量督导工作不仅包含丰富的内容，而且各项督导工作之间不是孤立的而是互相关联的。做好质量督导工作，不仅要有政策支持、制度支撑，而且离不开相应的技术研发、方法应用。对督导工作体系进行系统科学研究，可以更好地发挥政府督促、跨部门联合监管、专业机构评估、督导技术方法与其他监管技术方法结合，以及媒体监督、群众监督与政府监管合力的作用。

探讨质量督导工作体系，基于其性质特征，包含不同角度，如体系制度与技术规程、质量监管部门与技能人才评价机构、政策与技术、机构质量管理与评价活动现场检查等，涉及政策、技术、过程、内容、组织、人员、管理方式和方法等方面。

重点从三个层面进一步理解质量督导的体系结构（见图1-1）。

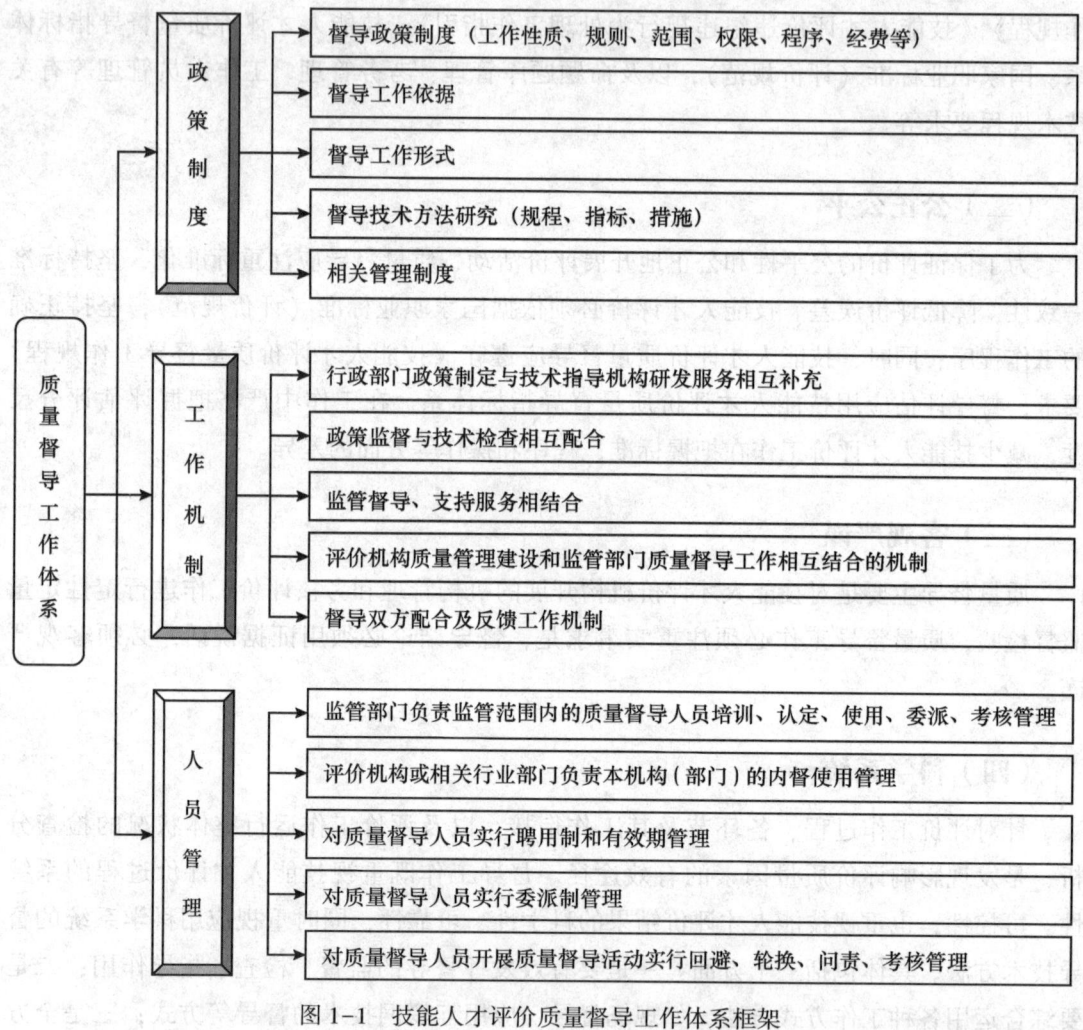

图1-1　技能人才评价质量督导工作体系框架

首先，从政策制度层面看，督导体系由两方面构建。一方面是政策法规系统，确立相应的法规制度，明确界定质量督导工作的范围、原则和主体，保证督导工作获得政策依据；另一方面是技术规程标准，明确国家职业标准（评价规范）、技能人才评价机构质量控制要求、技能人才评价工作程序、质量督导指标、违纪违规行为处理依据等。督导政策制度涉及工作性质、规则、范围、权限、程序、经费等，了解督导工作依据，明确督导工作形式，督导技术方法研究（规程、指标、措施）和相关管理制度（包括质量督导人员管理制度）等，作为督导工作的基本依据，是质量督导客观性和有效性的保障。

其次，从工作机制层面看，技能人才评价政策监管部门、技术指导部门、评价机构及相关工作队伍相互配合，共同完善形成质量监督保障工作系统，不仅可以使质量督导顺利有效实施，而且督导工作本身也可以得到监督保障，促使评价活动及质量督导健康发展。包括行政部门政策制定与技术指导机构研发服务相互补充的工作机制，政策监督与技术检查相互配合的机制，监管督导和支持服务相结合的机制，评价机构质量管理建设和监管部门质量督导工作相互结合的机制，监督双方配合及反馈的工作机制等。

最后，从人员管理层面看，技能人才评价监管部门和评价机构对质量督导人员的管理使用情况及质量督导人员的政策理论水平和技术经验能力，都关系到督导工作能否发挥有效作用、能否提高评价质量和保证评价信誉。建立、培养、使用、管理质量督导人员队伍，按照相关政策要求做好质量督导人员培训认定、聘用派遣、考核评价等工作，既是监管机构和评价机构的重要职责，也是为技能人才评价证书质量信誉提供基本工作保障。监管部门负责监管范围内的质量督导人员的培训、认定、使用、委派、考核管理，评价机构或相关行业部门负责管理使用本机构（部门）的内督。对质量督导人员实行聘用制、委派制和有效期管理，对质量督导人员开展质量督导活动实行回避、轮换、问责、考核管理。

三、质量督导内容方法

（一）质量督导工作内容

质量督导内容主要包括四个方面：对技能人才评价机构管理情况的督导、对技能人才评价工作情况的督导、对违纪违规情况调查核实和对重大问题调查研究。按照《技能人才评价质量督导工作规程（试行）》规定，质量督导主要工作内容如下。

1. 对技能人才评价机构管理进行督导。包括对评价机构贯彻执行有关法律、法规、规章和有关政策及其质量管理体系建设（包括质量方针目标、岗位职责权限、资源信息管理、质量检测控制、持续改进措施）等情况进行督导。

2. 对技能人才评价工作情况进行督导。包括对评价机构的评价范围、职业标准（或评价规范）及试题（题库）的执行情况、参加评价人员的资格条件、考评现场秩序、证书管理及发放、档案管理，以及考评人员、管理人员工作等情况进行督导。

3. 对群众举报的技能人才评价工作中涉嫌违纪违规情况进行调查核实。

4. 对技能人才评价工作中的重大问题进行调查研究。

在督导中可以发现需要研究的重要问题，督导过程可以了解技能人才评价监管和实施的实际情况,可以和各方面人员沟通分析问题、总结经验,促进技能人才评价重要问题的解决(见图1-2)。

(二)质量督导方法研究

社会进步、经济发展、技术更新等对技能人才评价工作不断提出新的要求,技能人才评价机构管理和评价活动面临着许多复杂变化的情况,技能人才评价质量督导工作内容丰富,应采用科学的方式强化质量督导技术方法研究。

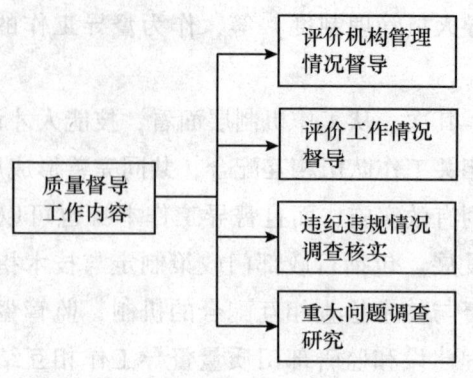

图1-2 技能人才评价质量督导工作内容

第一,宏观与微观相结合。完善整体监管与局部督导的功能,既对全过程或全局性情况进行监督管理,取得大数据,又对局部或个别情况进行调查、监测,获得典型资料,使督导调研既能照顾总体全面情况,又有助于解决具体实际问题,采集和形成的数据也更加真实、完整和有效。

第二,定性与定量相结合。质量督导是技术性较强的一种监督和评价活动。质量督导的一部分内容可以得到量化的检查结果并进行量化分析,而另外一部分内容则主要通过定性为主的方式收集督导发现的情况。在运用定性、定量的督导方法过程中,区分不同督导指标性质特点,采取适当有效的方式方法,通过系统化和信息化技术做好督导工作。

第三,政策、机制督查与技术、服务指导相结合。技能人才评价工作体系的建设要与当前国家社会经济发展形势相适应,与就业、培训、人才、市场等各项政策相协调,建立国家认可、经济社会发展支持、用人单位需要、劳动者满意的技能人才评价证书质量监控工作机制和服务体系,为不断完善政策机制,打造符合实际需要的监管和评价服务模式、工作队伍,提供技术服务支撑。

第三节 督导工作依据

- 充分认识党和国家的要求
- 深刻理解政府与市场的关系
- 正确履行监管及督导的职责

技能人才评价质量督导的性质特点要求督导工作必须严格守法依规。熟悉和运用工作依据是开展督导工作的前提条件，督导须遵章守纪，要有章可循，督导结论应以相应事实为根据。本节摘选的部分技能人才评价政策和技术相关文件是质量监管工作的重要依据和支撑，认真学习技能人才评价相关政策、技术文件，是认识质量督导、熟悉督导业务、做好督导工作的基本方法。

一、充分认识党和国家的要求

（一）法律

1.《中华人民共和国劳动法》

第十三届全国人民代表大会常务委员会第七次会议决定，将《中华人民共和国劳动法》第六十九条中的"由经过政府批准的考核鉴定机构"修改为"由经备案的考核鉴定机构"。修改后的第六十九条全文是："国家确定职业分类，对规定的职业制定职业技能标准，实行职业资格证书制度，由经备案的考核鉴定机构负责对劳动者实施职业技能考核鉴定。"

2.《中华人民共和国就业促进法》

中华人民共和国第十届全国人民代表大会常务委员会第二十九次会议于2007年8月30日通过，自2008年1月1日起实施《中华人民共和国就业促进法》，第五十一条规定："国家对从事涉及公共安全、人身健康、生命财产安全等特殊工种的劳动者，实行职业资格证书制度，具体办法由国务院规定。"

3.《中华人民共和国职业教育法》

中华人民共和国第十三届全国人民代表大会常务委员会第三十四次会议于2022年4

月 20 日修订、通过并公布，自 2022 年 5 月 1 日起施行。《中华人民共和国职业教育法》第十一条规定："接受职业培训，经职业培训机构或者职业学校考核合格的，取得相应的培训证书；经符合国家规定的专门机构考核合格的，取得相应的职业资格证书或者职业技能等级证书。"

（二）党中央、国务院文件

1.《劳动保障监察条例》（国务院令第 423 号）

国务院于 2004 年 11 月 1 日发布，自 2004 年 12 月 1 日起施行的《劳动保障监察条例》"第一章　总则"第二条规定："对职业介绍机构、职业技能培训机构和职业技能考核鉴定机构进行劳动保障监察，依照本条例执行。"第九条鼓励组织或者个人对违反劳动保障法律、法规或者规章的行为向劳动保障行政部门举报。

"第二章　劳动保障监察职责"第十条规定"劳动保障行政部门实施劳动保障监察，履行下列职责：……（三）受理对违反劳动保障法律、法规或者规章的行为的举报、投诉；（四）依法纠正和查处违反劳动保障法律、法规或者规章的行为。"第十一条规定："劳动保障行政部门对下列事项实施劳动保障监察：……（八）职业介绍机构、职业技能培训机构和职业技能考核鉴定机构遵守国家有关职业介绍、职业技能培训和职业技能考核鉴定的规定的情况；……"

"第四章　法律责任"第二十八条规定："职业介绍机构、职业技能培训机构或者职业技能考核鉴定机构违反国家有关职业介绍、职业技能培训或者职业技能考核鉴定的规定的，由劳动保障行政部门责令改正，没收违法所得，并处 1 万元以上 5 万元以下的罚款；情节严重的，吊销许可证。未经劳动保障行政部门许可，从事职业介绍、职业技能培训或者职业技能考核鉴定的组织或者个人，由劳动保障行政部门、工商行政管理部门依照国家有关无照经营查处取缔的规定查处取缔。"

2. 中共中央办公厅　国务院办公厅《关于分类推进人才评价机制改革的指导意见》

2018 年 2 月印发。

关于技能人才评价方式，《关于分类推进人才评价机制改革的指导意见》第（十四）条规定："创新技术技能人才评价制度。……完善职业资格评价、职业技能等级认定、专项职业能力考核等多元化评价方式，做好评价结果有机衔接。"

关于规范秩序，建立健全监管制度及专家管理等，该《意见》第（十八）条规定："优化公平公正的评价环境。加强人才评价法治建设，健全完善规章制度，提高评价质量和公信力，维护人才合法权益。严格规范评价程序，建立健全申报、审核、公示、反馈、申诉、巡查、举报、回溯等制度。加强评价专家数据库建设和资源共享，建立随机、回避、轮换的专家遴选机制，优化专家来源和结构，强化业内代表性。建立评价专家责任和信誉制度，实施退出和问责机制。"

3.《国务院关于推行终身职业技能培训制度的意见》(国发〔2018〕11号)

2018年5月印发。

在深化职业技能培训体制机制改革部分,《国务院关于推行终身职业技能培训制度的意见》强调了建立职业技能培训市场化社会化发展机制,建立技能人才多元评价机制,建立职业技能培训质量评估监管机制,以及建立技能提升多渠道激励机制。其中,建立技能人才多元评价机制要求:健全以职业能力为导向、以工作业绩为重点、注重工匠精神培育和职业道德养成的技能人才评价体系。建立与国家职业资格制度相衔接、与终身职业技能培训制度相适应的职业技能等级制度。完善职业资格评价、职业技能等级认定、专项职业能力考核等多元化评价方式,促进评价结果有机衔接。健全技能人才评价管理服务体系,加强对评价质量的监管。建立以企业岗位练兵和技术比武为基础、以国家和行业竞赛为主体、国内竞赛与国际竞赛相衔接的职业技能竞赛体系,大力组织开展职业技能竞赛活动,积极参与世界技能大赛,拓展技能人才评价选拔渠道。

4.《国务院办公厅关于印发职业技能提升行动方案(2019—2021年)的通知》(国办发〔2019〕24号)

2019年5月印发。

《国务院办公厅关于印发职业技能提升行动方案(2019—2021年)的通知》第(八)条规定:"鼓励支持社会培训和评价机构开展职业技能培训和评价工作。不断培育发展壮大社会培训和评价机构,支持培训和评价机构建立同业交流平台,促进行业发展,加强行业自律。民办职业培训和评价机构在政府购买服务、校企合作、实训基地建设等方面与公办同类机构享受同等待遇。"

该《通知》第(十八)条规定:"推进职业技能培训与评价有机衔接。完善技能人才职业资格评价、职业技能等级认定、专项职业能力考核等多元化评价方式,动态调整职业资格目录,动态发布新职业信息,加快国家职业标准制定修订。建立职业技能等级认定制度,为劳动者提供便利的培训与评价服务。从事准入类职业的劳动者必须经培训合格后方可上岗。推动工程领域高技能人才与工程技术人才职业发展贯通。支持企业按规定自主开展职工职业技能等级评价工作,鼓励企业设立首席技师、特级技师等,提升技能人才职业发展空间。"

5.《国务院办公厅关于进一步规范行业协会商会收费的通知》(国办发〔2020〕21号)

2020年7月印发。

《国务院办公厅关于进一步规范行业协会商会收费的通知》第(四)条规定:"严禁通过职业资格认定违规收费。行业协会商会可以根据市场需要和行业需求,自行开展职业能力水平评价,但不得以此为由变相开展职业资格认定,颁发的证书不得使用'中华人民共和国''中国''全国''中华''国家''职业资格'或'人员资格'等字样和国旗、国徽标志。行业协会商会按照要求承担相关职业资格认定工作的，不得收取除考试费、鉴定费外的其他任何费用。（人力资源社会保障部、市场监管总局负责）"

6. 中共中央办公厅、国务院办公厅《关于加强新时代高技能人才队伍建设的意见》

2022年10月印发。

《关于加强新时代高技能人才队伍建设的意见》第（十三）条规定："推行职业技能等级认定。支持符合条件的企业自主确定技能人才评价职业（工种）范围，自主设置岗位等级，自主开发制定岗位规范，自主运用评价方式开展技能人才职业技能等级评价；企业对新招录或未定级职工，可根据其日常表现、工作业绩，结合职业标准和企业岗位规范要求，直接认定相应的职业技能等级。打破学历、资历、年龄、比例等限制，对技能高超、业绩突出的一线职工，可直接认定高级工以上职业技能等级。对解决重大工艺技术难题和重大质量问题、技术创新成果获得省部级以上奖项、'师带徒'业绩突出的高技能人才，可破格晋升职业技能等级。推进'学历证书+若干职业技能证书'制度实施。强化技能人才评价规范管理，加大对社会培训评价组织的征集遴选力度，优化遴选条件，构建政府监管、机构自律、社会监督的质量监督体系，保障评价认定结果的科学性、公平性和权威性。"

二、深刻理解政府与市场的关系

（一）职业资格改革

1. 中共中央办公厅、国务院办公厅《关于分类推进人才评价机制改革的指导意见》

关于机制，《关于分类推进人才评价机制改革的指导意见》第（一）条提出："加快形成导向明确、精准科学、规范有序、竞争择优的科学化社会化市场化人才评价机制，建立与中国特色社会主义制度相适应的人才评价制度，……"

关于制度创新，该《指导意见》第（十四）条要求："健全以职业能力为导向、以工作业绩为重点、注重职业道德和知识水平的技能人才评价体系。加快构建国家职业标准、行业企业工种岗位要求、专项职业能力考核规范等多层次职业标准。完善职业资格评价、职业技能等级认定、专项职业能力考核等多元化评价方式，做好评价结果有机衔接。坚持职业标准和岗位要求、职业能力考核和工作业绩评价、专业评价和企业认可相结合的原则，对技术技能型人才突出实际操作能力和解决关键生产技术难题要求，对知识技能型人才突出掌握运用理论知识指导生产实践、创造性开展工作要求，对复合技能型人才突出掌握多项技能、从事多工种多岗位复杂工作要求，引导鼓励技能人才培育精益求精的工匠精神。"

关于监管服务，该《指导意见》第（十七）条要求："健全市场化、社会化的管理服务体系。强化政府人才评价宏观管理、政策法规制定、公共服务、监督保障等职能，减少审批事项和微观管理。发挥市场、社会等多元评价主体作用，积极培育发展各类人才评价社会组织和专业机构，逐步有序承接政府转移的人才评价职能。建立人才评价机构综合评估、动态调整机制。"

2.《人力资源社会保障部关于在工程技术领域实现高技能人才与工程技术人才职业发展贯通的意见（试行）》（人社部发〔2018〕74号）

2018年11月印发。

《人力资源社会保障部关于在工程技术领域实现高技能人才与工程技术人才职业发展贯通的意见（试行）》指出："为拓宽人才发展空间，促进人才合理流动，提高技术技能人才待遇和地位，根据党中央、国务院《新时期产业工人队伍建设改革方案》《关于深化职称制度改革的意见》等有关要求，现就在工程技术领域实现高技能人才与工程技术人才职业发展贯通提出如下意见。"

该《意见》"二、主要内容"的"（二）鼓励专业技术人才参加职业技能评价"规定如下。

（1）首次参加职业技能评价（含职业技能鉴定和职业技能等级认定，下同）。专业技术人才在技能岗位工作，可按有关规定申请参加与现岗位相对应职业（工种）的职业技能评价。取得助理工程师、工程师、高级工程师职称，其累计工作年限达到申报条件的，可分别申请参加与现岗位相对应职业（工种）的高级工、技师、高级技师职业技能评价，合格后取得相应职业资格证书或职业技能等级证书。

（2）参加晋级评价。专业技术人才在取得现从事职业（工种）职业资格或职业技能等级1年后，可按累计工作年限申报现从事职业（工种）晋级评价。助理工程师在取得现从事职业（工种）高级工1年后，其累计工作年限达到技师申报条件的，可申报技师考评；工程师在取得现从事职业（工种）技师1年后，其累计工作年限达到高级技师申报条件的，可申报高级技师考评。

（3）注重技能考核。对参加职业技能评价的专业技术人才，应注重技能考核。对具有所申报职业（专业）或相关职业（专业）毕业证书的，可免于理论知识考试。

该《意见》"二、主要内容"的"（三）建立评价与培养使用激励相联系的工作机制"规定："落实中共中央办公厅、国务院办公厅《关于提高技术工人待遇的意见》要求，鼓励用人单位对在聘的高级工、技师、高级技师在学习进修、岗位聘任、职务职级晋升等方面，比照相应层级工程技术人员享受同等待遇。"

该《意见》"三、组织实施"规定："在工程技术领域实现高技能人才与工程技术人才职业发展贯通，促进技能人才与专业技术人才融合发展，是贯彻落实党中央、国务院人才强国战略部署的重要举措，各级人力资源社会保障部门要加强统筹管理，各部门和各有关单位要高度重视，加强领导，精心组织。要健全完善制度，制定具体实施方案，对评价条件、评价程序、评价办法和配套政策等作出具体规定。要严格评价标准，规范评价程序，不得随意降低评价标准条件，不得擅自扩大评价范围。要坚持试点先行，及时总结经验，逐步推开。要完善监管机制，加强指导监督，及时妥善处理工作中遇到的各种新情况新问题。要加强舆论引导，搞好政策解读，引导广大技能人才和专业技术人才积极参与和支持贯通工作，促进人才流动和发展。"

3.《人力资源社会保障部关于改革完善技能人才评价制度的意见》（人社部发〔2019〕90号）

2019年8月印发。

《人力资源社会保障部关于改革完善技能人才评价制度的意见》第（二）条规定了以下四项基本原则。

"——坚持深化改革。围绕"放管服"改革部署要求，深化技能人才评价机制改革，进一步简政放权，推动政府职能转变，形成适应经济社会发展和技能人才发展需要的评价制度。

——坚持多元评价。完善国家职业资格目录，实行清单式管理，建立职业技能等级制度并做好与职业资格制度的衔接，规范专项职业能力考核，实行多元化技能评价。

——坚持科学、公正。科学制定评价标准，注重职业道德，体现工匠精神，突出职业能力导向，强化工作业绩和贡献，推动评价工作科学、客观、公正进行。

——坚持以用为本。推动人才评价与使用激励紧密结合，引导技能人才培养培训，畅通技能人才发展通道，促进提高技能人才待遇水平和社会地位。"

该《意见》"二、改革技能人才评价制度"第（四）条规定："深化技能人员职业资格制度改革。巩固职业资格改革成果，完善国家职业资格目录。对准入类职业资格，继续保留在国家职业资格目录内。对关系公共利益或涉及国家安全、公共安全、人身健康、生命财产安全的水平评价类职业资格，要依法依规转为准入类职业资格。对与国家安全、公共安全、人身健康、生命财产安全关系不密切的水平评价类职业资格，要逐步调整退出目录，对其中社会通用性强、专业性强、技术技能要求高的职业（工种），可根据经济社会发展需要，实行职业技能等级认定。"

第（五）条明确要求建立职业技能等级制度，由用人单位和社会培训评价组织按照有关规定开展职业技能等级认定。第（六）条强调规范专项职业能力考核，结合新兴产业发展、地方特色产业需要和就业创业需求，选择市场需求大、可就业创业的最小技能单元（模块）进行专项职业能力考核，作为技能人才评价的重要补充。

该《意见》"五、加强监督管理服务"第（十三）条规定："实行目录管理。建立技能人才评价工作目录管理制度并实行动态调整。动态发布新职业信息和国家职业标准。职业资格及实施机构由国家职业资格目录规定。职业技能等级认定工作实行目录管理，向社会公开。中央企业由人力资源社会保障部进行遴选，纳入职业技能等级认定目录,所属子公司、分公司等分支机构由所在地省级人力资源社会保障部门给予工作支持、兑现相应待遇并进行监管;其他用人单位由所在地省级人力资源社会保障部门进行遴选,纳入属地管理。"

4.《人力资源社会保障部办公厅关于做好水平评价类技能人员职业资格退出目录有关工作的通知》(人社厅发〔2020〕80号)

2020年7月印发。

《人力资源社会保障部办公厅关于做好水平评价类技能人员职业资格退出目录有关工作的通知》第六部分规定:"对与公共安全、人身健康、生命财产安全等密切相关的水平评价类技能人员职业资格,有关单位要抓紧配合做好相关法律法规制定修订工作,依法将其调整为准入类职业资格。人力资源社会保障部门职业技能鉴定中心要加快职能转变,加强职业技能等级认定工作的质量监管,做好公共服务。有关单位职业技能鉴定中心可结合实际探索向社会培训评价组织转型。"

该《通知》要求:"加强职业资格证书管理。要规范实施职业技能鉴定,保证鉴定质量,严格职业资格证书发放,严禁违规、突击发放证书。退出目录前已发放的职业资格证书继续有效,可作为持证者职业能力水平的证明。"该《通知》明确了已发放职业资格证书的效用。

5.《人力资源社会保障部办公厅关于做好人力资源社会保障部门职业资格实施机构职能调整有关工作的通知》(人社厅发〔2020〕49号)

2020年5月印发。

《人力资源社会保障部办公厅关于做好人力资源社会保障部门职业资格实施机构职能调整有关工作的通知》第二部分是积极稳妥做好技能人才评价工作,其(二)加快技能人才评价基础工作中要求"加强考评人员、督导人员和专家队伍建设";其(三)做好技能人才评价工作的监督管理中明确"强化属地监管,加强对本地区职业技能等级认定工作的质量监管,对群众投诉举报和媒体报道反映的问题及时调查核实处理"。

6. 人力资源社会保障部职业能力建设司《关于加强职业技能鉴定质量管理有关工作的通知》(人社职司便函〔2020〕44号)

2020年8月印发。

《关于加强职业技能鉴定质量管理有关工作的通知》要求:

"一是严格按照《国家职业资格目录》规定组织开展职业技能鉴定工作。严禁在《国家职业资格目录》之外开展职业资格许可和认定工作。

二是严格执行现行国家职业标准,严禁突破国家职业标准开展职业技能鉴定工作。严格按照国家职业标准规定对考生的申报条件进行审核。

三是加强职业技能鉴定命题管理,保证命题质量。各地在组织开展职业技能鉴定时应按规定使用国家题库,从国家题库中抽取试题组卷。

四是严格按照职业技能鉴定有关规定,加强考务管理,规范工作秩序,强化职业技能鉴定工作档案管理,做到全程留痕。

五是严格做好职业资格证书发放管理,严禁在退出《国家职业资格目录》前违规突击鉴定、颁发职业资格证书。加强职业资格证书数据审核,填报《全国集中管理监管库职业资格证书数据审核确认表》,确保每本证书数据准确可靠、真实有效,严禁问题数据入网。

六是强化职业技能鉴定质量督导,加强对职业技能鉴定所(站)和考评员、督导员等人员的管理,加强现场督导。畅通监督举报渠道,设立并公布监督电话,对群众举报的问题,发现一起查处一起。"

(二)建立职业技能等级制度

1.《人力资源社会保障部关于改革完善技能人才评价制度的意见》(人社部发〔2019〕90号)

《人力资源社会保障部关于改革完善技能人才评价制度的意见》规定的首条基本原则是:"坚持深化改革。围绕'放管服'改革部署要求,深化技能人才评价机制改革,进一步简政放权,推动政府职能转变,形成适应经济社会发展和技能人才发展需要的评价制度。"

该《意见》第(五)条提出:"建立职业技能等级制度。建立并推行职业技能等级制度,由用人单位和社会培训评价组织按照有关规定开展职业技能等级认定。符合条件的用人单位可结合实际面向本单位职工自主开展,符合条件的用人单位按规定面向本单位以外人员提供职业技能等级认定服务。符合条件的社会培训评价组织可根据市场和就业需要,面向全体劳动者开展。职业技能等级认定要坚持客观、公正、科学、规范的原则,认定结果要经得起市场检验、为社会广泛认可。"

该《意见》第(六)条提出:"规范专项职业能力考核。根据脱贫攻坚、乡村振兴、农村转移劳动力培训等工作需要,开展专项职业能力考核工作。要结合新兴产业发展、地方特色产业需要和就业创业需求,选择市场需求大、可就业创业的最小技能单元(模块)进行专项职业能力考核,作为技能人才评价的重要补充。"

该《意见》第(十五)条提出:"完善监督管理措施。各地要做好本地区技能人才评价工作的综合管理,通过现场督查、同行监督和社会监督,采取'双随机、一公开'和'互联网+监管'等方式,加强对用人单位和社会培训评价组织及其评价活动的监督管理。建立职业技能等级认定工作质量监控体系,健全用人单位和社会培训评价组织评估机制,定期组织评估,评估结果向社会公开。"

该《意见》第(十六)条提出:"加快政府职能转变。加大技能人才评价工作改革力度,进一步明确政府、市场、用人单位、社会组织等在人才评价中的职能定位,建立权责清晰、管理科学、协调高效的人才评价管理体制。改进政府人才评价宏观管理、政策法规制定、公共服务、监督保障等工作。推进人力资源社会保障部门所属职业技能鉴定中心职能调整,逐步退出具体认定工作,转向加强质量监督、提供公共服务等工作。鼓励支持社会组织、市场机构以及企业、院校等作为社会培训评价组织,提供技能评价服务。"

2.《人力资源社会保障部办公厅关于做好水平评价类技能人员职业资格退出目录有关工作的通知》(人社厅发〔2020〕80号)

《人力资源社会保障部办公厅关于做好水平评价类技能人员职业资格退出目录有关工作的通知》指出:要深刻理解和领会取消水平评价类技能人员职业资格、推行社会化职业技能等级认定的重要意义。将技能人员水平评价由政府认定改为实行社会化等级认定,接受市场和社会认可与检验,这是推动政府职能转变、形成以市场为导向的技能人才培养使用机制的一场革命,有利于破除对技能人才成长和弘扬工匠精神的制约,促进产业升级和高质量发展。各级人力资源社会保障部门和有关部门、行业组织要从加强技能人才培养、使用、评价、激励工作大局出发,稳妥有序推进技能人才评价制度改革,将水平评价类技能人员职业资格分批有序退出目录,不再由政府或其授权的单位认定发证,转为社会化等级认定,由用人单位和相关社会组织按照职业标准或评价规范开展职业技能等级认定、颁发职业技能等级证书,支持服务技能人才队伍建设。

3.《人力资源社会保障部办公厅关于支持企业大力开展技能人才评价工作的通知》(人社厅发〔2020〕104号)

2020年11月印发。

《人力资源社会保障部办公厅关于支持企业大力开展技能人才评价工作的通知》要求:"一、支持企业自主开展技能人才评价。按照党中央、国务院'放管服'改革要求,加快政府职能转变,充分发挥市场在资源配置中的决定性作用,激发市场主体活力,向用人主体放权,按照'谁用人、谁评价、谁发证、谁负责'的原则,支持各级各类企业自主开展技能人才评价工作,发放职业技能等级证书,推动建立以市场为导向、以企业等用人单位为主体、以职业技能等级认定为主要方式的技能人才评价制度。解决水平评价类技能人员职业资格退出国家职业资格目录后技能人才评价载体缺失、评价工作急需跟进等问题,不断优化政策,畅通技能人才发展通道,努力形成人人渴望成才、人人努力成才、人人皆可成才、人人尽展其才的良好局面。"

该《通知》强调:"九、加强质量督导和服务保障工作。各级人力资源社会保障部门要按照属地原则,加强对本地区企业技能人才评价工作的指导服务和质量督导。要健全工作机制,优化服务流程,简化程序,采取上门服务、现场集中办理、网上申报、告知承诺、网络核验等方式,做好企业技能人才评价工作的备案、质量管理和技术支持服务工作。加强跨地区协作,企业所在地人力资源社会保障部门要加强与企业子公司所在地人力资源社会保障部门的沟通衔接,建立信息互通、结果互认机制。企业按规定颁发的职业技能等级证书,纳入各级人力资源社会保障部门建设的证书查询系统,向社会公开。人力资源社会保障部门要将取得职业技能等级证书的人员纳入人才统计范围,并按规定落实相应人才政策。"

4.《人力资源社会保障部关于健全完善新时代技能人才职业技能等级制度的意见(试行)》(人社部发〔2022〕14号)

2022年3月印发。

《人力资源社会保障部关于健全完善新时代技能人才职业技能等级制度的意见(试行)》要求加强服务监管,强调:"加强质量督导和监管。建立健全质量监管体系,实现事前事中事后全链条全领域监管。各地要按照属地管理原则,做好技能人才评价工作的综合管理。加强质量督导,采取'双随机、一公开'和'互联网+监管'等方式,加强对用人单位和社评组织及其评价活动的监督管理和指导。健全评价质量评估机制,及时向社会公开评估结果。用人单位和社评组织要落实评价质量管理主体责任,接受同行监督和社会监督。"

5. 补充说明

推进社会、行业、企业、院校范围的职业技能等级认定工作经历了一个探索过程,期间人力资源社会保障部印发了推进试点的文件。

2018年12月29日,《人力资源社会保障部办公厅关于开展职业技能等级认定试点工作的通知》(人社厅发〔2018〕148号)印发,要求各级人力资源社会保障部门职业技能鉴定中心要做好技术支持服务和质量督导等工作,受理投诉举报并核实处理。要求试点机构要在规定的范围内开展职业技能等级认定,按照"谁评价、谁负责、谁发证"原则承担主体责任。要完善管理制度,规范工作流程,建立工作台账和管理数据库,建立问题查处和责任追究制度,主动接受人力资源社会保障部门监管和社会监督。试点机构不得超范围开展职业技能等级认定,不得授权或委托其他机构开展职业技能等级认定。

2019年4月12日,《人力资源社会保障部办公厅关于扩大企业职业技能等级认定试点工作的通知》(人社厅函〔2019〕83号)印发,要求:"加强对本地区试点企业(含试点央企子公司、分公司等)及其评价活动的监管和服务。构建政府监管、机构自律、社会监督、公众参与的质量监管体系,建立试点企业信用档案和退出机制。对经规范认定、取得相应职业技能等级证书且证书信息可在我部职业技能鉴定中心全国联网查询系统上查询的人员,纳入人才统计范围,落实相关政策,兑现相应待遇。"

2020年9月24日,中国就业培训技术指导中心、人力资源社会保障部职业技能鉴定中心印发《关于做好部门行业职业技能等级认定试点工作的通知》(中就培函〔2020〕41号),要求:"1. 政府有关部门及行业组织要高度重视试点工作,认真做好水平评价类技能人员职业资格退出目录后续工作,有序向职业技能等级认定平稳过渡。2. 加大工作力度,积极推进职业技能等级认定试点工作,做好本行业领域职业技能标准或评价规范开发等技术性工作,做好本行业领域管理人员、考评人员、质量督导人员及专家队伍建设规划,为本行业领域职业技能等级认定提供服务支持。3. 建立并形成人力资源社会保障部综合监督、行业业务监督、属地人力资源社会保障部门日常监督、评价机构自律、社会公众监督的多方联动质量监督工作机制。"

2019年11月21日,《关于做好技工院校学生职业技能等级认定试点工作的通知》(人社职司便函〔2019〕52号)印发,要求:"各级人力资源社会保障部门要加强规范管理,做好技术支持和监管服务工作。要做好事前备案、事中监管和事后服务,按照《职业技能等级证书编码规则(试行)》和《职业技能等级证书参考样式》(见人社鉴发〔2019〕2号)组织证书编码和信息上传等工作。要将各级各类职业技能等级评价机构纳入职业技能等级目录管理,所颁发证书信息统一上传至我部职业技能鉴定中心全国联网查询系统,面向社会公开,接受社会监督。"

(自职业技能等级认定工作启动以来,相关政策逐渐出台,目前技能人才评价工作仍处于建立和逐步完善阶段,请读者随时关注新文件的印发或试行文件升级为正式版本文件,相关内容按照新文件规定执行。)

(三)备案管理

1.《人力资源社会保障部关于实行职业技能考核鉴定机构备案管理的通知》(人社部发〔2019〕30号)

2019年4月印发。

第十三届全国人民代表大会常务委员会第七次会议将《中华人民共和国劳动法》第六十九条"由经过政府批准的考核鉴定机构"修改为"由经备案的考核鉴定机构"后,人力资源社会保障部围绕做好考核鉴定机构备案管理工作发出通知,文件要求做好机构备案、加强信息公开、强化属地监管、创新监管方式。

其中,强化属地监管,要求"省级人力资源社会保障部门要制定职业技能考核鉴定机构监督管理办法,建立退出机制,实现对辖区内职业技能考核鉴定机构的有效监管。同时,有关部门(单位)要加强对本部门(单位)职业技能考核鉴定机构的监督管理。职业技能考核鉴定机构要主动接受当地人力资源社会保障部门的抽查检查,向其报送职业技能鉴定计划、鉴定获证人员信息等,建立工作台账,妥善保管文档资料,确保全程留痕、责任可追溯"。

《人力资源社会保障部关于实行职业技能考核鉴定机构备案管理的通知》在创新监管方式方面,要求"各级人力资源社会保障部门要大力推行'双随机、一公开'监管和'互联网+监管',加强过程管理。充分发挥传统媒体和新兴媒体的作用,强化舆论监督,畅通投诉举报渠道，建立举报响应处理机制。对抽查检查中发现和群众举报、媒体报道反映的问题，一经查实，依法依规对职业技能考核鉴定机构作出处理"。

2.《国务院关于深化"证照分离"改革进一步激发市场主体发展活力的通知》（国发〔2021〕7号）

《国务院关于深化"证照分离"改革进一步激发市场主体发展活力的通知》第四部分要求创新地加强事中、事后监管，"谁审批、谁监管，谁主管、谁监管""直接取消审批、审批改为备案的，由原审批部门依法承担监管职责"。

三、正确履行监管及督导的职责

（一）遵守"规程""规则"，发挥"指引"作用

1. 人力资源社会保障部职业能力建设司和职业技能鉴定中心印发《技能人才评价质量督导工作规程（试行）》（人社职司便函〔2020〕53号）

2020年9月印发。

《技能人才评价质量督导工作规程（试行）》（本节简称《规程》）是质量督导工作的重要依据，是为规范技能人才评价质量督导工作，根据中共中央办公厅、国务院办公厅《关于分类推进人才评价机制改革的指导意见》和《人力资源社会保障部关于改革完善技能人才评价制度的意见》（人社部发〔2019〕90号）等有关要求，2020年9月1日，由人力资源社会保障部职业能力建设司、职业技能鉴定中心印发。

《规程》主要明确了质量督导的工作范围、原则分类、职责权限等，规定了质量督导人员的资格条件、培训考核、委派使用、职责要求等，确定了质量督导活动实施的主要内容、类型方式、制度及罚则等。《规程》突出了技能人才评价质量督导对评价内容和过程控制的技术基础，并明确了实施质量督导活动的工作内容板块。

《规程》主体内容共20条，分为5个部分：总则（第一章第一条到第五条）、质量督导人员的培养使用（第二章第六条到第十一条）、质量督导活动实施（第三章第十二条到第十六条）、罚则（第四章第十七条、第十八条）、附则（第五章第十九条、第二十条）。内容框架如图1-3所示。

（1）总则

《规程》的制定，体现了《关于分类推进人才评价机制改革的指导意见》和《人力资源社会保障部关于改革完善技能人才评价制度的意见》等文件的有关要求，明确了质量督导作为技能人才评价质量监管的一种具体方式。

适用范围：《规程》第二条明确本规程适用范围：职业资格评价、职业技能等级认定、专项职业能力考核等机构组织实施的技能人才评价工作的监督、检查和指导。

目标原则：《规程》第三条确定了质量督导的目标和原则："质量督导应当以提高技

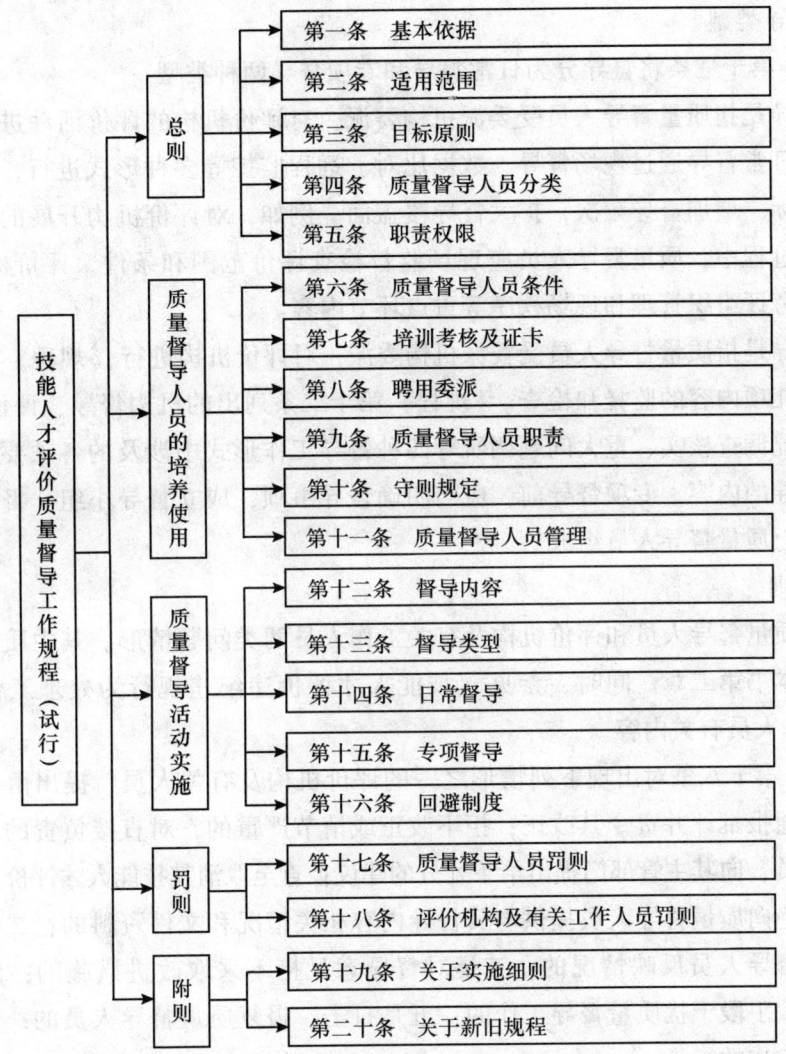

图1-3 《技能人才评价质量督导工作规程（试行）》内容框架

能人才评价质量为目标，坚持监督与指导并重，秉持公平公正原则。"

职责权限：《规程》第五条明确了部和省两级监管部门职责、评价机构及相关行业部门职责。

人力资源社会保障部职业能力建设司负责全国技能人才评价工作质量督导的统筹规划和政策制定。中国就业培训技术指导中心（人力资源社会保障部职业技能鉴定中心）负责全国技能人才评价工作质量督导的技术指导、支持服务和日常管理。省级人力资源社会保障行政部门负责本地区技能人才评价工作质量督导的统筹规划和政策制定。省级人力资源社会保障部门职业技能鉴定中心负责本地区技能人才评价工作质量督导的技术指导、支持服务和日常管理。评价机构及相关行业部门负责本单位、本行业技能人才评价工作质量督导。

(2) 督导类型

《规程》第十三条将督导分为日常督导和专项督导两种类型。

日常督导是指质量督导人员受委派机构委派，对评价机构的评价活动进行的日常监督和检查。日常督导通过现场督导、数据比对、远程监控等多种形式进行，提倡技术督导。结合实际，增加督导频次，扩大督导覆盖面。例如，对评价机构开展的批次评价活动进行督导过程中，质量督导人员应现场监督检查评价范围和条件、评价标准、资源、考生资格、考评组织管理和现场秩序等重点环节内容。

专项督导是指质量督导人员受委派机构委派，对评价机构进行《规程》第十二条规定的一项或几项内容的监督和检查。《规程》第十二条列出的机构督导、评价活动督导、违纪违规情况调查核实、重大问题调研等四种督导工作形式中涉及的各项要素，都可以成为专项督导的内容。专项督导前，应当明确督导事项，成立督导小组。督导小组原则上由3名以上质量督导人员组成。

(3) 罚则

分为对质量督导人员和评价机构及有关工作人员两类问题情形。其中质量督导人员相关内容见本书第二章。同时，参见《技能人才评价违纪违规行为处理工作指引（试行）》中工作人员有关内容。

《规程》第十八条对出现下列情形之一的评价机构及有关人员，提出由人力资源社会保障部门通报批评并责令其改正；拒不改正或情节严重的，对直接负责的主管人员和其他责任人员，向其主管部门提出给予处分的建议；直至取消其技能人才评价工作资格。

一是拒绝向质量督导人员提供与其督导内容相关情况和文件资料的；二是阻挠有关人员向质量督导人员反映情况的；三是对督导意见拒不采取改进措施的；四是弄虚作假、采取欺骗手段干扰质量督导工作的；五是打击、报复质量督导人员的；六是其他影响质量督导工作的行为。

(4) 附则

《规程》第十九条提出，各省、自治区、直辖市及新疆生产建设兵团人力资源社会保障部门、有关行业部门和评价机构根据本规程制定实施细则。《规程》第二十条规定："本规程自颁布之日起试行。原《职业技能鉴定质量督导工作规程》（劳社培就司函〔2003〕126号）同时废止。"

(5) 《规程》附件

《技能人才评价质量督导员证卡编码规则（试行）》，明确了外部质量督导员、内部质量督导员证卡的编码结构、代码及释义、证卡样式及制作说明。

2. 人力资源社会保障部职业能力建设司关于印发《职业技能等级认定工作规程（试行）》的通知（人社职司便函〔2020〕17号）

2020年4月印发。

《职业技能等级认定工作规程（试行）》"第五章　服务和监管"中有如下规定。

"第二十二条　中国就业培训技术指导中心（人力资源社会保障部职业技能鉴定中心）依托技能人才评价信息服务平台，利用信息化手段，向社会提供评价机构和职业技能等级证书有关信息查询服务，内容包括评价机构名称、备案期限、评价职业（工种）及等级范围、国家职业标准或评价规范、职业技能等级证书有关信息等。

第二十三条　有关职业技能鉴定中心要做好职业技能等级认定管理人员、考评人员、质量督导人员和专家队伍建设规划，指导评价机构做好人员培训，加强规范管理，提供技术支持和指导。

第二十四条　职业技能等级认定活动实行属地化管理，构建政府监管、机构自律、社会监督的质量监督体系。

第二十五条　人力资源社会保障部门会同有关部门采取'双随机、一公开'监管模式，通过调阅资料、现场检查等方式，对评价机构及其评价活动进行抽查检查；对群众投诉举报和媒体报道反映的问题及时调查核实处理。

第二十六条　加强职业技能等级认定工作质量督导，探索建立评价机构信用评估机制，动态公布评估结果。

第二十七条　评价机构在开展职业技能等级认定工作过程中，不履行工作承诺，经调查核实，退出评价机构目录；涉嫌违纪违法的，由有关部门严肃查处，追究相关责任人责任。

第二十八条　评价机构退出评价机构目录的，应妥善处理后续工作，承担因违法违规行为造成的后果。"

3. 人力资源社会保障部职业技能鉴定中心关于印发《职业技能等级证书编码规则（试行）》和《职业技能等级证书参考样式》的通知（人社鉴发〔2019〕2号）

2019年4月印发。

质量督导人员应该掌握《职业技能等级证书编码规则（试行）》和《职业技能等级证书参考样式》。

4. 人力资源社会保障部职业能力建设司和职业技能鉴定中心印发《职业技能等级评价机构备案事项办理指南（试行）》和《技能人才评价违纪违规行为处理工作指引（试行）》的函（人社职司便函〔2021〕57号）

2021年12月印发。

《技能人才评价违纪违规行为处理工作指引（试行）》的主体内容是考生违纪违规行为的认定与处理、工作人员违纪违规行为的认定与处理、评价机构违纪违规行为的认定与处理，以及违纪违规行为的处理程序。详见第三章第一节。

5.《关于开展技能人才评价要情报告工作的通知》（人社职司便函〔2022〕11号）

2022年3月印发。

《关于开展技能人才评价要情报告工作的通知》包含要情报告范围、有关要求和工作机制三个方面的内容，规定了要情报告的6种具体情况，工作职责责任等。详见第三章第三节。

（二）应用大典，宣贯标准

1.《中华人民共和国职业分类大典（2022年版）》

1999年，我国第一部职业分类大典颁布；2015年，经过第一次修订颁布2015年版职业分类大典；2022年，经过第二次修订颁布2022年版职业分类大典。《中华人民共和国职业分类大典（2022年版）》对8个大类、79个中类、450个小类、1 639个细类（职业）和2 967个工种写实性描述其具体内容，全面、客观地反映现阶段我国的社会职业状况，对优化人力资源开发管理、引领教育培训改革、促进就业创业、推动国民经济结构调整和产业转型升级，具有十分重要的意义。我们应认真学习，充分发挥职业分类大典对产业发展的推动作用、对就业创业的促进作用和对人才培养的引导作用。

2. 人力资源社会保障部办公厅关于印发《国家职业技能标准编制技术规程（2023年版）》的通知（人社厅发〔2023〕31号）

2023年8月印发。

根据《中华人民共和国劳动法》有关规定和《中共中央办公厅 国务院办公厅关于加强新时代高技能人才队伍建设的意见》有关要求，为健全和完善由国家职业标准、行业企业评价规范、专项职业能力考核规范等构成的多层次、相互衔接的职业标准体系，人力资源社会保障部对《国家职业技能标准编制技术规程》进行了全面修订，结合工作实际，新增了专业技术类职业标准编制有关内容。同时，2012年颁布、2018年修订颁布的《国家职业技能标准编制技术规程》废止。现行国家职业标准中有关内容与本《规程》不一致的，以本《规程》为准。

《规程》分为技能类和专业技术类两个部分，技能类规定了国家职业标准范围，适用于现行《中华人民共和国职业分类大典（2022年版）》所列技能类有关职业的职业标准编制。《规程》包含术语和定义（职业、职业分类、技能类国家职业标准），总则（指导思想、工作目标、编制原则），职业标准结构要素（封面、说明、内容、附录），职业标准内容（职业概况、基本要求、工作要求、权重表），编制程序（组织开发、公开征集）和职业标准编排格式（职业标准报批稿格式、职业标准出版格式）等，附录包括《职业标准结构图》《职业技能等级划分依据》《职业环境条件描述要素》《职业能力特征描述要素》《申请参加职业技能评价的条件》《职业标准编制启动会或评审会程序》《职业标准报批稿格式》《职业标准报批稿的字体和字号要求》《职业标准出版格式》《职业标准出版物的字体和字号要求》。

(三)应用技能人才评价质量督导指标体系

2023年,中国就业培训技术指导中心编制完成的全方位覆盖督导内容的《技能人才评价质量督导指标体系(试用完善稿)》包括12项一级指标和32项二级指标及督导说明、供各级监管部门和评价机构在质量督导工作中参考使用的示例督导评分表等。

总之,做好质量督导工作必须首先掌握技能人才评价质量监管工作相关文件的要求,认真执行、熟练运用这些文件的政策、技术内容,理论联系实际,不断在实践中积累总结经验。

思考题

1. 为什么说质量督导在技能人才评价工作中具有重要的作用?
2. 简述质量督导分类和质量督导人员分类。
3. 质量督导有哪些工作原则?
4. 质量督导工作具有哪些性质特征?
5. 浅谈对质量督导工作依据的认识。
6. 2020年版《技能人才评价质量督导工作规程(试行)》由哪五个部分构成?

第二章 对评价机构、评价活动和工作人员的督导

- 第一节　对评价机构的督导
- 第二节　对评价活动的督导
- 第三节　对工作人员的督导

技能人才评价质量督导以规范评价工作、保证评价质量为目的，质量督导人员在开展质量督导活动时必须严格依据政策规定，科学运用方式方法，熟悉质量督导基本过程环节，对评价过程及内容情况、工作衔接等做到心中有数，从而实现质量督导工作程序规范、方法得当、内容清晰、有条不紊、公正客观、结果有效的目标。

质量督导人员要熟悉督导工作流程并规范实施质量督导，对督促评价机构规范日常管理和评价活动发挥作用。一般来讲，质量督导工作流程可以分为策划准备、组织实施、整改总结三个阶段（见图2-1）。

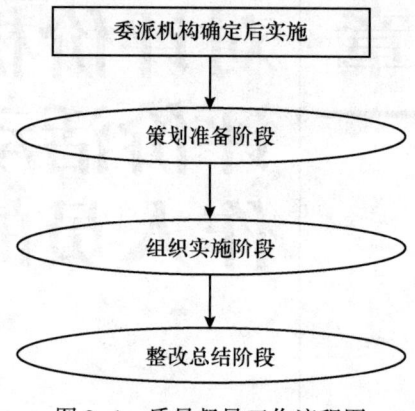

图2-1 质量督导工作流程图

第一节　对评价机构的督导

- 备案的评价机构
- 评价机构督导范围和程序
- 对评价机构资源管理的督导
- 对评价机构信息档案管理的督导
- 对评价机构改进能力的督导

对评价机构的质量管理情况进行督导简称机构督导。

进行机构督导的外督，即人力资源社会保障部门根据工作需要选聘的相关人员，代表人力资源社会保障部门对评价机构质量管理及实施技能人才评价工作能力进行质量督导。

评价机构也可以对自身日常管理工作进行内部质量督导，即评价机构和相关行业部门选聘符合条件的相关人员，对评价机构质量管理及实施技能人才评价工作能力进行质量督导。

一、备案的评价机构

技能评价证书的质量与技能人才评价机构的管理水平直接相关。评价机构管理者的质量意识和质量管控能力是决定评价机构信誉高低的关键因素。评价机构质量管理方式应得到充分重视。对评价机构日常管理情况，特别是对评价机构的质量管理水平和开展评价的工作能力进行督导，需要掌握评价机构的备案条件、职责规范、组织架构和存续规定等基本要求，熟知机构督导工作分类和过程内容等。本节以职业技能等级认定机构为例，依据现行规定，规定发生变化的，应随时参照有效的规定调整执行。

（一）职业技能等级认定机构备案申请和续期要求

职业技能等级认定机构分两类：用人单位和社会培训评价组织。此处基本框架供参考，各地在备案存续方面的具体要求存在差别，请结合实际情况进行研究探讨。

1. 备案申请

(1) 用人单位的评价机构备案申请条件

依法登记的独立法人企业，运营正常，与本单位签订劳动合同或存在事实劳动关系的技能人员（含劳务派遣人员）人数较多。申报的职业（工种）范围为本单位主体岗位的职业。用人单位原则上在技能人才（培养）总量、规模或技术（培训）水平方面处于当地同行业领先水平；具有较为健全的培训、评价、使用、待遇相结合的人才发展机制，对通过职业技能等级评价的员工兑现相关待遇；具有完备的职业技能等级认定规章制度，能够提供经费保障；具有负责职业技能等级认定的工作机构，配备相应的专（兼）职管理人员、考评人员；具备与所申报职业（工种）相适应的考核场地、设备与检测手段；自愿接受各级人力资源社会保障部门的监管。

(2) 社会培训评价组织备案申请条件

依法登记的独立法人（包括企业、院校、民营非企业、社会团体等），以人才培养培训服务为主要工作职责，具备登记或批准的培训或评价相关业务范围，具有规范的财务制度和管理制度，社会信用良好，无违法违规、失信等不良行为记录。申报职业（工种）为现行《中华人民共和国职业分类大典》及人力资源社会保障部后续发布的新职业中第三、四、五、六大类中的技能类职业（工种）且有相应的国家职业标准。拟开展评价的职业（工种）为本单位（行业）主体职业（工种）专业，具有广泛的影响力，在所申报职业（工种）方面有较丰富的考核评价资源和经验，具有一定的培训评价规模。具有不少于 100 m² 的固定办公场所，有必要的办公设备条件。具有专门的职业技能等级认定工作机构，且专职从事职业技能等级认定工作的人员不少于 5 人，每个职业（工种）专（兼）职考评人员不少于 3 人，具备一定数量的命审题专家、质量督导人员。按照国家职业标准中鉴定场所设备要求，原则上理论知识考场应满足容纳 30 人以上场地（单人单桌，间距不少于 80 cm）；操作技能考核在具有必备的设备、工具备料及设施，通风光线条件良好和安全措施完善的场所进行。操作技能考场一般不少于 10 个工位，考核量小的职业（工种）不少于 3 个工位。具有完善的职业技能等级认定考评规则、工作流程、管理制度、职责分工等质量管控措施。能为职业技能等级认定工作提供稳定的经费保障。考试场地、试卷存放和阅卷场所等具备可联网的监控录像设备。把社会效益放在首位，自愿接受各级人力资源社会保障部门的监督（以上量化要求如与有关规定不同，遵照权威的最新标准和规定执行）。

2. 续期要求

备案评价机构应在备案期满前 3 个月内提交备案续期申请材料。各地人力资源社会保障部门备案的技能人才评价机构备案续期材料包括评价机构备案续期申请函，近三年技能人才评价工作总结等。人力资源社会保障部同意备案的技能人才评价机构，备案续期材料除以上材料外，还应提供人力资源社会保障部同意续期的证明材料。

备案期逾期1个月未提交申请的，视为已经放弃续期要求。不再开展技能人才评价的机构，须做好证书核发和数据上传及维护、评价资料存档等后续工作。

（二）职业技能等级认定机构职责和组织架构

1. 机构职责

技能人才评价机构按照"谁评价、谁发证、谁负责"原则，负责评价组织实施、协调管理和控制过程内容质量等，并对评价结果负责。评价机构应贯彻落实评价有关政策，制定评价管理制度、实施办法、评价计划，建设和维护好考场及设施设备，培养、聘任、使用、管理技能人才评价工作需要的各类工作人员（包括考务管理人员、考评人员和内督等），在备案范围内开展评价活动；正确处理评价中出现的纠纷并及时报告要情；存储考生资料、准确及时上报证书数据，认真开展年度工作总结，不断提高评价管理水平。

2. 组织架构

技能人才评价机构管理层包括法定代表人和评价实施部门负责人，组织架构可包括综合管理岗、考务管理岗、质量管理岗、信息管理岗、试题管理岗、证书管理岗和财务等，根据各地实际，可增设业务拓展、专家管理等岗位，或部分职责合并到某一岗位。

二、评价机构督导范围和程序

（一）评价机构督导工作范围及分类

对评价机构进行督导可以根据评价机构的类型分为对用人单位的评价机构和社会培训评价组织的督导，其中社会培训评价组织可再分为各级人力资源社会保障部门备案的评价机构。根据工作需要，机构督导工作还有其他种类，在设计督导方案时，需要区别考虑这些机构的不同特点和有关规定要求。

对评价机构进行督导可以针对评价机构整体，也可以针对其局部，可以参考《职业技能鉴定机构质量管理体系标准》，使用中国就业培训技术指导中心开发的技能人才评价质量督导指标，对评价机构进行全面督导，也可根据实际工作需要，选择部分督导指标进行重点突出的督导。

《技能人才评价质量督导工作规程（试行）》（人社职司便函〔2020〕53号）第十二条第一项"对评价机构贯彻执行有关法律法规、规章和有关政策及其质量管理体系建设等情况进行督导"明确了督导包括对评价机构进行督导，督导内容既包含评价机构的工作过程管理，也覆盖资源、资料等内容管理，还涉及质量建设，如持续改进等能力提升方面的内容。

对评价机构管理情况的督导包含的内容丰富，既可以全方位查看，也可以抓住重点，比如针对评价机构的评价能力或质量管理活动等开展督导。

（二）评价机构过程控制和内容质量的督导

1. 过程控制的督导

对评价机构管理的督导，既要分析评价机构的管理过程，也要结合督导工作过程要求。

过程控制是质量管理重要原则之一，质量管理高度重视过程方法，将评价及其相关资源作为过程进行管理，可以高效地得到期望的结果。督导组应在到达督导现场前编制督导方案，明确督导过程，提高对评价机构的过程控制能力进行督导的针对性和有效性。

在督导活动中，对于评价机构所有利用资源并通过管理将工作输入转化为工作输出的活动，均可视为过程。比如评价报名管理、考题试卷管理、评价场所管理、考评成绩管理、评价证书管理等都是不应忽视的过程，评价机构档案文件管理、岗位职责权限管理、资源信息管理、数据安全管理、评价服务实现管理、质量改进等也都是影响质量的过程。机构督导工作包括对评价机构管理的全部或部分过程进行督导，也正是通过过程督导实现督导目标。

每个过程包含若干工作环节，如报名管理过程中的考生报名资格审核环节、报名表生成管理环节等，又如质量改进管理过程中的服务对象满意度调查环节、评价机构内部审核环节、评价过程数据分析环节等。机构督导工作包括对评价机构管理的全部或部分关键环节进行督导。

2. 内容质量的督导

对评价机构管理工作所涉及的各项内容进行督导是机构督导的重要内容。内容质量督导有较高的技术要求。质量管理内容丰富，涉及规章制度、岗位职责、信息和资源、档案和资料等很多方面，业务上的内容更是与评价工作质量密切关联，如国家职业标准（评价规范）、命题技术规程、考务管理规程、考场管理守则、证书管理要求、考评人员规程、工作人员规定、管理责任书、信息系统及管理平台、风险防控和应急预案等。

例如，质量督导人员通过审阅评价机构管理文件、空白工作表单等，可以判断评价机构工作的依据是否完整准确、规章制度是否健全适用；质量督导人员通过查看评价机构的存档资料，包括各类台账、存档工作记录表单、试卷和答题卡或产品工件等考试成果，可以判断评价机构管理工作的严谨性、质量管控追溯能力；质量督导人员通过抽取题库、试题、试卷、评分表等有关资料，询问试题命制、试卷管理人员有关命题管理、题卷更新、抽题组卷等情况，对照国家职业标准和质量督导指标，可以判断命题管理的科学性、适宜性等。内容质量督导是督导发现的重要途径。

（三）评价机构督导工作流程

对评价机构督导的工作流程可分为策划准备、组织实施、整改总结三个阶段，还可以细分为多个环节（见图2-2）。

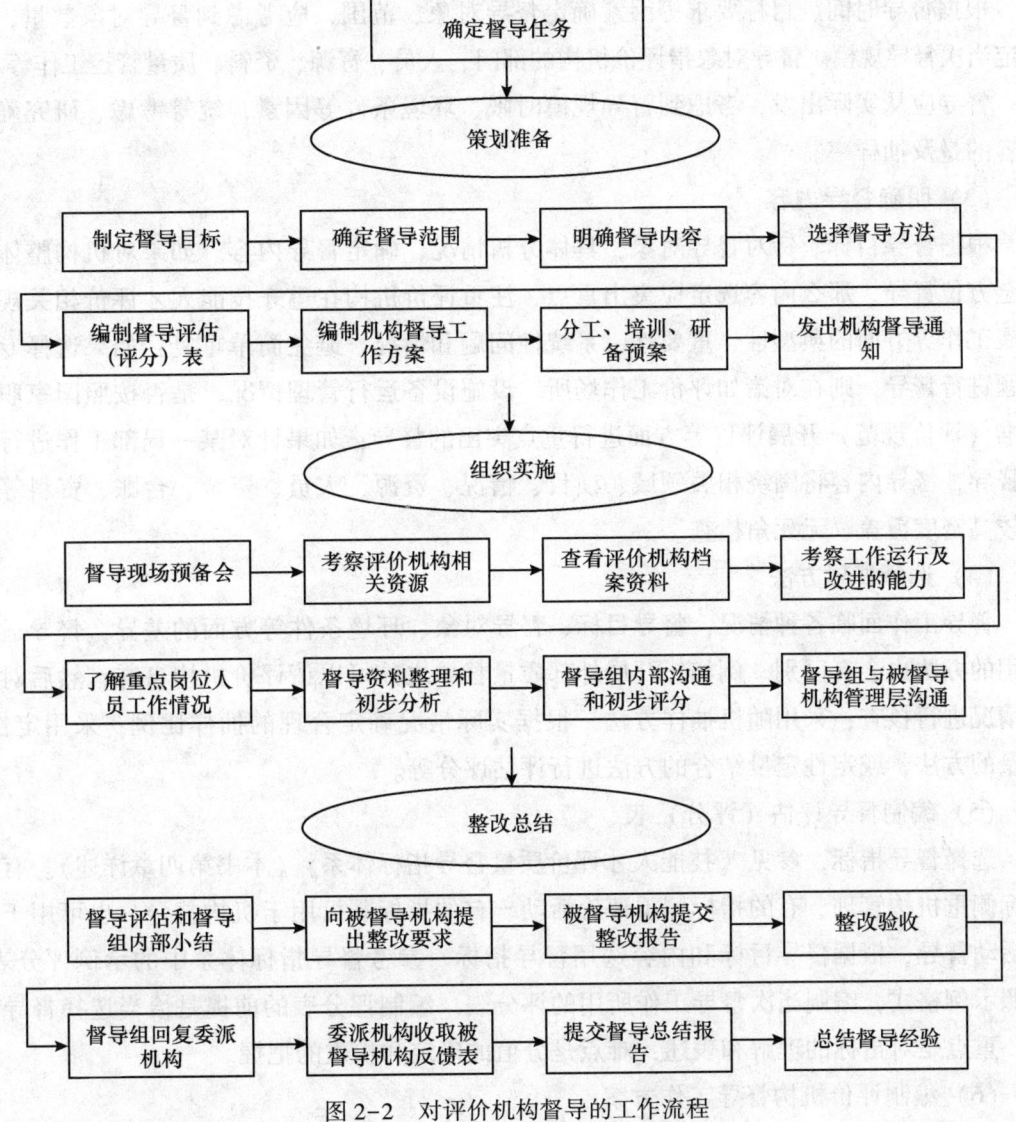

图2-2　对评价机构督导的工作流程

这部分介绍机构督导的步骤，仅举部分督导工作内容为例，对资源、信息档案、服务改进能力进行督导的更多具体内容见本节第三、四、五部分。

1. 评价机构督导的策划准备

在对评价机构实施现场督导前做好充分准备工作，是提高机构督导针对性和有效性的重要基础。

(1) 制定督导目标

按照委派机构的要求,根据当次督导目的和实际情况确定督导目标。目标应有明确的针对性、导向性、适宜性。

(2) 确定督导范围

根据督导时间、目标要求等因素确定督导对象、范围,应考虑到督导对象数量,以确定当次督导规模。督导对象指评价机构的部门、人员、资源、资料、质量管控工作等。

督导应从实际出发,考虑到督导规模时限、环境条件等因素,统筹考虑、研究确定内容的量及抽样率。

(3) 明确督导内容

根据督导目标、针对督导对象,具体分析情况,确定督导内容。如果对机构整体进行全方位督导,那么内容选定应突出重点,注重评价机构在遵守技能人才评价相关规定开展工作等方面的典型性、重要性、系统性问题和情况,避免简单重复;如果选择专项问题进行督导,则在对诸如评价工作场所、设施设备运行管理情况、是否按照国家职业标准(评价规范)开展评价等方面进行重点突出的督导;如果针对某一局部工作进行重点督导,督导内容将围绕相关领域、项目、情况、资源、人员、资金、台账、资料等进行较高密度覆盖、无死角检查。

(4) 选择督导方法

督导工作面临各种情况,督导目标、督导对象、环境条件等方面的差异,督导适宜采用的方法也会有区别。例如,开展外部质量督导之前可以请评价机构自查,然后对自查情况进行核查;采用随机抽样方法,根据实际情况确定合理的抽样比例;采用定性、定量的方法,或定性定量结合的方法进行评估评分等。

(5) 编制督导评估(评分)表

选择督导指标,参见《技能人才评价质量督导指标体系》(本书第四章详述)。有的指标侧重机构管理、有的指标侧重评价活动、有的指标既可用于机构督导,也可用于评价活动督导,根据督导目标和内容选用督导指标。参考督导指标体系中的示例评分表,按照示例格式,编制当次督导工作所用的评分表。编制评分表的前提是恰当选择督导指标,重点是对指标的理解和表述,难点是分值的确定和权重的把握。

(6) 编制评价机构督导工作方案

评价机构督导工作方案主要包括:督导的目的、具体对象、工作内容、方法、步骤、时间、经费及要求等内容。评价机构督导方案编制应尽量做到全面、细致,充分考虑实际情况和可行性,便于现场实施取得好的效果。

(7) 分工、培训和研备预案

参与机构督导的质量督导人员应在分工基础上熟悉职责要求的各项内容规范、技术方法等。培训的主要目的和内容是明确督导职责和任务,学习讨论本次督导目标和重点、督导内容和要求、督导指标和评分标准、工作方式与技术方法等，保证督导工作科学、客观、公正、公平及团队配合工作顺畅。

对机构督导全部过程、每个环节、工作衔接、环境和人员变化等可能出现的风险进行推演和预判，对重点内容研究制定应急预案。应急预案是质量督导人员学习研讨的必要内容。

（8）发出机构督导通知

督导方案确定后，向被督导机构发出本次机构督导的通知，可告知当次机构督导的目的与内容、督导方式方法、时间与安排等。被督导机构接到通知后，应按照通知要求做好接受督导的准备工作。

2. 评价机构督导的组织实施

按照督导工作方案确定的时间、内容、方法、步骤等组织实施机构督导，根据现场实际进行必要的调整，根据督导中获得的证据材料或督导发现的问题情况（或称督导发现）进行充分的分析、沟通，以保证机构督导严肃、严谨、客观、公正。

（1）督导现场预备会

质量督导人员到达督导现场，与被督导机构人员见面，可以预备会形式正式启动当次现场督导工作。预备会的目的是督导组与评价机构管理人员彼此介绍，督导组说明本次督导的目的和范围，介绍本次督导拟采用的方法和程序，明确督导组与评价机构沟通的方式及各自的职责，确认督导所需资源和设备。

（2）考察评价机构相关资源

根据评价机构实际评价范围和本次督导目标要求，督导组查看考评场所及相关工作，包括设施设备、工量器具等；对设施设备管理存在问题、不满足评价实际需要等问题记录取证。

（3）查看评价机构档案资料

对照各级人力资源社会保障部门政策法规规定、技术规程要求，以及本机构管理文件、工作指导手册等的规定要求，督导组查看评价机构各类相关档案资料，并对其中不符合有关规定要求的材料做记录。部分评价机构已实现无纸化办公，质量督导人员应熟悉在计算机等设备上查看相关档案资料的技术方法。

（4）考察工作运行及改进的能力

对评价机构改进能力的督导，可以查看评价机构对服务对象满意的关注方式和工作内容、评价机构内部管理评审情况、评价机构未达标服务控制情况、纠正措施和预防措施的执行情况等方面的证据。

（5）了解重点岗位人员工作情况

方式一，问询访谈。根据督导目标计划和现场发现，有针对性地开展现场问询，安排相关人员交谈并收集相应的证据材料。对问询中发现的问题或疑问进行记录和必要的沟通。

方式二，召开座谈会。为了更全面地了解情况，或针对重点问题深入督导，提高督导效率，可组织部分有代表性的人员参加座谈，包括评价机构工作人员、与评价机构管理和评价活动相关的非评价机构人员。也可以组织专题座谈，例如组织考评人员座谈。为使与会人员畅所欲言，保证信息真实性，可要求机构领导层回避。

（6）督导资料整理和初步分析

在查资料、看现场、问询和座谈等督导工作基础上，质量督导人员应将收集到的各方面材料进行归类整理，定量和定性督导发现有时可以互相印证，质量督导人员应锻炼独立分析能力。督导过程中经常会发现缺失某些必要的证据材料，应进行必要的补充，使督导发现的材料完整。

（7）督导组内部沟通和初步评分

以下三种情况时，督导组应召开内部会，围绕督导计划落实、疑难问题、重要情况进行沟通，分析讨论并形成结论：一是在督导过程中遇到比较重大的问题，二是督导组长认为必要的时候，三是现场收集督导发现的工作基本完成后。现场督导任务基本完成后的沟通会上，使用督导评估/评分表进行评估/评分，并确认保留相关证据。每位督导员独立评分，督导员评分涉及的督导指标有重叠的，可先独立评分，再进行讨论后形成结论性意见。

（8）督导组与被督导机构管理层沟通

评价机构管理者对待督导的态度是评价工作达标的重要因素，督导组安排与评价机构管理层围绕督导发现的问题进行沟通，在形成最终督导结论之前，将督导发现的问题和可能的评分情况与评价机构管理层沟通。这不但是确认督导发现准确性一个必要的环节，也是指导帮助评价机构增强质量意识、质量管控能力的一种方式。

3. 评价机构督导的整改总结

督导要通过分析所有有价值的督导发现，从而形成令人信服的督导结论，达到引导评价机构更加规范地管理、保证评价工作质量的目的。督导中发现的问题应引起被督导机构重视并切实得到纠正，存在的风险隐患也应引起被督导机构注意并得到预防。应对督导结论、建议、改进情况进行总结，并记录和报告督导委派机构。

（1）督导评估和督导组内部小结

督导组应对评价机构督导中获得的证据材料进行认真分析，保留评估的客观依据，得出评估结论。评估遵循以下原则。

一是坚持标准。评估工作对评价机构工作优劣程度进行判断，应严格按照督导指标及评分标准进行评分，准确区分评价机构管理达标程度、能力水平。

二是公正公平。保持督导公正性、标准化，坚持评价工作一致性、公平性。

三是客观慎重。分析评估必须以督导发现为基础，全面评估分析督导中采集的信息材料，科学归纳各种证据及因素，实事求是地总结成绩、明确存在的问题及原因，研判问题的社会影响及严重程度，客观评价被督导机构提出的解释和建议，重视分析服务对象提出的意见，充分比较特点相近的同类评价机构情况，认真研究整改时效性、可行性及预期效果。

四是奖优罚劣。督导最终目的是引导评价机构规范管理、提高评价工作质量，对管理规范严格、评价质量确有保障的评价机构，对督导评估给予肯定可以在相关范围发挥积极的示范带动作用，给其他评价机构树立标杆，提供学习素材。而对能力差、问题多的机构督导评估的差评，可以提醒其他机构增强质量意识、强化质量管理。

五是公开透明。督导所用的督导指标是公开的，督导评估的方式方法也是透明的。适当的宣传对维护技能人才评价工作正常秩序、督促评价机构重视评价质量、提高包括质量督导在内的监管工作权威性有积极作用。

(2) 向被督导评价机构提出整改要求

在督导组内部研究、与被督导评价机构沟通基础上，督导组向该被督导的评价机构提出整改要求。整改要求应具体明确、容易理解和能够落实。

(3) 被督导评价机构提交整改报告

评价机构应认真对待督导组提出的意见建议，按照整改工作相关标准和要求进行整改，并将整改情况和结果按规定程序报告督导组或其委派机构。可以完成现场整改的，应尽快整改并提交整改报告；无法完成现场整改的，可明确整改方案和时限。

(4) 整改验收

督导组对评价机构整改进行验收，对于整改仍不达标或无法完成现场整改的，督导组审议评价机构提交的整改方案，双方确定日后验收时间和方式。评价机构应继续整改直至达标为止，如果判定评价机构无法继续整改或始终无法达标，则按照评价机构退出机制相关规定处置。

(5) 督导组回复委派机构

评价机构没有整改任务或完成全部整改任务的，督导组向委派机构报告当次现场督导已经结束。评价机构无法完成现场整改的，或督导组认为不必继续在督导现场等待整改结果的，督导组向委派机构报告相关情况后，结束当次现场督导。

(6) 委派机构收取被督导机构反馈表

督导组离开评价机构后，评价机构应尽快向委派机构提交当次督导的"质量督导人员工作情况反馈表"，客观地对质量督导人员守法廉洁、依规工作、能力表现等情况进行评价或提出意见。

(7) 提交督导总结报告

全部整改验收合格后，督导组撰写并提交督导总结报告，客观真实地反映本次督导过程和结论，提出明确具体的建议，督导报告应由督导组全体成员签字确认。督导报告附必要的证据资料，以便督导委派机构核对或日后追溯。

（8）总结督导经验

适时总结督导经验，对于评价机构存在的普遍性问题，监管机构应专题研究，制定或修订制度规定或办法要求，完善技能人才评价管理体系，改进技术方法，提供更加有效的政策和技术支持服务。

监管机构经研究认为督导情况有必要进行通报的，可在适当范围进行通报。通报一般是对表现优秀、具有典型经验的技能人才评价机构给予肯定，对存在严重问题的机构提出批评并警示其他评价机构防止发生类似问题。对监管范围内违规开展评价工作的机构还可公布督导发现和处理结果。

三、对评价机构资源管理的督导

评价机构资源是实施技能人才评价的基础和必备条件，资源的优劣影响评价质量，评价机构资源的重要性决定了质量督导对资源的关注。评价机构资源管理部门应明确人力资源、设施设备和工作环境等各类资源配置标准，提出有关设施设备等资源在提供和维护方面的要求。评价机构应适应内外部环境的变化，如新职业（工种）、新技术的出现，以及改进其系统管理过程有效性的需要，及时地投入和开发相关资源，并注重资源配备的合理性、时效性，以满足评价工作的需要，增强服务对象的满意度。

（一）对人力资源的督导

评价机构应当对其工作人员提出岗位职责要求，质量督导人员在了解岗位职责要求基础上判断评价机构工作人员履职能力和评价机构对工作人员的管理水平。

1. 关注人员能力要求

评价机构应对工作人员提出能力要求。评价机构工作人员的能力是指其自身具备的综合素质和专业技术技能，包括完成规定职责所需知识、技能、经验等。评价机构应根据本机构各工作岗位、质量活动及相应职责明确工作人员的能力要求，选择、调配能够胜任的人员从事该项工作。

工作人员能力不足时，评价机构应对其提供培训，使其具备满足要求的能力。评价机构人力资源管理人员应对与服务质量有关的岗位工作人员的培训及采取其他提升履职能力的措施的有效性进行评价，可通过面试、笔试、操作等方式来评价培训的效果，使评价机构工作人员能认识到自己所从事的活动或工作对技能人才评价工作的重要性和各种工作活动之间的关联性，掌握为实现评价机构质量目标作出贡献的方法技术。质量督导人员在判断评价机构综合管理系统责任人员履职情况时，应关注其对从事影响服务质量的工作人员的能力评价，同时识别和确定与评价服务质量密切相关工作岗位的人员所必需的能力和培训情况。

2. 关注人员管理状况

评价机构需要规定评价服务管理和评价监控人员在选用、培训、聘任和管理方面的要求，明确聘请外部人力资源的范围，而质量督导人员通过观察这些内容，判断评价机构人员管理工作是否满足评价服务需要的能力。

评价服务的工作人员包括各管理系统的责任人和工作人员、考评人员、质量督导人员等，其综合素质、业务能力对服务质量的符合性、公正性、客观性非常重要，因此对上述人员的选择、组织培训、聘用和管理是重要的过程环节。

关于考评人员、质量督导人员的选择、培训、聘用和管理，应明确满足评价服务范围所需监控人员数量和规模、聘任条件。根据培训需求计划，组织有关人员申报、审核、报批和送培工作。对经考核合格的人员，业务主管部门按规定程序聘用、选派和管理。

当需要审定标准规范、修订题库、补充题量时，可以聘请外部技术专家参与，以满足本机构评价服务的需要。

工作人员的能力可从其工作业绩、受教育程度、所接受的培训、工作经历、业务水平、具备的技能和工作经验等方面进行评价考核。

督导员可查看评价机构员工的教育、培训、岗位资格和经验的相关记录。

（二）对环境设施技术资源的督导

评价机构应规定评价服务所需环境、基础设施和技术资源的要求，评价机构应按照评价服务范围和国家职业标准（评价规范）要求，配备必需的环境、设施和技术资源，而督导应关注工作环境、基础设施、技术方法等必要资源。

1. 关注评价环境、设施、技术等资源

工作环境涵盖办公和评价场所。在保证质量的前提下，要有满足评价服务范围和评价规模所需的办公场所和评价场地。工作环境是指工作时所处的一组条件，包括温度、湿度、噪声、粉尘、清洁度，以及水电气的供应、通信、运输、消防安全等。它是实现评价服务符合性的支持条件。

基础设施是实现服务符合性的物质保证，包括评价服务所需的设施、设备、监控和测量装置、工具、信息化工作平台等。

技术包括与评价服务相关的法律、法规、国家职业标准（评价规范）等。这些是评价服务的依据和支撑。

2. 关注资源管理

评价机构的相关部门对资源管理的职责，包括对工作环境与服务符合性有关的因素加以控制；配备必要的设施、设备，并实施维护和管理；配备适用的法律、法规、国家职业标准（评价规范）并进行宣贯。评价机构应明确评价服务所需资源提供、维护和管理的要求，而督导应审视这些要求的实现情况。

评价服务所需资源应在服务实现的适当阶段得到及时提供，并保证满足职业（工种）等级评价标准或评价规范的要求。

评价机构设施设备管理人员应按规定对资源进行维护、管理，确保满足评价服务需要。评价机构管理系统人员应根据管理权限，对评价范围内有关场地的设施设备等加强监控，协助考务管理人员、考评人员、质量督导人员做好操作技能考核前的检查确认工作。

评价机构应做好命题、题库建设相关管理工作，督导应关注评价机构是否以国家职业标准（评价规范）为依据，按照命题编制技术规程编制试题、组建题库，试题数量是否满足评价工作实际需要。

四、对评价机构信息档案管理的督导

（一）对评价机构文件资料管理的督导

评价机构应当编制机构管理文件，存放相关必要资料，质量督导人员应查看评价机构是否可以提供一套完整的适合自身情况的管理规定、规章制度，是否能够顺畅地提取有关资料，这是评价机构日常管理运行的基本依据和支撑，其作用主要是沟通意图、统一行动、管理自证。质量督导人员应熟悉评价机构管理文件资料的类别和控制要求。

1. 评价机构管理文件类别

（1）管理手册

管理手册应规定评价机构日常管理（包括质量管理）的总要求，是评价机构管理的纲领性文件，它描述一组相互关联或相互作用的过程，包括管理方针和目标、向内外部提供的管理体系信息及质量方针和目标。

（2）程序文件

程序文件是对评价机构管理过程实施的描述，为评价活动或相关过程所规定的实现途径。评价机构的程序文件包括机构管理程序文件和评价活动管理程序文件。完整的程序文件包括：标准和命题质量控制、理论知识考试/操作技能考核管控、证书管控、考评人员管控、质量督导管控、设施设备管控、数据上网及档案管理等业务管控程序，文件控制、记录控制、内部审核、未达标服务控制、纠正措施和预防措施等机构管控和改进程序。

（3）作业指导文件

评价机构一方面应有为实施评价活动提供帮助、指导信息的文件，例如各种工作规程、规定和制度等；另一方面应有为机构管理和资源需求作出规定的文件等。

（4）评价活动过程的记录

评价机构应有表明评价活动过程或机构管理工作所取得的结果，或完成活动的证据的文件。

2. 管理文件控制要求

（1）管理文件在正式使用前应得到评价机构管理层（机构负责人）批准，在内外部环境要求变化时应及时进行更新。管理手册由评价机构综合管理部门组织编写，程序文件、作业指导文件由评价机构职能部门编写。

（2）文件资料储存和管理应规范、完整、清晰，在文件资料使用场所可获得有效版本的相应文件或相关资料。比如题库管理部门要有相应的国家职业标准（评价规范）及命题技术规程。

（3）文件的修改（订）状态应按规定进行标识和记录，以便于识别。

（4）外来文件可以发放到适用的范围。

（5）作废文档可以得到及时收回、作出作废标识或销毁。

（二）对评价机构信息管理的督导

做好评价工作，需要及时掌握相关政策规定、市场动态、评价服务对象的期望和需求，以便明确评价机构发展方向和服务目标，以改进评价方法和服务质量。

评价机构提供评价服务的信息及有关的数据是重要资源，督导工作需要明确评价服务对信息和数据的需求，也就必须明确评价机构信息管理的范围、信息的收集和传递，以及信息的分析和利用。

1. 信息管理范围

（1）评价机构管理信息

评价机构管理信息包括各类过程、管理文件、管理职责、资源管理、评价活动、分析和改进的信息。

（2）评价机构运行信息

评价机构运行信息包括内部监督、风险防控、未达标项控制、纠正和预防措施、服务对象满意度调查、管理方针和质量目标的完成情况等信息。

（3）实施评价活动的信息

实施评价活动的信息包括评价资料、督导记录、考评原始记录、试卷、评价需求、申报资料、总结分析等信息。

（4）持续改进信息

持续改进信息包括评价服务结果的统计数据，如试卷、证书的合格率等；评价过程检查的结果，如考核环境及设备设施的完好率，对管理人员的水平和经验的评价结果；以及提高过程效率、简化工作程序、为服务对象提供便利等方面信息等。

2. 信息的收集和传递

评价机构应规定数据、信息的收集方法、频次和责任人，并按规定向相关方报告收集内容，如评价计划完成情况、服务对象满意度情况、评价过程各环节质量总结、评价机构阶段总体情况、接受督导检查和社会监督情况等,确保并获得内部和外部信息。

信息日常传递方式:上下级的信息沟通和交流,通过评价机构召开的工作会、业务会、工作总结会或信息化办公平台等传达或传递内外部相关信息;部门之间主要以文件和记录表格的传阅和签署方式进行沟通。

3. 信息的分析和利用

对收集的信息进行统计分析,形成有用资料。质量督导人员可以通过判断评价机构是否利用数据信息来确定实现管理方针和质量目标,或作为决策和改进依据,以判断评价机构信息管理工作的有效性和信息管理水平。

五、对评价机构服务改进能力的督导

评价机构改进能力是可以测量的。评价机构的目标和活动、成果和记录,都可以具体体现改进能力。质量督导人员应观察评价机构管理和改进方面的具体做法,依此评判评价机构对机构管理持续改进的能力,并积累这方面的督导经验。

从某种角度讲,评价机构可以分两类:一类是有改进能力的,另一类是缺乏改进能力的。虽然备案时难以判定该机构属于哪一类,但是督导时是可以得到参考答案的。有长久之计的评价机构,通常会在持续改进方面有具体的目标、计划、举措及实践证据。

对评价机构改进能力的督导,包括但不限于关注以下六个方面。

(一)对服务对象满意度调查和评价的督导

1. 服务对象满意度调查

评价服务是评价机构与服务对象(用人单位、考生)共同完成的活动,服务对象满意度调查是征求服务对象对服务质量和评价结果意见最便捷、有效的手段。征求服务对象的意见和信息反馈可以采取抽样跟踪调查方式,质量督导人员可以让评价机构出示对重点服务对象进行抽样调查的证据等。

收集分析服务对象满意方面的信息,包括对服务质量、服务态度和工作质量、服务对象要求和期望的信息。识别服务对象的需求,并通过服务满足服务对象要求,达到服务对象满意的目标,这是评价机构证明自己质量信誉的方式。

2. 关注服务对象需求的方法

要了解服务对象满意度,就应对服务对象满意信息进行监测,例如,利用投诉电话、信函、服务对象满意度调查表等方式收集服务对象满意信息。服务对象满意度是对服务对象满意程度的量化描述,是服务对象对其要求已被满足的程度的感受。

做好信息公开相关工作,是满足服务对象需求的重要内容。信息公开是评价机构提升服务的重要表现,例如,评价计划适时公示、收费合理和透明、与评价职业(工种)等级相关的信息服务等,质量督导人员应关注评价机构是否设立咨询和投诉电话并以多种方式广而告之，是否设置信息平台，建立信息反馈渠道，及时受理服务对象对评价服务的咨询、质疑及质量投诉。

3. 服务对象需求分析

设计合理的调查表，有助于评价机构对服务对象需求进行准确分析。质量督导人员对评价机构的服务对象调查表进行分析时，可以注意其机构管理目标与调查表内容相结合的程度、发放调查表的频次、评价机构对调查表的分析情况，评价机构是否通过分析评估了服务对象满意和不满意程度及其发展趋势，找出与评价机构设定目标的差距和主要问题，并作为评价本机构业绩改进的依据。

4. 保存客观证据

检查评价机构是否保存调查统计分析数据和评价结果，并将其作为客观证据提交给评价机构定期组织的管理评审。

（二）督导关注评价机构对评价过程监控

1. 只有当所有的质量管理过程都具备了达到预期目标的能力，才能最终保证评价质量满足服务对象要求。因此，评价机构应通过对评价过程的监控测量发现并解决问题，以保持预期的评价过程能力，最终确保评价服务的符合性。

2. 评价过程的监控测量对象，是评价机构管理的各个过程。监控测量的直接作用是证实过程是否保持其实现预期结果的能力。监控测量的方法包括内部督导、过程审核、工作质量检查、过程及其输出的监控测量以及过程有效性评价等。

3. 评价机构应针对评价服务和各过程特点，选择适当的监控、测量和评估方法。当过程监控和测量结果没有达到预期效果时，应分析原因，采取有效的纠正或改进措施，并跟踪验证这些改进措施。

4. 评价机构应根据评价工作的有关规定、程序文件和作业指导文件的规定，定期检查评价活动的符合性和有效性，并在每次评价后做出是否达标的结论。

5. 评价机构应当监控和测量的过程包括综合管理、职业标准和命题管理、考评管理、评价机构管理、证书管理、设施设备管理及考评人员和质量督导人员管理等过程。

（三）对未达标服务控制情况的督导

1. 督导查看未达标服务控制文件

未达标服务是指未满足评价服务规范规定的要求。评价机构应制定未达标服务控制文件，规定处置未达标服务的职责、权限和控制活动。通常，未达标服务控制活动应包括对未达标项目的识别、判定、记录、评审和处置等。

2. 督导应区分未达标服务的程度

未达标服务分为严重未达标项和一般未达标项。评价机构对未达标项应制定纠正预防措施，防止未达标的发生或再发生。当发生严重未达标时，评价机构应对未达标项进行评审，制订纠正措施，经主管领导批准后实施。未达标项纠正之后的结果，应验证其与相关标准或规定的符合性。

3. 督导观察未达标服务的范围

（1）不按要求操作，服务未达到标准规定。

（2）服务设施、设备的维护保养未达标。

（3）文件或文件控制未达标。

（4）资源配置、能力未达标。

4. 督导观察未达标服务的处置方法

（1）解释、说明，道歉。做必要的说明或道歉，取得服务对象谅解，解决问题，对未达标的服务进行纠正。

（2）承认或接受未达标服务。这是对一般未达标项而言的，且在服务中可以纠正。此时应取得服务对象同意或经授权人批准。

（3）当未达标服务导致评价活动中止时，可以考虑再次提供评价服务。其后，责任人应当分析原因，采取纠正措施，防止同类问题再发生。

5. 保存未达标服务的控制记录

未达标服务的控制记录包括未达标性质（类别）、评审与处置，以及再次验证的记录等。

（四）对评价机构内部审核的督导

评价机构开展内部审核可以查明自身管理效果，及时发现问题并采取纠正措施，使评价工作持续有效进行。

1. 内部审核的目的是确认管理工作和评价活动是否符合策划的安排和规定的要求、备案部门的要求，以及本评价机构规定的要求。

2. 内部审核可以获得机构管理有效的具体证据，并形成评审文件。评价机构应制定内部审核的程序，其内容包括审核方案策划、审核人员的选择、审核的职责、审核的准备和实施、审核报告和跟踪活动以及记录控制等。要确保内部审核的客观性。

3. 未达标项报告的责任部门应分析原因，及时采取措施，以消除发现的未达标服务及其原因。审核人员对纠正措施实施跟踪验证，确保实施有效。

4. 保持与内部审核活动相关的记录。

（五）对评价机构及时采取纠正措施和预防措施的督导

1. 纠正措施是指为消除已发现的未达标项或其他不期望情况的原因所采取的措施。评价机构应建立并实施纠正措施程序文件，针对已发生的未达标项原因，采取适当措施,以防止未达标项再次发生。

2. 预防措施是指为消除潜在未达标项或其他潜在不期望情况的原因所采取的措施。评价机构应建立并实施预防措施程序文件,针对潜在未达标项原因采取适当措施,以防止未达标项发生。

3. 纠正措施和预防措施都是改进措施。

4. 纠正措施实施步骤

(1) 对已产生的未达标项、潜在的未达标项、不合格项应加以识别或评审,分析其产生原因,制定切实可行的实施方案。

(2) 在分析的基础上,制定实施方案并进行评审。在权衡风险、利益和成本的基础上,择优确定实施方案。特别是先纠正那些对评价质量有重要影响的问题。

(3) 实施方案明确后,评价机构管理者负责配备资源,综合管理部门按方案组织实施。

(4) 要跟踪验证并记录所采取措施的结果。

(5) 评估这些措施的有效性,确认其确实防止了问题的发生或做出进一步采取措施的决定,并将评估结果作为评价机构阶段工作总结的输入。必要时,修改有关文件以保持有效性。

5. 预防措施实施步骤

(1) 利用相关的信息,分析、识别并确定潜在未达标项及其原因。

(2) 评估采取措施的必要性和可行性。

(3) 在权衡风险、利益、成本的基础上,研究确定需采取的预防措施,配备资源,组织实施。

(4) 记录所采取措施的结果。

(5) 评估预防措施的有效性或做出进一步采取措施的决定。

(6) 必要时,修改相关文件,以保持其后续有效性。

(7) 预防措施实施结果作为评价机构阶段工作总结的输入。

(六) 对评价机构信息化建设的督导

评价机构建立信息化管理系统是实现高质量管理的重要方式。提升信息化水平、通过数字化赋能等途径是新时代技能人才评价活动的有力支撑。督导应对评价机构开展信息化建设予以鼓励,例如,评价机构升级文档资料信息化管理,建立完善信息网站网页,以资源共享等方式提高服务能力等。

总之,质量督导人员应寻找评价机构在持续改进方面的管理要求和实践证据。评价机构工作过程和结果的质量与其持续改进能力密切相关,持续改进能力需要满足评价机构健康发展的要求。提升持续改进能力是一种螺旋式上升的活动,是质量管理的基本原则之一。评价机构通过管理方针、质量目标的建立与实施、数据分析、内部审核等寻求改进机会,实施适当的纠正、预防和改进措施实现改进,在阶段工作总结中评价改进的效果以确定新的改进目标,重点是改进、改善评价服务,提高管理过程的有效性。

第二节 对评价活动的督导

- 评价活动督导的类型
- 评价活动督导的过程和重点
- 对理论知识考试的督导
- 对操作技能考核的督导
- 对综合评审的督导

技能人才评价机构的核心工作就是组织开展评价活动。对评价活动的过程和结果及评价活动涉及的内容进行督导,简称评价活动督导或督考。本节讨论评价活动督导的类型、过程与内容等。

对评价活动的外部质量督导,是指人力资源社会保障部门根据工作需要选聘相关人员,代表人力资源社会保障部门对评价实施过程中的质量管理情况及评价各环节涉及的内容进行质量督导。

对评价活动的内部质量督导,是指评价机构和相关行业部门选聘符合条件的相关人员,对本机构开展的评价活动过程中的质量管理情况及评价各环节涉及的内容进行质量督导。

一、评价活动督导的类型

评价活动,即评价机构实施的考评工作,其过程从评价活动策划、准备,到实施、完成,到发出证书及后续服务,形成一条环环相扣的工作链条和完整闭环。因此面对评价活动,质量督导人员应熟悉评价活动过程及其中所有环节的内容和要求。

报名管理、题卷管理、考场管理、成绩管理、证书管理等既是评价实施的重要环节，也包含与评价活动质量密切相关的要素，质量督导人员应重点关注这些环节及各环节之间的工作衔接。

理论知识、操作技能、综合能力、工作业绩、日常表现等对于评价考生能力具有重要的参考价值，且都有成熟的考评技术方法。根据不同职业（工种）特点及国家职业标准（评价规范）相关要求，评价活动方式分为理论知识考试、操作技能考核、综合评审、工作现场考评及用人单位自主评价等多种类型方式，这些方式被单独或综合采用。督导方法和重点内容也必然因评价活动方式不同而有所区别。

各类评价活动方式随着社会生产发展、技术方法进步、设施设备更新换代而发生变化，例如，传统纸笔作答在部分职业领域被机考取代，督导工作也必然随着评价活动方式的变化而升级完善，关注重点不再是考场监考员配比和座位间距，而是机考派题相关规则等。

（一）理论知识考试及督导

1. 传统纸笔作答考试

纸笔作答考试是评价考生理论知识掌握程度的重要方式，具有典型传统考试特点，质量督导人员在传统纸笔考试场所，观察考点管理人员、监考人员、考生在规定的时间内，完成试卷作答活动期间有无违纪违规行为。

2. 智能化考试

一些领域的理论知识考试采用了机考，或称无纸化考试，这类智能化考试依托评价技术进步，以计算机、平板电脑取代纸笔，作答形式的改变带来督导侧重点的变化。

机考有单机考试和网络考试等不同方式，可以提供自适应考试，质量督导人员应不断掌握新技术的特点，并采用新的督导技术应对发展变化，例如，通过视频监控、指纹识别、人脸识别和相应的规则就可以高效地进行督导。

（二）操作技能考核及督导

1. 评价场所

评价机构通常在培训场所使用设备、设施组织操作技能考核，部分接受过该机构培训的考生具有熟悉场地、设备的优势，这类场地、设备与现实生产环境和用人单位当前的设备、设施可能存在差异，质量督导人员如果了解这些特点，有助于识别可能的差异程度及其对评价结果的影响程度。

操作技能考核分传统实际操作考核和模拟操作考核，而后者又可以有真实场地模拟设备和虚拟现实之分。考评和督导常需借助一定的仪器设备观察、测量考生的实际操作表现。

2. 生产现场

在生产现场使用实际生产设备、设施开展操作技能考核，对考评时间的选择、车间和生产设备的维护都有特定要求，对业务不间断、生产延续性等有一定影响，对考生也有特别规定，质量督导人员只有熟悉相关规定和要求，才能安全、顺利地做好现场督导工作。

（三）综合评审及督导

综合评审有论文评审、现场答辩、场景测试等多种形式，既有理论知识考试的特点，也有实际操作考核的特点，现场督导经常采用观察、听记等方式。

（四）工作现场考评及督导

工作现场考评是对考生在日常工作中的表现进行考评。与前述三种通常安排在一个明确的、较短的时间（日期）内进行的考评方式相比，工作现场考评具有考评跨时较长、参加考试的人员活动空间（场所）不受限等特点。同时，工作现场考评经常以考生自己选定的作品作为考评结果证据，参评者不会轻易上报自己的参评作品，而是直到完成了自己满意的达标作品后才上报考评人员，因此也可以称为非一次性考评。工作现场考评具有边训练边考评的性质，因此工作现场考评与前三类考评方式相比，处于真实工作状态，更真实地反映了参评者的工作表现和能力水平。针对工作现场考评特点，一般选择与考生在同一时空工作的、具有与受评职业（工种）一致的、有较高技能等级且更多工作经验的人员担任考评人员，同时由同部门的管理者担任内督。

对工作现场考评的外部督导工作，仍由负责备案的监管机构派遣，外督可以重点查看工作现场考评的管理规定，工作现场考评证据包（包括考评范围和标准规范描述、考生上报的作品、考评人员评语、内督签字认定等），答辩或同等级别综合评审录像资料等，外督还可以与考生、考评人员、内督进行座谈沟通，以便更清晰地确认相关资料的真实性。

（五）用人单位自主评价

自主评价可以采用理论知识和操作技能考核或综合评审；也可以实施工作现场考评或参考考生平时工作业绩表现，选择有代表性的内容进行考评；还可以采用其他单项或多项考评方式开展考评工作。总之，自主评价具有较强的灵活性和用人单位自身特点。督导应根据基本政策规定、结合实际情况进行设计和实施。

针对不同类型的考评方式，质量督导人员既要关注督导工作共性，也应注重各类评价方式特点，有的放矢地进行督导，以提高督导有效性。

二、评价活动督导的过程和重点

评价活动的过程和评价活动涉及的内容都是督导的内容，质量督导人员应熟知评价活动过程及相关内容，设计合理的督导工作流程，保证现场督导工作顺利实施。

（一）评价活动过程及督导

评价工作是否达到技能人才评价工作"客观公正，科学规范"的原则要求，关系到评价结果即评价机构发出的证书的质量信誉和提供证书官网查询服务的监管机构的社会信用。

监管机构和评价机构都应高度重视评价工作质量管理内容和方式。开展评价工作督导，对质量督导人员政策技术水平、督导工作能力有较高要求。

从评价服务整体看，评价活动包括评价服务策划准备、评价服务实施实现，发证和统计分析及后续服务等阶段。从评价实施核心部分看，包括报名管理、试题管理、考场管理、成绩管理、证书管理等具体过程。每个过程都包含一系列工作环节，例如，证书管理过程包括证书号码管理、证书印制、上网数据管理、废证处理、补发注销等环节。每个工作环节及环节之间的衔接，都需要质量督导人员给予关注。

督导可以针对评价工作的全部或部分过程及环节展开，质量督导人员应重视过程方法，强化过程质量督导。

（二）评价活动中的内容质量督导

对评价活动涉及的内容进行督导有一定技术含量。评价活动涉及的内容与评价工作质量密切关联，国家职业标准编制技术规程、命题技术规程、考务管理规程、考场管理守则、证书管理要求、考评人员管理规程、工作人员管理规定、质量管理责任书、风险防控和应急预案等，都是考评活动中涉及的重要内容。这些内容经常以制度文件、技术规则、程序文件、作业指导文件、试卷、资料、记录等形式出现。

关注内容质量督导，应将评价活动相关的制度文件、技术规则、程序文件和作业指导文件作为质量督导的重要依据。例如，质量督导人员通过审阅评价活动的程序文件和作业指导文件，判断评价活动的依据是否完整、准确，对照评价实施情况，重点查看评价工作现场情况和相关资料，包括考评现场秩序、考评人员等工作人员工作情况、设施设备管理情况、工作表单、试卷和评分情况以及有关工作记录等。

（三）评价活动督导工作流程

1. 评价活动的现场督导一般分为准备、实施、总结三个阶段。准备阶段工作内容主要包括确定督导人员和成立督导组，明确督导目标和进行必要沟通，策划督导方案和确定督导方法，督导组分工和研定督导重点，发出督导通知，检查评价计划并抽查复核考生资格，了解考场设施、设备和工位安排，了解考务、考评、监考等工作人员安排等。实施阶段工作内容主要包括现场观察评价活动的组织管理与工作程序，包括观察考前会和观察人员到岗情况，现场检查考场、设备等管理情况，抽查考生资格和观察考场纪律，监督考评、监考、评审人员工作行为，监督考评过程和内容等情况（如考务管理的组织实施），与相关人员沟通了解情况，对现场考评结束后的工作进行督导（如了解阅卷评分程序），与评价机构交换当次督导意见等。总结阶段工作内容主要包括督导组分析总结当次督导情况，总结经验、剖析问题、提出意见，评价机构采取纠正改进措施，根据实际情况现场或以书面形式验收整改情况，对现场评价活动进行评估/评分，评价机构向委派机构反馈意见，督导组向委派机构汇报督导情况，督导报告和资料存档。对评价活动进行督导的工作流程（见图2-3）。

2. 评价活动主要在考评现场，即考生所在的现场，但部分工作并未发生在考评现场，而是在其他工作现场，督导不能完全局限在考评现场，对其他工作现场相关活动也应进行观察。督导组在每次评价活动前期和后期通常都需要对评价机构工作现场的考评准备直至收尾工作等情况进行直接观察评估。在评价活动的考评现场，质量督导人员主要查看当次评价活动的组织实施情况和各类人员的表现。在评价机构的工作现场，质量督导人员主要查看当次评价活动的组织实施方案、考生申报资格材料、试卷（工件）阅批和相关记录资料保存等。以下选择部分类型评价活动的关键环节简述督导具体工作。

三、对理论知识考试的督导

督导组到达督导工作现场后，应认真听取评价机构的汇报，查阅相关资料，查看评价场地布置，跟踪巡视理论知识考试过程，收集整理现场工作相关信息材料，并对当次考试组织进行评价。以下选择部分类型理论知识考试的关键环节简述督导工作。

（一）考试开始前的督导工作

1. 传统考试的督导内容及要求

（1）查看技能人才评价计划和公告

质量督导人员通过查阅文案材料等方式，查看当次评价相应的计划与公告。重点关注计划的合理性和执行情况的符合性。计划是否符合本地区或行业企业实际情况特点，是否结合评价机构评价实施能力和条件，是否满足社会、企业、劳动者需要。公告的评价职业（工种）、等级是否在备案范围内，使用的相关标准规范是否为国家职业标准（评价规范），以及是否使用符合要求的试题等。

（2）复核申报人员资格

质量督导人员一般通过现场抽查方式，抽查复核申报评价的人员资格。质量督导人

第二章 对评价机构、评价活动和工作人员的督导

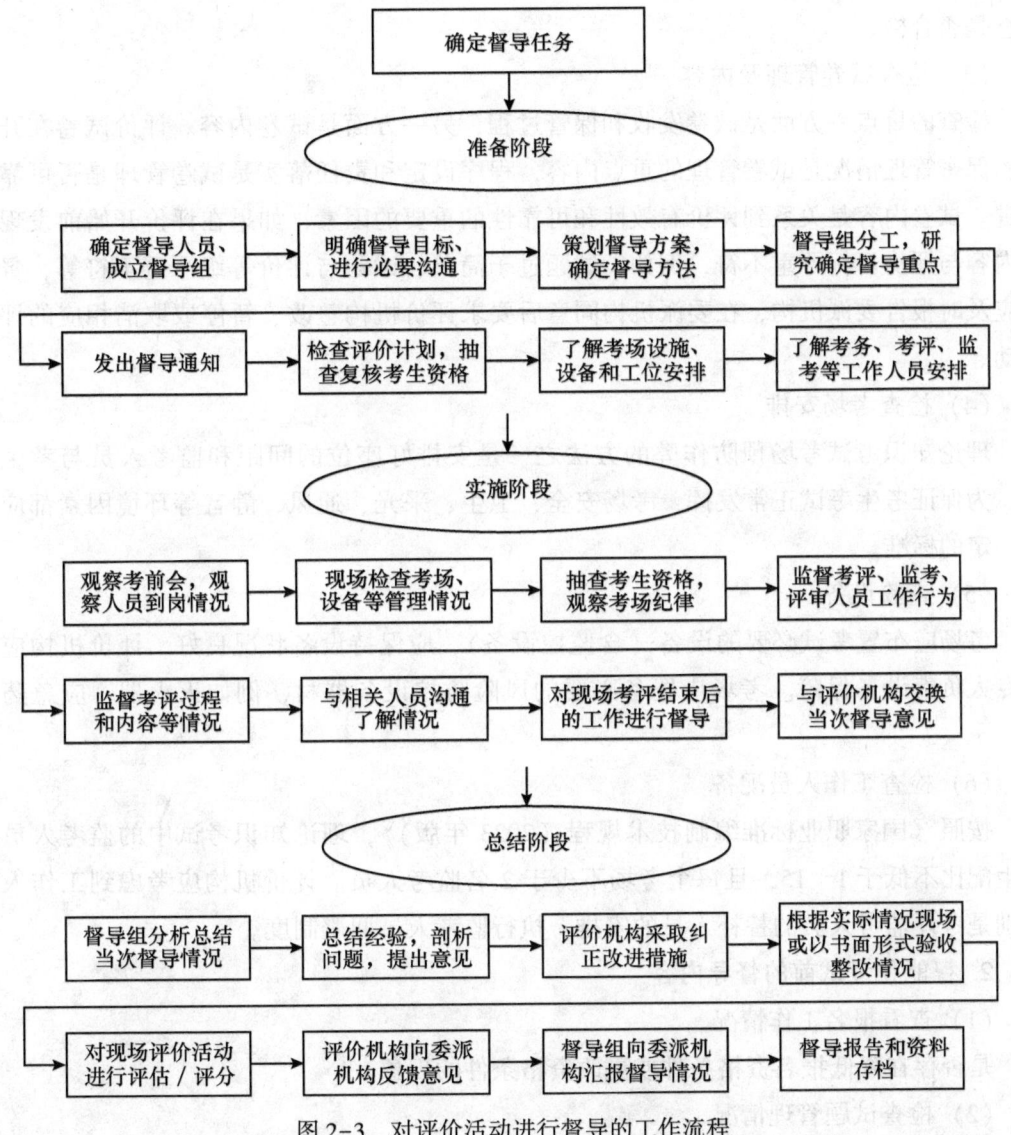

图 2-3 对评价活动进行督导的工作流程

员判定报考资格的依据是国家职业标准（评价规范）中相应的申报条件。应对照报名汇总表，关注原始报名资料，注意审核申报者年龄、所考职业（工种）工作年限、学历工作经历、职业教育培训背景和已获得相关证书的真实性、有效性及时间等。注意是否有降低或更改报名资格条件的情况，评价机构报名资格审核相关工作人员和复核责任人是否已签字。

完整、清晰的技能人才评价考生报名登记表是确认报名资格审核工作情况的重要依据。质量督导人员应审查考生报名登记表是否按照职业（工种）、等级分类汇总并保存完整，登记表反映考生报考的职业（工种）、等级、准考证号等信息是否完整，登记表登录信息是否有相关原始资料、相关信息是否合理、合规，是否存在矛盾、疑点，资格

审查是否合格。

（3）检查试卷管理及内容

检查的重点一方面是试卷发收和保管过程，另一方面是试卷内容。评价试卷在开考前的保密管理情况是试卷管理的重点内容，程序设定和责任落实是试卷管理是否可靠的关键。试卷内容是关系到评价有效性和可靠性的重要的因素，如果在评价开始前发现试卷内容与评价目标严重不符，例如，试题过于简单、试题与评价等级严重不符等，督导组应及时报告委派机构，在委派机构同意后要求评价机构整改、暂停或取消相应的评价活动。

（4）检查考场安排

理论知识考试考场预防作弊的方法之一是安排好座位的间距和监考人员与考生比例。为保证考生考试正常发挥，考场安全、卫生、采光、通风、静音等环境因素都应符合一定的标准。

（5）查验设备

考场应布置考试必要的设备（含监控设备），应保持设备状况良好。评价机构应安排专人负责设备保障。考场应置备必要的风险防控设备器材，例如灭火器、应急药箱等。

（6）检查工作人员配备

按照《国家职业标准编制技术规程（2023年版）》，理论知识考试中的监考人员与考生配比不低于1∶15，且每个考场不少于2名监考人员。评价机构应考虑到工作人员特别是考评监考人员的替补人员的安排，执行监考人员回避制度。

2. 智能化考试前的督导内容

（1）查看报名工作情况

是否存在降低报名资格条件或更改资格条件的现象。

（2）检查试题管理情况

网络传输技术保障及相关规定的严密性，是否存在电子试卷泄露隐患。

（3）查看考场准备

检查计算机配置和设置是否符合规定要求，考位密度、计算机朝向、挡板及环境情况，检查考试用计算机中是否存在培训期间使用的题库等。机考方式的监考人员与考生配比一般不低于1∶30，且每个考场不少于2名监考人员。

（4）查看网络环境

使用加密的局域网，不得使用公共网络或在公共网络上进行考试。

（二）考试现场的督导工作

1. 传统考场现场督导

（1）开考前督导

1）考前预备会。质量督导人员在考前会上注意观察考试组织者是否妥当布置、落实当次考试考务管理计划的相关要求，有没有擅自调整、无故变动某些安排事项。

2）试卷分发。质量督导人员重点查看开考前分发试卷是否有条不紊。考场现场分发试卷是否秩序良好、操作规范且准时。一般情况下，可以在开考前的适当时间分发试卷，考生可以填写姓名等个人信息，但不能答题。

3）入场开考。质量督导人员应关注整个入场开考过程的考场秩序情况，并对考前组织入场、考前相关检查和签到、宣布考场纪律、接发试卷、宣布开考等一系列操作的时间、规范程度进行观察。联考时通常考前 15 min 准许考生持准考证进入考场，在身份验证过程中应保持良好的秩序。考试开始后 30 min 内不允许离开考场，考试开始 30 min 后不允许迟到者进入考场。

（2）考场督导

1）考试时间。考试开始和结束应准时，通常由考点统一响铃控制。

2）监考情况。质量督导人员核对监考人员是否与考前安排一致。观察监考人员对考场秩序维护、考场环境查看、考生携带物品的检查工作是否认真负责，工作是否到位，工作方法是否恰当。监考人员是否在必要的时间对考生填写个人信息、考场纪律等方面作出适当提醒。除观察考场内监考人员外，质量督导人员也可以与考点负责人沟通，获取考点整体监考工作特点及问题等方面的信息。

3）考生情况。抽样核对考生信息，杜绝代考行为。安装了监控器的考场，能更好地警示考生防范作弊。

4）考场环境。观察考场的照明、温度、空气、卫生、安静程度、手机屏蔽设备等。

5）应急预案。如遇突发情况，质量督导人员先报告督导组长，督导组及时与监考人员、考点负责人、评价机构考务管理人员及其他相关人员按照应急预案等作业指导要求，共同做好相关工作。

（3）考试结束阶段的督导

1）考生离开考位。停止考试铃声一响，或监考人员宣布停止作答以后，考生应停止答题，并按监考人员指示有秩序地离开考场。这个环节容易出现违反考纪的情况，如考生继续超时答题、窥视他人试卷、返回修改答卷等。

2）收卷清点。监考人员应及时收齐考场内的全部试卷及答题卡，做到不丢不漏，认真清点后，迅速上交考务管理人员。质量督导人员观察考点收卷情况，运送考卷的责任人应与监考人员、考点负责人当面清点试卷，核对开考发出与闭考收回的数量（包括备份试卷和废卷），在确认无误后签字封装试卷。

3）抽样了解知识试卷内容质量。质量督导人员可以听取考生等人员对本次试卷难易程度等方面的答题感受，也可以询问其他相关人员对本次试卷的看法。这些信息可能对形成督导结论有帮助，对评价机构改进相关工作，比如改进试卷等也有实际意义。

2. 智能化考试现场督导

智能化考试在监考和督导方面都有很多特点，如考生身份验证、开考闭考时间控制等环节基本不依赖人工管理，很多考试可以通过考题排序更好地防止邻座互相干扰。智能化考试避免了收发试卷等工作中可能出现的问题，组织效率和准确程度大幅提高，监考、督考压力大幅降低。

质量督导人员可以观察考生入场出场秩序、考场环境和设备情况、考场突发情况处置等。

（三）现场考试结束后的督导工作

现场考试结束后，主要工作是阅卷评分和成绩登记统计。这项工作不在考场，而在评价机构工作场所。质量督导人员主要了解阅卷评分组织工作，特别是主观题（包括智能化考试中的主观题）评分前相关负责人召集评分人员统一评分标准的工作情况。

质量督导人员应关注阅卷评分组的初评、审校、核分、总分等分工责任，评分员规范评分情况，成绩登记情况等，有关工作填写相应的工作表单，应有记录可查。

质量督导人员收集整理督导报告所需各类记录资料。

四、对操作技能考核的督导

对操作技能考核的现场督导与对理论知识考试的现场督导有很多共同之处，同时也有明显的区别。督导组到达督导工作现场后，应认真听取被督导评价机构的汇报，查阅相关资料，查看技能考核场地和设施设备、工量器具等，跟踪巡视操作技能考核过程，收集整理现场工作相关信息材料，并对当次考评组织工作进行评价。

（一）考核开始前的督导工作

1. 督导内容

操作技能考核前的督导内容包括查看技能人才评价计划和公告、复核申报人员资格、检查试题管理、应急预案管理等情况。

2. 检查操作技能考场设置

操作技能考核应布置考评必需的设施设备、工量器具和材料，包括必要的消防器材、急救包等。质量督导人员检查这些用品材料的管理情况，如台账和检验铭牌等，查看是否符合规定要求，布置摆放是否安全、合理、科学，以确保不会对评价结果真实性、有效性产生影响。

查看操作技能考核场地的安全标识、警戒线及环境控制情况等。为保证考生在考试中正常发挥，考场安全、卫生、采光、通风、噪声控制等环境因素都应符合相应的标准。

3. 关注人员安排情况

（1）考评人员

操作技能考核中的考评人员与考生配比应根据职业特点、考核方式等因素确定，一般不低于1∶10，且考评人员为3人以上单数，每位考生由不少于3名考评人员评分。

（2）考生（考评对象）

重点关注其报名资格审核。质量督导人员应从操作技能考核的特点深刻认识资格审核的重要性。操作技能考核是在设施、设备上完成的考核，如果没有符合标准规定的工作经历、技能水平和工作经验，操作技能考核一方面对考生及在场人员存在一定的安全风险，另一方面对考评所用的设施设备也可能造成损伤甚至损毁。有些企业的操作技能考核是在生产线上进行的，如果报名人员的资格存在问题，可能会对企业造成巨大损失。所以，在目前的考评手段和环境下，这个责任重大的报名资格审核环节是不容忽视的内容。

此外，查看考试的指示路牌标识准备情况并查看为考生安排的符合规定的抽题点、候考区域、考场等。

（3）考务管理人员

询问考务管理人员对自己在操作技能考核过程中的职责及工作熟悉程度，如抽签确定工位的时间、考核场所及工位位置、相关要求和注意事项等。

操作技能考核的特殊性，决定了这一现场督导活动中最具代表性的工作过程，还将面对更多的人员和情况，如负责考点管理、场地管理、设备维护、材料存取、记录、记分、安全警戒、医务工作等方面的人员，他们在各自的工作区域履行不同的职责，遵守相关规定。质量督导人员对这些情况要求均应有所了解。

（二）操作技能考评现场的督导工作

1. 考场现场开考前的督导

（1）督导内容

质量督导人员在考前检查考评人员是否符合当批次考核资格、配备配比是否满足当批次考核需要。观察考评人员是否对场地环境、设施设备、仪器仪表、工量器具等进行检查校正，观察考评组考前预备会情况，观察考评组按时领取并核对考题。

(2) 检查考场管理情况

考务人员引导考生候考，等候考评组领取考题等。

2. 考评过程督导

(1) 观察考评时间控制情况。

(2) 观察考核程序。重点是观察考评人员是否查验考生证件及准考证、考生携带的工量器具、原材料是否符合要求，考生是否进入指定考位。观察考评人员是否及时纠正、记录考生违规行为，是否按照标准答案进行客观独立评分，遇到疑难问题或特殊情况时考评组是否研究，是否存在提示或暗示考生的舞弊行为。

(3) 观察考场秩序。观察考生进场退场情况、考场环境和设备情况、考场突发情况处置等，对现场考务组织实施及考试纪律执行情况进行考察取证，发现工作人员违纪违规、考场纪律混乱、有组织作弊等违规行为的，要做好取证、记录、纠正处置，问题严重的，上报委派机构，并经委派机构同意依据相关规定严肃处理。如果是事后核查，需调取录像资料查看处置。

3. 考核现场结束时的工作

(1) 主要查看操作技能考核结果的封存

采用考、评合一方式的职业（工种）考核，评价过程结束后，评分随之结束，保存考评组现场记录；采用考、评分开方式的职业（工种）考核，应指定专人在考生完成的工件、样本上做好标志，编号和记录后封存并交负责保存的人员部门。

(2) 了解考题内容质量

督导人员可以听取考生、考评人员等对本次考题难易程度、区分度的看法。

（三）现场考核结束后的督导工作

1. 统一评分标准

采用考、评分开方式的职业（工种）考核，考评组对考生完成的工件、样本进行评分，是考评工作的一个重要环节。督导人员主要关注考评组统一评分标准、把握评分尺度、成绩登记等方面的工作。

2. 测量评分信度

分析操作技能评分情况，对评分员在整个考评评分工作中评分的平均分、标准差、差异系数等指标进行分析比较，找出给分相关系数较低和较高的评分员，从而判断每位评分员在评分标准掌握方面的相对情况，进而提出是否需要增加一定的评分标准培训，提高评分员之间的一致性程度等。

3. 证书

质量督导人员检查证书办理工作记录和证书相关数据，查看是否符合证书数据上网相应的制度流程。证书办理应依据技能人才评价合格人员数据，注意报名信息、证书信息、上网信息一致性，证书办理工作记录应有经办人、审核人、评价机构负责人签字，对证书的验证应可追溯相应的考试试卷。

4. 督导工作总结

（1）评价机构总结

质量督导人员可以查看评价机构对考评工作的总结分析报告，特别关注其中的问题研究、数据分析、考评服务改进等内容。

（2）督导工作报告

督导工作报告包括现场督导的过程情况，发现的问题和经验做法，考试过程中异常情况及处理，督导评价结论和建议，附相应证据材料。

五、对综合评审的督导

综合评审是对被评审对象的职业道德、劳动态度、本职业（工种）的理论知识和操作技能、工作业绩及传授技艺等进行评价，即在德、能、勤、绩四方面给予的整体评价。综合评审现场督导是质量督导人员对上述活动过程的检查和监督。

（一）综合评审前的督导内容及要求

1. 查阅综合评审计划

督导关注综合评审计划合理性、适宜性（可操作性）。质量督导人员可以从以下方面查阅综合评审计划。

（1）综合评审方案是否依据国家职业标准（评价规范）制定，内容是否符合要求，技术方法是否可行。

（2）综合评审安排是否合理，评审人员配备是否符合要求。综合评审委员为3人以上单数。

2. 审阅考生的参审材料

（1）被评审对象评价申报表、已获得的符合规定的相关证书（复印件）。

（2）技能人才评价理论知识和操作技能试卷或成绩单。

（3）工作业绩考核材料或专业成果证明材料。

（4）潜在能力考核材料（技术总结或论文）。

3. 查阅各职业（工种）评审专家组成情况

（1）评审专家任职资格。

（2）评审委员会组成。评审委员会主任人选和委员数量是否符合规定要求，委员是否从有资格的评审专家中随机抽取。

（3）评审专家回避制度。在评审其亲属、朋友、学生徒弟及其他不宜参与评审的人员时，评审专家应主动回避或被告知回避。

4. 查看评审场所的准备

质量督导人员要查看审阅申报材料的场所和论文答辩的场所是否整洁、安静、明亮，严禁有人在场外喧哗，以保证评审专家的正常评审和被评审人员的正常发挥。

（二）综合评审现场督导的内容及要求

1. 对评审预备会进行观察

质量督导人员在评审预备会要了解的内容有：评审程序的介绍，评审专家的分工，评定标准的量化，评审尺度的把握，评审表格的填写等。质量督导人员可全面了解评审计划落实情况，有无调整事项及调整原因。

2. 对工作业绩考核的督导

质量督导人员在进行工作业绩考核督导时，可关注以下三个方面。

（1）与评审专家交流

查看评审委员会是否提前认真审阅了业绩相关资料，了解评审专家的工作态度，检查评审专家对被评审人员的职业道德、安全生产情况记录和工作成就的评审过程，检查评审专家是否以突出实际贡献为重点等。

（2）抽查被评审人员有关材料

查看被评审人员所在班组、车间、分支机构和机构本部以及人力资源等几个层次部门对其业绩评定原始材料和考核材料的意见，看其是否真实客观，是否有疑义、异议或争议等。

（3）关注评审专家的评审能力

观察评审专家在评审被评审人员业绩情况时评审标准是否统一，尺度把握是否得当，方法技术运用是否熟练。

3. 对潜在能力考核、技术答辩的督导

（1）评审前的工作

评审委员会主任是否组织评审委员仔细阅读相关材料，并进行认真讨论；是否拟定相应的提问题目供被评审对象回答，且设计的提问题目是否有针对性，是否超出被评审人员应总结的范围，是否设计了具体评判标准与答案。

（2）答辩前的工作

了解评审委员会是否已经向被评审人员介绍了答辩程序和要求；是否为被评审人员提供一个良好的考评环境，以利于被评审人员正常发挥。

（3）答辩过程中的工作

评审委员会是否做到组成人员数量3人以上和专家人数为单数的要求；是否按照既定问题与标准答案组织技术答辩；是否独立客观评价打分；是否有暗示或提示被评审人员以及有集体舞弊现象。

（4）作出结论阶段的工作

评审委员会是否开会沟通意见和统一认识；是否有不同意见及如何处理。

（5）评审现场活动结束后的工作

可以与评审专家、被评审人员交谈，了解对现有评审程序和考题的看法，如是否符合实际、能否保障评审结果的真实性和可靠性。

（三）综合评审后的督导内容及要求

1. 对评审结果认定的督导

评审结果认定时，质量督导人员监督评审专家的表决过程：是否由专人对评审结果（合格、不合格）进行登记；评审专家在被评审人员"评定表"上是否写明评价意见，是否由相关负责人员签字；查看统计汇总合格人员评定表、经相关负责人员签字的评审委员会评审意见等。

2. 督导评价和总结

质量督导人员应对综合评审过程现场督导情况给予评价和总结，主要包括以下内容。

（1）评审机构名称、督导日期、评审职业名称和等级、评审现场负责人联系方式。

（2）简述现场督导方案要点，写出督导工作重点。

（3）简评综合评审前的准备工作情况，确认评审程序是否符合相关规定要求。

（4）简评综合评审中评审专家工作情况，确认审核了所有评审记录表单，并简评这些表单的填写情况。

（5）对评审结果认定工作情况进行分析，填写《技能人才评价综合评审现场督导评分表》。

（6）撰写综合评审现场督导报告，并上报派出机构。

第三节 对工作人员的督导

- 技能人才评价工作人员的职责
- 对工作人员督导的主要方式
- 对考务管理人员的督导
- 对考评人员的督导
- 对内督的督导

评价工作是由各类相关人员共同完成的，对机构管理情况和对评价活动进行督导，不可避免地涉及各类相关工作人员。考务管理人员、考评人员、质量督导人员及其他相关工作人员在技能人才评价工作中发挥重要的作用。在评价过程中应对各类工作人员的资格能力、工作方式、工作要求、职责任务及履职情况等进行督导。

一、技能人才评价工作人员的职责

评价机构管理和现场评价活动中主要工作人员包括机构管理人员、考务管理人员、考评人员、内督和其他与技能人才评价过程和内容相关的工作人员，这些工作人员的职业道德、政策业务水平、实际工作能力以及对这些人员的管理使用，都会对评价工作质量产生一定的影响。

质量督导人员应在认真了解各类工作人员的培养使用管理、评价工作管理、考务质量控制、考评工作要求等基础上，提高对不同岗位工作人员履职行为的认识，通常首先要查阅工作人员岗位职责和权限，并对照评价机构的管理档案、工作资料，观察他们在工作现场的实际工作表现。

（一）法定代表人职责

对本机构合法合规性负总责；贯彻执行技能人才评价政策规定；负责本机构重大事项决策；制定颁布本机构质量方针；提供评价工作正常开展的必要经费和资源保障；批准各管理岗位设置和职责，聘任机构负责人；负责本机构重大质量问题的纠正与预防；

主持机构管理评审等相关会议，负责持续改进重要措施的落实。

（二）评价机构负责人职责

对技能人才评价过程和结果负主要责任；贯彻执行技能人才评价政策规定；负责技能人才评价工作组织实施；负责评价机构质量管理体系建设，制定和完善评价机构各项规章制度；负责本机构管理人员考核和奖惩，通过培训提升工作人员职业道德和业务水平；负责定期开展各部门检查，内部审核等持续改进工作。

（三）综合管理人员职责

贯彻执行技能人才评价政策规定，管理技能人才评价相关专家队伍，为技能人才评价工作质量提供保障；负责各类文稿编写和档案管理；协助机构负责人进行服务对象满意度调查、内部审核、纠正预防措施制定和落实等持续改进工作。

（四）考务管理人员职责

贯彻执行技能人才评价政策规定；负责拟订评价技术文件、策划和制定技能人才评价工作方案；负责考生报名和资格审核；负责考场工位、设施设备准备检查，监考、考评人员和评价其他现场工作人员的管理与服务；负责考试现场组织实施，确保考试秩序；负责组织阅卷及成绩登记统计等。

（五）信息管理人员职责

贯彻执行技能人才评价政策规定；负责制定和落实信息化管理制度和对相关人员进行培训；负责考务管理系统、计算机考试平台、视频监控系统等使用和维护；负责检录数据、考务数据、音视频数据存档、备份及安全等，并负责相关保密工作。

（六）试题管理人员职责

贯彻执行技能人才评价政策规定；负责命题相关工作的策划、实施和质量保证；负责试卷印制、封装、保管、运送等工作；做好试题保密相关工作，对试题泄露等事件负责。

（七）证书管理人员职责

贯彻执行技能人才评价政策规定；负责技能人才评价证书印制，空白证书管理，证书制发、补发和废证处理等；负责证书数据记录、上传和相关情况追溯。

(八）财务人员职责

贯彻执行技能人才评价相关政策规定；制定和完善评价机构财务管理制度并实施财务管理；负责成本核算管理、收费备案及公示、收付款审核、资金平衡、风险防控、财务数据测算及分析报告；负责评价机构年度预算编制和执行监督、年度会计、税务审计等。

（九）内督职责

认真落实质量督导要求，对本机构评价活动进行督导；对投诉举报、违纪违规情况调查核实；及时报告重要情况和提出处理意见。

（十）考评人员职责

技能人才评价考评人员应经考评人员资格培训、考核合格，由技能人才评价机构聘任使用。考评人员在规定的职业（工种）及其等级范围内，按照技能人才评价有关规定，有能力且规范地对技能人才评价对象的理论知识、操作技能水平和工作业绩等进行考核、评审。考评人员分为高级考评员、考评员，考评组长通常由高级考评员担任。

（十一）监考人员职责

监考人员由评价机构聘任，对技能人才评价理论知识考试进行监考，应遵守监考人员守则。

二、对工作人员督导的主要方式

对评价机构工作人员的督导，应把握各类工作人员的主要特点、管理要求和工作内容，有针对性地进行。当面对多类工作人员时，可按其开展工作的时间顺序或空间次序（或关系）开展督导。对工作人员的督导可以在督导前做充分准备，在督导实施过程中采用查看管理资料和工作记录、观察并与工作人员交谈等方式，最后做好督导工作总结。督导策划和督导实施的内容均与各类工作人员的工作过程和对他们的管理要求相关联，这里以对考务管理人员、考评人员、内督的专项督导为例，简单介绍督导方式。

（一）核对工作人员任职资格条件

核对工作人员任职资格条件的必备材料。核对考务管理人员是否具有评价工作经验和能力，是否存在违纪违规情况，是否为评价机构专职工作人员等；核对考评人员是否经过培训认证，职业技能等级或职称是否符合考评人员的条件，有无违规情况等；核对内督是否经过培训认证，是否具备评价经验和能力，有无违纪违规记录等。

（二）查看工作人员的管理情况

工作人员管理是技能人才评价管理工作的重要内容，查看工作人员的岗位职责、使用规定和管理制度等，是了解工作人员情况的有效途径。质量督导人员可查阅工作人员有关管理文件和档案台账，或询问相关人员，对照档案管理、考务管理、试题管理、考评工作、证书管理等各环节的人员管理要求，了解工作人员基本情况、素质水平、资格能力、工作任务执行情况等有关规定的执行落实情况。

例如，质量督导人员可以将工作人员的诚信承诺书或岗位责任书与管理文件及落实情况对照审核。

1. 内督诚信承诺书（示例）

本人担任×××职业技能等级认定内督，为规范工作行为，本人郑重承诺：

（1）热爱技能人才评价事业，遵守职业技能等级认定各项工作规定，遵章守纪，认真贯彻落实国家相关政策、规定。

（2）坚守职业技能等级认定质量督导工作原则，遵守敬业诚信、廉洁正派的职业道德。

（3）熟悉职业技能等级认定各项工作要求，在对评价机构、评价活动的督导中能熟练运用督导技术方法，确保督导工作客观、有效。

（4）对发现的违纪违规情况进行核实、记录并及时报告情况，提出处理意见。

（5）树立质量督导人员良好形象，工作严谨，办事认真，自觉维护督导工作严肃性、权威性。

（6）注意与相关方沟通协调，保证评价顺利实施，保证评价质量，按规定保守秘密。

如违反上述承诺和质量督导人员有关规定，本人愿接受相应的惩处和责任追究。

2. 考评人员诚信承诺书（示例）

本人受聘参加技能人才评价考评工作。根据相关规定，本人郑重承诺：

（1）严格执行技能人才评价各项规定要求，遵守法律、法规及规章制度。

（2）忠于职守，认真履行考评人员职责，坚持客观公正、规范科学原则，认真实施，秉公评判。

（3）具备开展职业技能等级认定考评工作的能力、条件，熟悉本次考评要求、评分标准及其他相关情况。

(4) 在职业技能等级认定具体考评工作中，保持考评人员应有的严谨形象，做好考前准备，独立评判，如实填写考评记录和考评意见。

(5) 保护敏感信息，严守试题、考评内容、评价标准及秘密。

本人严守上述承诺，若有违反，愿承担相关法律、法规或规定所明确的责任。

（三）观察工作人员的工作内容和工作过程

1. 对考务管理人员的督导内容

对考务管理人员的督导重点关注考务管理过程，具体如下。

(1) 考务管理程序文件。

(2) 考务管理重点环节。

2. 对考评人员的督导内容

对考评人员的督导重点关注考评人员管理和考评工作，具体如下。

(1) 考评人员基本条件和培训聘用管理。

(2) 考评工作的基本原则、职责准则、工作流程和技术方法。

3. 对内督的督导内容

对内督进行督导重点关注内督管理及内部督导工作过程，具体如下。

(1) 内督管理办法。

(2) 内督管理程序文件。

(3) 内部督导的准备、实施和总结。

三、对考务管理人员的督导

质量督导人员应熟悉考务管理程序，并对考务管理各主要环节进行督导。质量督导人员可通过查看评价机构的考务管理程序文件，并对照检查考务管理人员的工作。

（一）考务管理程序文件示例

职业技能等级认定机构考务管理程序文件（示例）

1. 目的

为规范职业技能等级认定工作程序，加强对评价工作的管理，保证对职业技能等级认定相关过程进行控制，使评价服务质量符合国家和企业规定要求，提高顾客满意度。

2. 适用范围

本程序适用于本评价机构的评价服务的各个过程。

3. 职责

3.1 评价机构负责人审定并批准认定工作计划，检查、指导各项工作，组织评价服务质量考核。

3.2 管理者代表领导认定工作的组织落实，协调各组（考点）工作。

3.3 考务管理组负责认定计划的编制及实施，包括编制计划、发布工作信息、组织报名、资格审查、试卷申请、理论和技能考前准备、组织认定考核、成绩录入、数据整理、证书数据管理、发布认定结果等。

3.4 综合管理组负责发放准考证及认定证书的验印、发放，各种认定试卷、工件、材料的保管以及支撑性服务。

3.5 认定考点按考点协议书规定的义务，提供符合质量要求的场地、环境、设施、设备、工具等，以及协助支撑性服务。

4. 工作程序

4.1 评价机构拟订认定工作计划，计划内容包括备案认定的职业（工种）、等级、认定日期和地点、认定方式及收费标准等。

4.2 考务管理组发布认定公告

4.3 组织认定报名（略）

4.4 认定前准备

4.4.1 考务管理组发展编制认定实施方案。评价机构批准开考后，实施考前准备。

4.4.2 考务管理组编排考场，包括理论知识考试和操作技能考核的时间、地点及各考场工种、人数等；打印准考证，填写"准考证发放汇总表"，编排桌号等备用；按"技能考核备料单"要求准备相关考核用材料。

4.4.3 考务管理组负责于考前一周完成准考证发放，并存档"职业技能等级认定人员名册"。

4.4.4 评价机构管理者代表应于考前一周召集评价机构人员及考点负责人召开考务工作会，发出"职业技能等级认定理论考试通知单"和"职业技能等级认定实际操作考核通知单"，要求按照考试考核规定布置理论考场和技能考场，做好考评前的各项准备工作。

4.4.5 按规定安排监考人员、考评人员、内督。

4.4.6 考务管理组于考评前三天检查验收各考点准备情况，对不符合要求的考点考场，予以纠正，以保证认定工作顺利进行。对未能及时纠正的考点，暂停其认定工作，另选符合要求的考点安排认定考评。

4.4.7 理论知识考试前，评价机构管理者代表主持召开包括监考人员参加的全体相关人员考务工作会，强调监考纪律，安排监考工作，综合与考务管理组验收发放理论试卷。

4.5 认定实施

4.5.1 理论知识考试的实施

a) 相关人员按"理论考试通知单"逐项准备设备、材料，并填写设备材料表。

b) 每个考场设主考一人，监考人员数与考生人数比例不低于1∶15。主考人员负责宣布考场规则和开考、停考时间，主考人员和监考人员共同维护考场秩序，纠正和制止考生违规行为。由当值主考人员填写"理论考场简况"，并由主考人员和监考人员签字。

c) 试卷由评价机构提供，考务管理组于考前向监考人员发放试卷。考前5 min当众启封，考试结束后由专人密封装订，在质量督导人员监督下交考务管理组，该过程记录于"职业技能等级认定试卷交接记录表"中。

d) 理论知识考试时间以试卷规定时间或评价机构有关要求为准。

e) 理论知识机考按评价机构有关要求组织实施。

4.5.2 操作技能考核的实施

a) 由评价机构选派考评人员成立考评组，考评组组长依照考核内容确定工作流程，明确考评人员职责，组织操作技能考核。

b) 考评组组长组织考评人员按"设备、材料通知单"逐项逐工位查验设备、材料，填写"设备材料检查表"。

c) 试卷由评价机构提供，考务管理组于考前向考评人员发放试卷。考前5 min当众启封。

d) 设必要的维护考场秩序人员，协助考评人员共同完成操作技能考核。考评人员或秩序维护人员填写"实际操作考场简况"并签字。

e) 按照安全技术要求设置必要的安全监护人员和医护人员，防止安全事故发生，对考核中出现的设备故障和其他突发事件采取有效措施。

4.6 成绩认定

4.6.1 理论知识考试由评价机构组织阅卷。

4.6.2 操作技能考核成绩

a) 考评人员依照考生考试完成情况、依据评分标准现场评分。对考生成绩不能在现场即时评定的，须将考试工件编号密封交考务组存放，待集中进行封闭检验评分。在工件转交过程中要办理转交手续，填写"工件封存登记表"，记录封存工件的职业（工种）、级别、数量及其他有关情况，以防丢失、损坏。

b) 考评组要求不少于3人，由考评组确定考生的最终成绩。操作技能考核评分表要有考评人员签字，"成绩登统表"经考评组全体人员签字后生效。

c) 评价机构负责将技能成绩录入"考务管理系统"，由系统生成操作技能考核成绩数据后审核上报。

4.7 证书核发

4.7.1 考务管理组按照有关程序规定生成"职业技能等级认定合格人员名册"及相关数据。

4.7.2 综合管理组按照有关规定打印职业技能等级认定证书。

4.7.3 评价机构按照监管要求按时保质提交证书数据。

4.8 记录档案管理

4.8.1 各管理组将各自负责的考评资料、工作记录等考务档案交综合管理组，按照评价机构"职业技能等级认定档案管理制度"要求归档管理，便于日后查阅。

4.8.2 应备份存档的电子文档包括：报名数据、成绩数据、证书数据、认定名册等。

4.9 认定工作总结

职业技能等级认定工作完成后，如发生泄题、试题重大错误、考场失控或其他严重影响认定工作正常进行的重大问题时，按照"职业技能等级认定应急预案"和《关于开展技能人才评价要情报告工作的通知》（人社职司便函〔2022〕11号）要求及时进行处理。

5. 相关文件（略）

（二）质量督导应重点关注的考务管理环节

1. 报名管理

报名管理工作是考务管理人员的重要职责之一。对报名管理进行督导的地点主要在考务管理人员工作所在的办公室、报名现场、考试现场或计算机报名平台。重点查看相关表单和相应的原始资料等。重点是通过检查报名资料，判断考生是否具备申报条件，从而确定考务管理人员在报名管理工作中是否存在偏差。此外，通过考试现场观察、询问等方式，也可辅助验证报名资格审核的相关情况。

2. 安排考场

对考务管理人员安排考场工作的督导地点有两处，一是办公室或计算机及网络管理平台，二是考场。考务管理人员不仅要在办公室计算机等设备上安排好考场，编排考号并打印或传送准考证，而且应实地布置和确认考场现场，包括组织考场布置、确认设备仪器有效、查看考试材料准备、保持考点环境适宜、贴验标签标识等工作。质量督导人员可观察考务管理人员相关工作落实情况，查看有关工作是否符合相关要求。

3. 考场现场管理

考务管理人员在考试考评时，在考场现场的重点工作是维护考场秩序、为考评人员和考生及其他相关人员提供试卷交接、候考、休息及引导咨询服务等。督导地点在考点及考场。质量督导人员观察考务管理人员在考试考评现场的组织管理能力，工作程序规范性，及在引导考生和其他工作人员、提供考点服务、监控和保持环境的适宜性、处理突发情况等方面的表现。

4. 试卷和成绩管理

考务管理人员考前考后负责试卷传送和临时存放管理，考评现场的试卷分发和回收清点封装、试卷及其他考试成果（含工件、作品等）以及档案资料管理，协助分数登记、统计、分析等。督导地点即以上各项工作发生的地点，包括试卷交接点、试卷存放点、考点的考务办公室、监控室、档案室、候考点、休息室等。质量督导人员可采用实地查看、现场观察、询问相关人员工作情况等方式收集督导信息。

5. 证书管理

负责证书管理的工作人员在办公室等能够使用证书数据工作平台的地方汇总整理证书数据、打印制作证书、生成证书上网上传数据、进行证书数据审核、向备案监管机构报送数据、按要求处理与证书有关的事项等，督导主要查看证书数据存储情况、平台和证书管理机制等。

四、对考评人员的督导

考评人员的工作表现对技能人才评价质量的影响最大，考评人员在评价活动中发挥核心作用；因此，考评人员是最重要的督导对象，考评人员的工作表现是质量督导关注的重点内容。质量督导人员对考评人员基本要求及其工作特点的了解是对考评人员进行督导的基础。质量督导人员应了解考评人员的基本资格条件、培训聘用管理等情况，并在了解考评工作原则准则和技术方法基础上观察考评工作，从而判断考评人员的工作能力。质量督导人员对考评人员工作的督导，能集中反映质量督导人员的技术督导能力。

（一）考评人员基本条件和培训聘用管理

质量督导人员应关注考评人员应具备的基本条件和培训聘用管理等情况。

1. 考评人员基本条件

（1）考评人员应热爱技能人才评价工作，具有良好的职业道德和敬业精神，廉洁奉公，办事公道，作风正派。

（2）考评员应具有本职业（工种）或相关职业（工种）高级以上职业技能等级或相关专业中级以上职称，熟悉本职业（或专业）的专业知识和操作技能，具有较丰富的考评工作经验。

高级考评员应具有本职业（工种）或相关职业（工种）高级技师及以上或相关专业高级以上职称，熟悉了解本职业（工种）的专业知识和操作技能，具有丰富的考评经验，取得本职业（工种）考评员资格并执行考评任务满一定时间（具体按相关规定执行）。

（3）考评人员应经过必要的培训，掌握一定技能人才评价的理论、技术和方法，熟练掌握本职业（工种）国家职业标准（评价规范）及考评技术方法。熟悉技能人才评价的有关法律、法规和政策。

了解考评人员和考评工作是对质量督导人员的基本要求。考评人员的特点，和考评工作的特征密不可分的。考评工作在整个评价工作中的特殊地位和自身的技术性决定了考评工作具有以下四方面主要特征：一是标准性和规范性，二是技术性和复杂性，三是独立性和权威性，四是变化性和创新性。了解这些特征，有利于加深对考评人员管理和考评工作督导的理解。

2. 考评人员培训聘用管理

（1）培训

质量督导应注意查看考评人员资格培训档案材料。符合条件的单位可以对相应职业领域有能力胜任相关职业考评工作的人选进行推荐，参加考评人员资格培训。考评人员的资格培训内容主要包括技能人才评价的法律、法规、政策、制度和基本理论；考评人员的职业道德和工作内容程序以及相应的规章制度和要求；相关职业的国家职业标准（评价规范）、评价要素细目表等相关技术等。培训时长，包括技能人才评价政策课时、评价理论培训时间、考评技术方法及实践时间均应按规定的学时标准执行。

（2）聘用

鉴于考评工作是技能人才评价工作的核心环节和考评人员多数兼职的特点，对考评人员可采取资格评聘办法。

一是考评人员评聘备案。评价机构不得聘用不具备考评人员资格的人员。违反者，在督导发现或被投诉举报查实后，按相关规定处理。评价机构如在相关监管部门备案其培训认证合格且被聘用的考评人员，可以有效提高考评信用。

二是考评人员实行聘任制，聘期应符合有关规定。在符合考评人员条件的人员中聘用高级考评员和考评员后，评价机构应与被聘用的考评人员签订聘约，明确双方的职责、权利、义务和聘用期限等。聘用期满，聘用单位可以根据需要续聘。考评人员不能继续承担考评工作任务或评价机构因工作调整不再组织相应职业（工种）评价的，双方可协商提前解除聘约。聘用期间如考评人员出现重大违规违纪情况或定期考核评议不合格的，评价机构可根据有关规定暂停使用直至解聘。

（3）管理

质量督导应了解考评人员的基本权利、义务、管理制度。

1）考评人员的基本权利如下。

一是依照有关法律法规、方针政策和业务规范开展考评工作，享有在考评规定的责权范围内实施考评并评分的权利。

二是暂时扣留考评对象带入考场的禁带物品、材料，并进行登记。

三是对考评对象违反考场纪律和作弊行为进行取证、认定，并提出初步处理意见。

四是有在考评规定的责权范围内对考评对象的违纪行为作出劝告、警告、终止考评和宣布成绩无效等处置，并将处理结果如实填写和上报的权利。

五是有独立进行考评，并拒绝任何单位或个人提出更改考评结果等非正当要求的权利。

六是承担考评活动后有获得工作报酬的权利。

七是考评人员的权益受到侵害时，可向聘用机构提出申诉。

2）考评人员的基本义务如下。

一是遵守有关规章制度和考评人员守则，履行考评人员职责，自觉维护考评工作安全和公平公正。

二是坚持原则，廉洁奉公，公道正派。

三是忠于职守，勤奋工作，服从评价组织实施机构统一安排，努力为考评对象服务，客观公正地实施评价考评，保质保量地完成考评任务。

四是维护考评现场秩序，及时处理违纪问题，并将处理结果上报聘用机构。

五是自觉执行回避制度和接受有关单位和人员的监督。

六是考评人员应加强本专业新知识、新技能的学习，努力提高本职业的考评业务水平和技术方法，严把考评质量关。

3）考评人员管理制度如下。

一是例会制度。技能人才评价实施前，考评组长必须组织考评组成员例会，熟悉并统一对相应评价职业（工种）的标准和考核的项目、内容、要求、考评方法及评分标准等的把握尺度。

二是考评组长负责制。每次考评需成立考评组，确定考评组长一人，全面负责本次考评工作，并最终裁决有争议的技术问题，组织完成考评分析报告的撰写。考评组长应具备相应的评判水平和组织能力，并具有丰富的考评经验。

三是回避制度。考评人员在执行考评任务时要严格遵守回避制度。如果发现考生中有亲属、朋友、师生、师徒等关系应主动申请回避。与考评任务无关的考评人员不得进入考评现场。

四是业务评价与年度考核制度。聘用考评人员的机构可实施年度考核评估制度，建立考核档案。对评估优秀的考评人员给予表彰奖励；对评估不合格的考评人员，根据相关约定、规定解除聘用协议。

五是信息管理制度。相关机构建立和维护考评人员数据库。考评人员数据库信息包括：考评人员基本信息、培训和考核情况记录、聘用记录、执行考评活动和反馈结果记录、诚信记录等。

六是建立考评人员奖惩机制。奖惩是管理的有效方式，对考评人员进行奖励或惩戒是提高考评人员素质和规范考评行为的需要。

考评人员管理流程如图2-4所示。

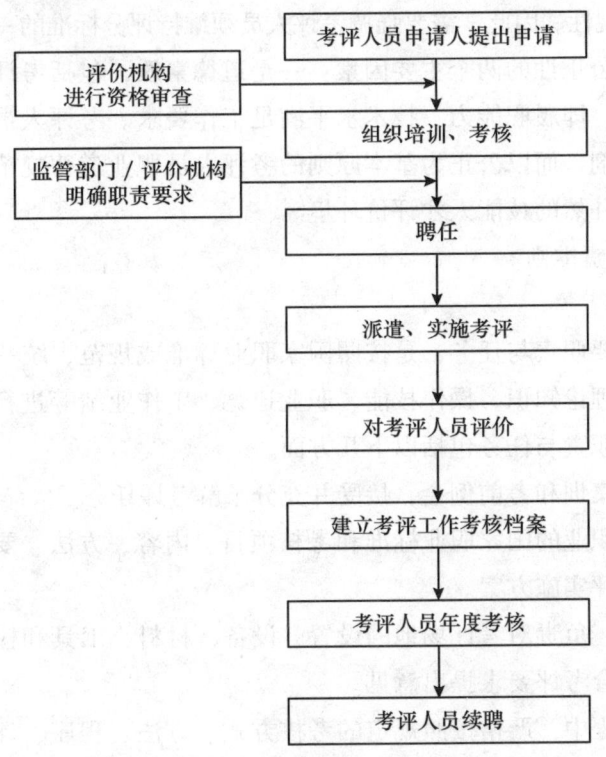

图2-4 考评人员管理流程图

（二）考评工作基本原则、职责准则、工作流程和技术方法

质量督导人员应观察考评人员坚守原则、履行准则的情况，查看考评工作的过程符合性，以及评估考评技术方法应用的有效性。

1. 考评工作的基本原则

考评人员是考评活动的主导因素，所以评价活动对考评人员工作基本原则规范提出明确要求，以维护技能人才评价工作的公正性和权威性。

考评人员应该遵循与其职业活动相适应的行为规范，如忠于职守、公正廉洁、具有社会责任感。考评工作的本质是评判，依据标准进行考评、不偏不倚、公正精准是考评人员职业道德的基本原则。

不论考评对象的年龄、性别、民族、相貌、职务、远近亲疏等，考评人员应一律平等对待、热情服务、认真考评。任何凭借个人好恶对考评对象给予不同对待的行为，都意味着将服务于社会的评价活动变成服务少数对象的活动，这损害了其他评价对象的利益，也损害了用人单位和国家利益，属于违规和不道德行为。

考评人员在评分标准上应一视同仁。在一些管理服务类职业或新职业考评中，制定客观标准进行成绩评定的难度较大，而考评人员自身的经验、技术和知识等常发挥较大作用，容易带有较强的主观性。因此，需要强调考评人员须维持评分标准的一致性和客观性。

保证考评人员公正性的两个主要因素：一是道德素质，包括考评人员廉洁自律等内容；二是专业素质，即履职能力、技术水平满足工作要求。考评人员的不公正是技能人才评价工作的腐蚀剂，而以公正为基本原则的考评人员职业道德规范能够有效地维系一个和谐平等、秩序井然的技能人才评价环境。

2. 考评人员职责准则

（1）履行职责

考评人员的主要职责与任务，是按照国家职业标准或规范、统一的考场规则和考试方法对考评对象的理论知识、操作技能、职业道德、工作业绩等进行考核和评价。具体地说，考评人员的职责与任务包括以下几方面。

一是参加考前集训和考前例会，接受并充分了解考评任务。

二是熟悉考评职业的国家职业标准和考核项目、内容、方法、要求及评分标准，协助评价机构制定考评实施方案。

三是在考评前，负责对考评场地的设置、设备、材料、工具和检测仪器等进行核查和检验，对是否符合考评要求提出意见。

四是在考评过程中，严格按照规定的考核方式、方法、程序、评分标准，独立完成评分任务，认真填写考评记录并签名。

五是协助评价机构以及相关考务人员做好考务工作。

六是认真总结每次考评工作，针对考核内容、成绩等进行统计分析，认真撰写考评分析报告，并在规定时间内上报聘用机构。

七是遵照生产服务和教育培训等的要求，结合生产和服务过程中出现的新设备、新材料、新工艺和现代考试技术等，向有关机构提出改进考评工作的意见建议。

（2）遵守准则

对照考评人员职责任务，查看考评人员遵守工作守则、准则的情况，主要包括以下内容。

一是学习技能人才评价有关法律、法规和政策规定，钻研考评理论和考评技术，不断提高政策水平和业务水平，认真总结，积极建议。

二是在备案的职业、等级范围内对考评对象进行考核和评审，不超范围考评。

三是独立完成考评任务，认真履行考评职责，严格执行考评规程和考场规则。

四是严格遵守考评工作的各项保密规定。

五是在评定成绩时严格按照评分标准及要求进行评定，科学规范，保证质量。

六是保持高度的职业道德水平，忠于职守、公道正派、清正廉洁，作风严谨，坚决抵制来自任何方面的影响或改变正常考评结果的要求；自觉执行对其亲属、朋友、师生、师徒的回避制度。

七是考评人员执行考评任务，佩戴考评人员证卡，自觉接受考评对象、质量督导人员、评价机构和监管部门的监督。

3. 考评工作流程

质量督导人员应熟悉考评工作流程，考评工作流程包括以下四个环节。

（1）考前例会

接受考评任务并参加考评组考前例会。

（2）考场检查

考评前对考评场所进行检查等准备工作。

（3）考评实施

实施理论知识考试、操作技能考核和综合评审等。

（4）阅评总结

考评评审结果与总结考评工作及建议。

其中考评实施和阅评总结这两个环节是考评人员在整个考评工作过程中的关键环节。

4. 考评技术

考评人员除具备必要的资格条件和职业道德素质外，还必须掌握和合理运用相应职业的考评技术，才能保证客观公正、科学规范地完成考评任务。考评从不同角度可以分为不同类型。例如，知识特征角度，可重点了解识记型和应用型两类；从技能特征角度，可重点了解操作型、心智型和技术型三类。质量督导人员应注意到考评技术中的操作与非操作类型。根据不同职业的知识、技能的类别、特点和要求，结合我国近年技能人才评价活动的认可度，考评技术大致有综合类、操作类、论文类等。从不同分类角度研究考评技术，质量督导人员可从影响考评效率、决定考核活动成败等各种因素中，更清晰地考察考评人员是否合理应用考评技术。

（1）识记型

识记型主要是指职业技能所需的知识，即职业标准中的基础知识部分和部分心智技能。此种类型知识的认知程度一般分为了解、熟悉和掌握三个等次。

(2) 应用型

应用型主要是指运用专业知识去认识、分析和解决问题的能力。主要体现在职业标准的知识和部分心智型技能及技术型技能。此种类型知识的认知程度一般分为了解、掌握和应用三个等次。

(3) 操作型

操作型主要是指借助动作的力度、协调性及敏捷性等能力进行操作的技能，是职业技能中最常见的一种技能类型。第一产业、第二产业中这类技能居多。此种类型技能一般分模仿、掌握和熟练三个等次。

(4) 心智型

心智型是指需要通过判断、思维等形成能力类的技能。它是职业技能的另一种技能类型，适用于知识与技能界限比较模糊的职业，如新兴的服务类和信息咨询类的职业。此种类型技能一般分为了解、掌握和应用三个等次。

(5) 技术型

技术型是指应用知识转化为能力的技能，适用于技术含量较高的职业。如数控加工中心和计算机等职业。

(6) 综合类

综合类是现代考评的重要形式，内容上广度与深度相结合和以文字图像作答是其基本特征，适用于规模性和分散个体性的考试。前面提到的识记型和应用型知识考试和部分心智型技能考试一般采用此形式。它是通过试卷试题对知识认知程度和心智型技能水平进行测评，并由考评人员对作答试卷进行评分。

(7) 操作类

操作类是技能人才评价特有的重要考评形式，是一种直接的非文字的考评，通过现场（全真、半真、模拟）技能操作完成考核项目是其基本特征。它是通过一个或几个考核项目对上述技能所需的熟练和准确程度进行检测和评定，并由考评人员现场直接评审判分。它适用于操作型技能和部分心智型、技术型技能的考评。

(8) 论文类

论文类采用以深度为主和广度为辅的办法来全面检查考评对象现有技术知识、理论素质、学术水平、技能水平和综合分析解决实际问题的能力。笔试（论文）和面试并用是其基本特点。它适用于识记型、应用型知识考试和心智型、技术型技能考核以及高等级的评价。如高技能中较高级别的考评，采用此类考评技术进行考评比较多，也具有操作动手技能较强的特点。同时，较高技能等级的考评对理论知识有面广的要求，更有深度的要求，据此可采用综合类问卷方法、操作类典型作业方法和论文类笔试与面试相结合方法。

考评技术和考评方法有一定历史继承性，更有时代特征，其革新发展受到人们对考评规律的把握程度、社会对考评的要求、生产服务实践和教育培训环境、科技发展水平等多种因素的影响。

随着科学技术飞速发展、企业生产管理变革创新，对劳动者技能要求也不断提高，出现技能类型多样化，部分职业知识和技能界限模糊淡化等现象，给考评技术提出了多样化和创新性的要求。因此，质量督导人员应注意更新对职业技能和考评技术等的了解和认识。

5. 考评方法

质量督导人员应观察考评人员对考评方法的运用。考评方法是为了有效解决考评活动中的各种问题，保证考评活动正常运行，结合现行考评技术和考评目标所采取的考评手段、措施的总称，是考评技术的具体体现。为保证评价质量管理目标的实现，考评人员不仅需要把握考评技术，同样也需要掌握不同考评方法与手段。不同的考评方法，可以反映出不同时期人们对于考评活动规律的认识程度，以及不同时期考评科学化水平的差异。

（1）问卷法

书面、机考均可采用问卷法，是指通过文字和图标所组成的试卷直接对考评对象的知识能力进行考评的方式，被知识考试和心智型技能考核普遍采用。部分职业的考评中引入了计算机智能化考评方法，如部分心智型技能特点突出的职业考试采用此种方法。

（2）操演法

操演法也称真实和模拟操作法，是指让考评对象按照一定规程，通过一个或几个项目操作或实物制作等形式来完成考试项目的考评方法。这种方法主要分为现场实际技能操作、典型作业操作和模拟操作三种方式。

（3）口试法

口试法是一种考、评双方直接对话式的考评方法，以论文、抽签题目和音像片等为测试中介题目，对考评对象测试结果进行评价。此种方法是对劳动者深度性的知识和高超（独创）技能的测试，但此方法存在人为因素对考评结果影响较大、成本较高、适用规模较小的特点，适用于高等级考评，适合对应用类知识型技能的考评。

（4）业绩评价法

业绩评价法是参照国家职业标准和企业生产工艺，考核和评价对象在一定周期内生产服务情况，包括所完成的工作项目、技术革新、工作效率、产品质量和他人反映等，据此来评价考评对象的岗位胜任能力和技能水平。

另外，针对一些存在视觉、听觉或者肢体方面障碍的考生，往往要灵活应用多种考评方法进行评价。

五、对内督的督导

(一) 内督管理办法

外督对内督工作进行督导前,应先查看评价机构的内督管理办法和内督台账,了解内督培训、聘任、档案管理等情况。内督管理具体要求与外督相似,外督管理具体内容详见本书第六章。

评价机构应重视内部质量督导工作,做好内督管理,制定内督管理办法等,内督管理办法(示例)如下。

××××评价机构职业技能等级认定质量督导员(内督)管理办法

第一章 总 则

第一条 为加强职业技能等级认定工作管理,保证职业技能等级认定工作质量,依据《技能人才评价质量督导工作规程(试行)》(人社职司便函〔2020〕53号),制定本办法。

第二条 职业技能等级认定质量督导员(内督)是由本评价机构选派,对本机构实施的职业技能等级认定进行质量督导的人员。

第二章 质量督导员(内督)工作职责和守则

第三条 质量督导员(内督)在执行职业技能等级认定质量督导过程中需佩戴胸卡,严格遵守职业技能等级认定日程安排,不迟到早退,不擅离职守。

第四条 认真学习职业技能等级认定有关政策法规、制度规定,熟悉职业技能等级认定理论、技术和方法,不断提高质量督导业务能力。

第五条 职业技能等级认定实施前,在规定时间内到达本评价机构质量督导部领取《职业技能等级认定考评人员评价表》《职业技能等级认定质量督导评分表》,根据实际可提供套表,包括当次需要使用的《职业技能等级认定理论知识考试现场督导评分表》《职业技能等级认定操作技能考核现场督导评分表》《职业技能等级认定综合评审现场督导评分表》等,也可由督导组根据实际需要自行编制评分表、职业技能等级认定质量督导员工作责任书、职业技能等级认定质量督导员工作委派书等资料。

第六条 职业技能等级认定实施中,认真履行职责,认真观察考场情况,严格监督等级认定考核规程和考场规则的执行,对认定机构考务工作、考场秩序、安全及设施设备等情况进行全程监督和指导;对考试现场、考评过程中的违规行为在不影响正常等级认定的基础上要予以制止或提出处理建议;对认定机构、监考员、考评人员工作和态度实施督导。

第七条 职业技能等级认定活动结束当日，应如实填写《职业技能等级认定考评人员日常评价表》《职业技能等级认定质量督导报告》《职业技能等级认定理论知识考试现场督导评分表》《职业技能等级认定操作技能考核现场督导评分表》《职业技能等级认定综合评审现场督导评分表》，同时接受认定机构现场负责人的监督和工作评价。

第八条 职业技能等级认定过程中，质量督导员（内督）因其他原因不能继续进行督导工作的，须经本机构同意并有人接替后，方能离开。

第九条 质量督导员（内督）工作时必须坚持客观规范、公正廉洁的原则，严守试题秘密和考务秘密，自觉实行对亲属、师生、师徒等的回避制度，对受理的举报、投诉的职业技能等级认定违纪违规情况进行调查、核实并提出处理意见，及时上报本机构质量督导部，认定机构及等级认定现场工作人员不得拒绝督导。

第十条 质量督导员（内督）不得兼任同场等级认定的监考员、考评人员，不得自作主张提前或拖延考核时间；不得以任何理由把试卷、试件带出或传出考场；不得接收考生或有关单位给予的任何名义的钱物及有价证券；不得利用工作之便弄虚作假、徇私舞弊、以权谋私。

第十一条 质量督导员（内督）对职业技能等级认定机构、工作人员、考生有意见和建议，应通过正常途径反映，不得影响考评工作进程。

第三章 质量督导员（内督）申报、培训和认证

第十二条 质量督导员（内督）实行资格认证制。质量督导员（内督）的培训认证工作由本评价机构统一组织，质量督导部具体实施，并接受综合管理部监督检查。

第十三条 质量督导员（内督）任职条件：

1. 坚持党的基本路线，热爱技能人才评价工作；

2. 掌握技能人才评价有关政策、法规和规章，熟悉技能人才评价理论和技术方法；

3. 坚持原则、廉洁奉公、办事公道、作风正派，具有良好的职业道德和敬业精神；

4. 具有较强的组织协调能力和表达能力；

5. 身体健康，能够胜任质量督导工作；

6. 从事职业技能等级认定管理及技术工作或担任过3年以上职业技能等级认定考评工作且年度考评合格。

第十四条 凡符合质量督导员（内督）任职条件的人员，由本人提出申请（附本人有关资历证明）经所在单位（部门）推荐，向质量督导部申报，填写《职业技能等级认定质量督导员（内督）申报表》。质量督导部按照质量督导员（内督）任职条件对质量督导员（内督）申请表相关事项进行审核。

第十五条 本机构按照有关要求对基本符合质量督导员（内督）任职条件的申请人进行培训和考核，学习相关政治理论、职业技能等级认定法律法规和职业技能等级认定考务管理、质量督导、考评技术方法等方面的内容。参加质量督导员（内督）培训人员必须在规定时间、地点接受培训和考核，不得无故缺席。

第十六条 质量督导员（内督）任职资格考核采取理论考试与作业作答的方式进行，经考核合格方取得任职资格。

第四章 质量督导员（内督）使用与管理

第十七条 本机构具体负责职业技能等级认定质量督导工作的组织实施和质量督导员（内督）的统一管理和使用。质量督导员（内督）证书和胸卡由本机构核发并授权相关分支机构或培训点考点进行保管，每次开展职业技能等级认定质量督导时，从相关认定机构领取质量督导员（内督）胸卡，考核结束后，将质量督导员（内督）胸卡交还相关认定机构。

第十八条 质量督导员（内督）实行聘任制，本机构在取得质量督导员（内督）任职资格的人员中选聘，聘期为三年。本机构与被聘用的质量督导员（内督）签订《职业技能等级认定质量督导员（内督）聘任合同书》，明确双方的责任、权利、义务和期限等。期满符合续聘条件的，须重新认定资格，并参加复审培训考核，合格后换发质量督导员（内督）证卡，编码规则参照《技能人才评价质量督导员证卡编码规则》。

第十九条 质量督导员（内督）实行派遣制。本机构质量督导部从取得质量督导员（内督）资格的人员中随机派遣，下发督导委派通知书。

第二十条 专项质量督导由本机构质量督导部成立专项督导组，按年度督导计划及实际情况开展专项督导工作。专项督导主要职责：组织机构质量建设及监管、规章制度建设及监管、考评人员队伍建设及监管、题库建设及监管、场地设施建设及监管、考务和认定工作流程监管、认定规划和计划（含认定人员范围和资格）监管、认定实施方案监管、认定成绩监管、信息化建设及监管、等级证书及资料监管等。

第二十一条 质量督导员（内督）可采取以下方式开展督导工作：

1. 监督职业技能等级认定活动；

2. 听取情况汇报；
3. 查阅有关文件、档案、资料；
4. 进行个别访谈、使用调查问卷、测试和复核；
5. 现场调查。

第二十二条 分支机构和培训点考点应支持和配合质量督导员（内督）工作，主动向质量督导员（内督）提供必要的条件和资料。

第五章 质量督导员（内督）权利

第二十三条 在质量督导工作中，被督导单位及有关人员有以下情形之一的，质量督导员（内督）可提请本机构按有关规定予以处理：

1. 拒绝向质量督导员（内督）提供有关情况和资料的；
2. 阻挠有关人员向质量督导员（内督）反映情况的；
3. 对提出的督导意见，拒不采取改进措施的；
4. 弄虚作假，采取欺骗手段干扰职业技能等级认定质量督导工作的；
5. 打击、报复质量督导员（内督）的；
6. 其他影响质量督导工作的行为。

第二十四条 除了发证单位及授权机构外，任何单位和个人无权扣押质量督导员（内督）证卡。

第六章 质量督导员（内督）业绩评估

第二十五条 本机构对聘用的质量督导员（内督）实行动态管理和年度考核制度，负责对质量督导员（内督）建立考绩档案。

第二十六条 每次职业技能等级认定工作结束后，职业技能等级认定机构现场负责人公正地对质量督导员（内督）工作做出准确的评价并填写《质量督导员（内督）工作反馈表》，该表交本机构作为质量督导员（内督）管理档案记录。

第二十七条 每年年底，本机构管理人员综合评价质量督导员（内督）日常工作表现，提出年度评价意见，评定考核等次，填写《质量督导员（内督）年度考核表》。年度考核评价主要涉及质量督导员（内督）的督导业务能力、督导工作量、工作完成质量、参加培训考核情况等方面情况。对考核称职（合格）的质量督导员（内督）予以续聘，对不称职（不合格）者不续聘，取消其质量督导员（内督）资格。

第二十八条 质量督导员（内督）年度考核等次分为优秀、良好、称职（合格）、不称职（不合格）。年度考核优秀者，由本机构给予表彰奖励；对年度考核不合格者或社会意见大的质量督导员（内督），取消其质量督导员（内督）资格。

第七章 质量督导员（内督）罚则

第二十九条 质量督导员（内督）有下列行为之一的，经本机构核实，取消其质量督导员（内督）资格：

1. 连续三次无故不参加督导工作的；
2. 不服从委派机构统一安排的；
3. 年度考核不合格的；
4. 违反质量督导工作规定的；
5. 因渎职贻误工作的；
6. 利用职权谋取私利的；
7. 利用职权侵害他人合法权益的；
8. 有其他不规范行为，并造成不良影响的。

第八章 附 则

第三十条 本管理办法由本机构质量督导部负责解释。

第三十一条 本管理办法修订需要由本机构领导层签批。

第三十二条 本管理办法自印发之日起施行。

《职业技能等级认定质量督导员（内督）申报表》见表2-1。

表2-1 《职业技能等级认定质量督导员（内督）申报表》

姓名		性别		出生年月		照片
政治面貌		民族		健康状况		
文化程度		职称		职业技能等级		
身份证号						
工作单位				职务		
通信地址				邮编		
联系电话				电子邮箱		
工作简历						

续表

熟悉何种业务与技术、有何业绩	
推荐单位意见	（单位盖章）　　　年　月　日
评价机构意见	（单位盖章）　　　年　月　日

（二）内督管理程序文件

评价机构应结合本机构实际编制使用《内部质量督导员（内督）管理程序文件》。外部质量督导时，外督可参考对照《内部质量督导员（内督）管理程序文件》对内督及其工作进行质量督导。以下是职业技能等级认定机构内督管理程序文件的示例。

内部质量督导员（内督）管理程序文件（示例）

1. 目的

为确保职业技能等级认定工作公平、公正、有效实施，对内部督导员（以下简称"内督"）的资格、职责、使用和管理进行控制，以使顾客满意。

2. 适用范围

本程序适用于本评价机构职业技能等级认定活动中内督实施督导工作过程的管理。

3. 职责

3.1 综合管理室负责内督资格审查、组织或派出培训、聘用和管理。

3.2 综合管理室负责内督的选派。

4. 工作程序

内督管理流程如图2-5所示。

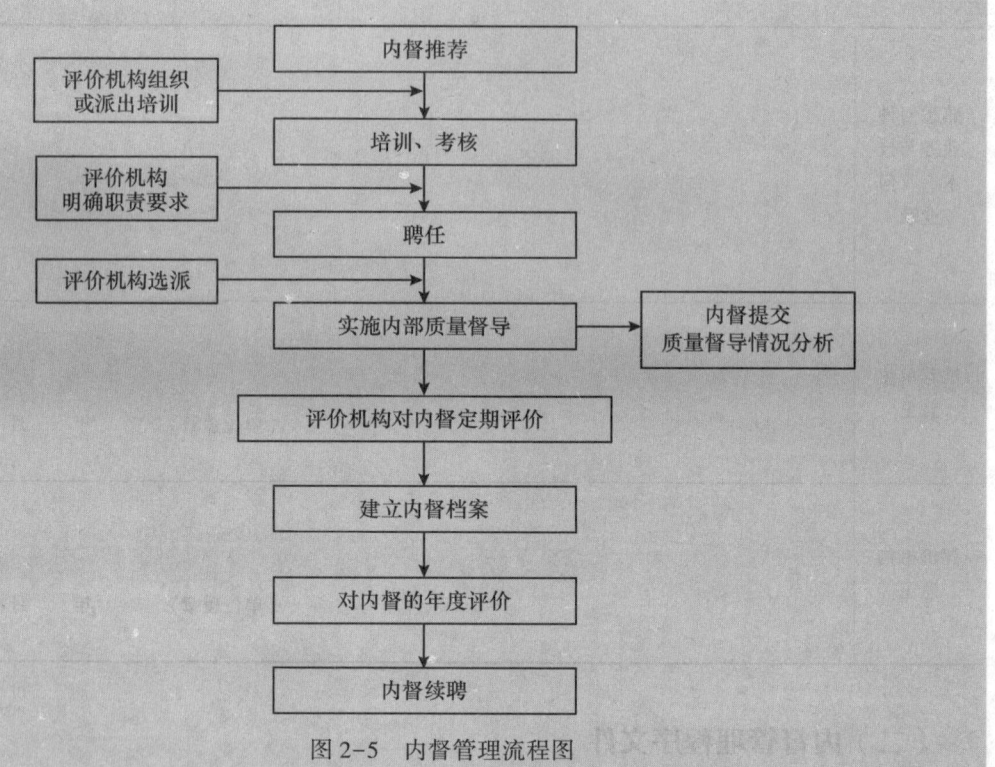

图 2-5 内督管理流程图

4.1 内督的任务

按照职业技能等级认定相关要求，对评价机构贯彻职业技能等级认定有关政策、法规和规章，执行国家职业标准（评价规范）的情况，以及对考评工作、考务管理等进行监督检查。

4.2 内督的职责

依据相关法规规章、标准规范、政策制度规定，对评价服务过程实施内部督导。

4.3 内督的条件

从事技能人才评价工作 2 年以上的考评人员、管理人员。

4.4 对内督的要求

a）热爱职业技能等级认定工作，遵纪守法，廉洁自律，坚持原则，公平公正，爱岗敬业，诚实守信，举止文明，礼貌待人。

b）熟悉国家、监管部门、本机构有关政策、法规和规章制度，熟悉职业技能等级认定理论、技术、方法。

c）独立开展内部督导工作，坚持职业标准规范。

4.5 内督的选择、培训和聘任

a) 内督选择、培训。评价机构从具备条件的考评人员、管理人员中推荐人选,参加监管部门认可的相关培训。

b) 内督的聘任。从经过培训并考核合格的人员中聘用,聘期应符合相关规定。聘任期满,经考核优秀者可续聘。评价机构与受聘内督签订聘用责任书,明确双方责任、权利和义务。

4.6 内督的管理和使用

a) 综合管理室负责内督日常管理。

b) 评价机构应为内督提供培训机会。

c) 内督执行任务应严格遵守质量督导工作规程和考场规则。

d) 评价机构应为内部督导工作创造有利条件,提供必要资料。

e) 建立内督考核制度。内部督导工作完成后,评价机构应对其工作进行评价,填写内督工作评价表。

4.7 内部督导程序

a) 内督应掌握所承担的评价机构内部督导工作的督导计划、评价安排、考评人员安排及其他相关情况。

b) 评价开始前,内督应进入督导场所,对评价准备、环境条件、相关人员工作实施检查。

c) 评价过程中,内督对考试、考核工作进行监督检查,对相关情况进行必要记录。

d) 评价结束后,内督应在规定日期内提交督导分析报告。

(三)内部质量督导的准备、实施和总结

外督对内部质量督导工作的督导要点如下。

1. 内部质量督导准备

(1) 内部质量督导组接受评价机构质量督导安排并通过内部沟通制定质量督导方案。

(2) 编制内部质量督导评分表并明确本次质量督导的重点和评分要点。

(3) 内督工作分工。

2. 内部质量督导实施

(1) 评价活动的现场环境督导。

(2) 评价活动的现场工作人员情况督导。

(3) 评价活动中考生纪律情况督导。

（4）评价现场试卷管理情况督导。

（5）内督沟通会完成本次督导评分工作。

3. 内部质量督导总结

（1）综合分析本次内部质量督导发现问题。

（2）向评价机构管理层报告内部质量督导结论并提出改进措施。

对评价活动的质量督导是在评价现场与考评工作同时进行的。评价活动现场质量督导注重规范性，质量督导人员直接出现在考评现场，既要发现现场情况和问题、收集证据材料，又要避免影响、干扰评价活动。评价工作现场质量督导重视技术性，评价工作环节多，涉及职业及相关技术复杂，使评价工作质量督导涉及的内容较多且技术性强。这些特点要求质量督导要严格按照评价现场各项规定要求认真观察记录现场情况，以及包括考评人员、考务管理人员在内的各类工作人员的工作情况等。

❓ 思考题

1. 对评价机构进行质量督导的三个阶段有哪些工作内容？
2. 简述对评价活动进行质量督导的类型。
3. 对操作技能现场质量督导的主要过程是什么？
4. 简要表述外部质量督导和内部质量督导的关系。
5. 结合实际谈一谈对考评人员、考评工作进行督导的认识。

第三章 技能人才评价违纪违规情况调查

- 第一节　违纪违规情况查处工作内容
- 第二节　违纪违规行为处理工作程序
- 第三节　要情报告

《技能人才评价质量督导工作规程（试行）》第十二条第三款规定，质量督导工作职责包括"对群众举报的技能人才评价工作中涉嫌违规违纪情况进行调查核实"。可见调查核实、依规处理技能人才评价违纪违规问题与案件，是质量督导的一种重要形式。本章简要介绍技能人才评价违纪违规行为（以下简称"违纪违规行为"）调查认定和处理的工作内容、程序，以及技能人才评价要情报告工作基本要求。

第一节 违纪违规情况查处工作内容

- 违纪违规情况查处工作依据
- 违纪违规情况查处工作原则和要求
- 违纪违规情况查处工作范围

为规范技能人才评价违纪违规行为的认定与处理，维护技能人才评价的公正、公平，保障考生、工作人员及评价机构的合法权益，人力资源社会保障部职业能力建设司和中国就业培训技术指导中心根据《中华人民共和国劳动法》和《劳动保障监察条例》等有关法律、法规，结合技能人才评价监管工作需要和评价实施工作实际，制定了《技能人才评价违纪违规行为处理工作指引（试行）》(本章简称《指引》)。《指引》明确了违纪违规行为调查认定的工作原则和范围，并明确各省级人力资源社会保障部门、行业部门可以根据本地区、本行业实际情况制定实施细则。

一、违纪违规情况查处工作依据

对违纪违规行为、事件，应根据事实证据，依据相关政策规定进行调查核实、认定处理。当前认定、处置违纪违规行为的依据有：《技能人才评价质量督导工作规程（试行）》（人社职司便函〔2020〕53号）、《关于印发〈职业技能等级评价机构备案事项办理指南（试行）〉和〈技能人才评价违纪违规行为处理工作指引（试行）〉的函》（人社职司便函〔2021〕57号）、《关于开展技能人才评价要情报告工作的通知》（人社职司便函〔2022〕11号）、《人力资源社会保障部关于开展技术技能类"山寨证书"专项治理工作的通知》（人社部函〔2022〕25号）等，在法律、行政法规和部门规章中另有规定的，从其规定。

（一）《指引》概况

《指引》制定的目的是规范技能人才评价违纪违规行为的认定与处理，维护技能人才评价的公正、公平，保障考生、工作人员及评价机构的合法权益。

《指引》基本内容框架（见图3-1），包括总则、考生违纪违规行为的认定与处理、工作人员违纪违规行为的认定与处理、评价机构违纪违规行为的认定与处理、违纪违规行为的处理程序、附则6章共24条。第二章、第三章、第四章分别对应考生、工作人员、评价机构的违纪违规行为的认定处理规定。

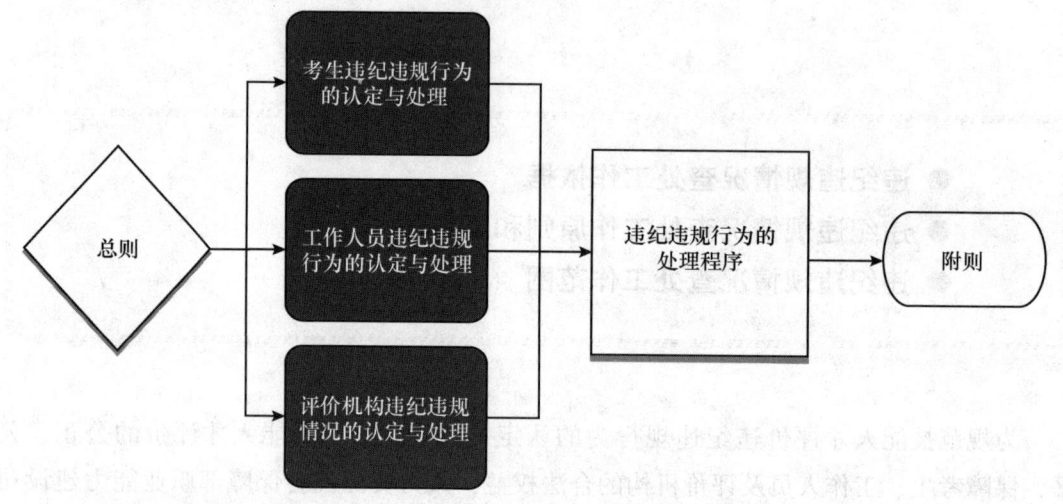

图3-1 《指引》内容框架

（二）《技能人才评价质量督导工作规程（试行）》相关内容

《技能人才评价质量督导工作规程（试行）》第十七条明确了质量督导人员出现严重问题、达到解聘督导员程度的具体条件：一是未经委派擅自参加或无故拒绝参加督导工作；二是不履行督导职责；三是在督导活动中造成不良影响。

除了《指引》列出的在技能人才评价活动中出现的各种违纪违规行为外，《技能人才评价质量督导工作规程（试行）》第十八条对下列情形之一的评价机构及有关人员，提出由人力资源社会保障部门通报批评并责令其改正；拒不改正或情节严重的，对直接负责的主管人员和其他责任人员，向其主管部门提出给予处分的建议；直至取消其技能人才评价工作资格。这些情形包括：一是拒绝向质量督导人员提供与其督导内容相关情况和文件资料的；二是阻挠有关人员向质量督导人员反映情况的；三是对督导意见拒不采取改进措施的；四是弄虚作假、采取欺骗手段干扰质量督导工作的；五是打击、报复质量督导员的；六是其他影响质量督导工作的行为。

（三）《关于开展技能人才评价要情报告工作的通知》相关内容

评价机构要及时向所在地人力资源社会保障部门报告技能人才评价工作中出现的重要、重大情况（要情），包括：评价机构在评价范围、参评人员（考生）资格审核、考评过程管理、评价宣传等方面存在严重不规范行为，被多次（三次及以上）举报或导致群体性事件的;经技能人才评价质量督导或群众举报问题核查,评价服务质量存在较严重问题的;评价机构上传证书数据存在批量异常的;引发有关方面关注,经人力资源社会保障部或省级人力资源社会保障部门函询或转办的;涉及技能人才评价领域相关问题,经纪检监察机关、人民法院、人民检察院、公安、民政、司法、审计、市场监管等部门(机构)作出处理的;涉及技能人才评价领域相关情况引发媒体负面报道或出现负面网络舆情的;应报告的其他事项。

二、违纪违规情况查处工作原则和要求

(一)违纪违规情况查处工作原则

违纪违规问题与案件的调查核实与处理惩戒,是关系到评价机构的工作是否违反相关规定的大事,牵涉能否维护正常的评价秩序,并关系到考生或工作人员的行为是否违反现行规章制度,甚至关系到他们的就业与事业发展。因此,应当明确必要的原则并严格遵循,只有这样,才能使此项工作得到有效落实。

《指引》第三条明确违纪违规行为认定与处理原则是:合法依规、客观公正、科学规范、惩教结合。

违纪违规行为的认定与处理必须依照法律、行政法规和部门规章等规定执行,凡法律、行政法规和部门规章等有明确规定的,一律按照其规定执行。

违纪违规行为的认定与处理必须以事实为依据,坚持客观核实情况,不能妄加猜测,不能添枝加叶,不能武断专行。

违纪违规行为的认定与处理应当重视科学的方法,采用适合的技术,工作程序规范,工作方式公正。

违纪违规行为的认定和处理的目的是通过惩罚错误行为达到防患于未然,防止违纪违规问题的再出现。

(二)违纪违规情况查处工作要求

违纪违规行为的认定和处理是质量督导工作的组成部分,是技能人才评价质量督导工作的重要内容。在对违纪违规行为进行认定与处理的工作中,要达到如下要求。

1. 实事求是

坚持实事求是的原则是做好调查核实的关键,在工作中要始终尊重事实、保持客观,丢掉得罪人和大事化小的想法,同时也不要以偏概全、草率定性。只有这样,才能把工作做深、做好,使违纪违规问题或案件得到正确处理。

2. 属地管理

在处理违纪违规事件中,遵循"谁备案,谁监管"原则,以更好地调动地区与行业

的积极性，提高办事效率和节约经费开支。

3. 回避要求

在开展这项工作中，应注意调查方与被调查方是否有亲朋好友、师生、师徒或经济利益等利害关系。对存在上述关系的，应当采取回避方式，以免影响工作的公正性。

违纪违规行为判断处理原则体现了该项工作在降低技能人才评价工作风险、维护技能人才评价公正公平、促进技能人才评价事业健康发展、技能评价证书信誉得到社会认可方面的客观要求。

三、违纪违规情况查处工作范围

判别技能人才评价工作中发生的行为是否属于违纪违规情况，是质量督导人员的基本功。要做到准确认定，首先要明确工作范围。

（一）违纪违规行为的类型

违纪违规行为包括技能人员职业资格评价、职业技能等级认定、专项职业能力考核等活动中的违纪违规行为事件。

违纪违规行为分为三类：评价机构违纪违规行为、工作人员违纪违规行为、考生违纪违规行为。

《指引》第二十一条明确评价机构监管部门是指各级人力资源社会保障部门、有关行业部门人事劳动保障工作机构。参评人员（考生）是指依据相关规定报名参加技能人员职业资格评价、职业技能等级认定、专项职业能力考核等评价的人员。工作人员是指参与技能人才评价工作的考务管理人员、考评人员、质量督导人员等。评价机构是指经人力资源社会保障部门备案的组织实施技能人员职业资格评价、职业技能等级认定、专项职业能力考核等的机构。

违纪违规行为可以分成参评人员（考生）、工作人员、评价机构三类对象的行为情况，《指引》在分别描述三类对象常见的违纪违规行为基础上，根据上述三类对象的不同特点，区分出不同的违纪违规程度，并分别针对不同类别、不同程度的违纪违规行为，提出了认定和处理意见。

（二）考生违纪违规行为的认定和处理

对考生的违纪违规行为按照影响程度分为三类，并对应三种影响程度提出了处理方法。

1. 考生出现轻微违纪违规行为，对他人没有造成影响或影响很小，取消其当次该科目的评价成绩。

这些违纪违规行为主要包括：一是携带禁携物品（包括与评价内容相关的书籍、资料、电子产品、通信设备以及规定以外的工具等）进入座位（或考位）或未将禁携物品放在指定位置，经提醒拒不改正的；二是未在规定的座位（或考位）参加评价，或未经工作人员允许擅自离开座位（或考位），经提醒拒不改正的；三是在考场（或考区）禁止的范围内，喧哗、吸烟或实施其他影响考场秩序的行为，经提醒拒不改正的；四是其他违反考场规则但情节轻微的行为。

2. 考生有比较严重的违纪违规行为，对他人造成影响，取消其当次全部科目评价成绩，且当年不得再次参加评价。

这些违纪违规行为主要包括：一是在评价过程中使用规定以外的带拍照、存储、传输或通信功能的电子设备（如相机、手机、耳机、U 盘、手提电脑、智能手表、智能手环等）或其他电子用品的；二是抄袭或协助他人抄袭试题答案或与评价内容相关资料等的；三是故意损毁试卷、工件或考试材料的；四是擅自将试题、答卷或者有关内容带出考场的；五是存在其他作弊但对其他考生未造成严重干扰的行为。

3. 考生出现性质恶劣的违纪违规行为，取消其当次全部科目评价成绩。其中，情节轻微的，2 年内不得参加评价；情节严重的，5 年内不得参加评价，并依据有关法律法规移送有关部门。

这些违纪违规行为主要包括：一是通过虚假承诺、提供虚假材料以及其他非正当手段取得参加评价资格的；二是评价前以非正当手段获得试题或答案或进行传播的；三是抢夺、窃取他人试卷或胁迫他人配合作弊、偷换工量器具或工件等的；四是由他人冒名顶替参加评价或替他人参加评价的；五是串通作弊或参与有组织作弊的；六是故意损毁评价设备（含视频监控系统）、材料，造成设备事故、人身伤害或设备主要零部件损坏的；七是其他影响恶劣或严重扰乱评价管理秩序的行为。

4. 考生出现违纪违规行为，但是现场没有被发现，在评价活动结束后被发现，经确认的，依照以上情况的相应规定处理；对其中已颁发证书的，由评价机构或评价机构监管部门宣布评价成绩无效，并对已发放证书、已上网证书数据及时作出相应处理。

（三）工作人员违纪违规行为的认定和处理

按照工作人员分类，分别提出了对考务管理人员、考评人员、质量督导人员违纪违规情况的认定处理方法。

1. 发现考务管理人员有下列行为之一的，取消其当年参加评价工作的资格，由评价机构按有关规定作出相应处理。

一是对考生资格审查不严的；二是不按规定按时领取、分发和收回试卷或相关材料的；三是未认真履行职责，造成所负责考场出现秩序混乱，或对考场内作弊现象等违纪违规行为不及时制止或上报，或参与违规组织考试的；四是在证书管理工作中存在弄虚作假、徇私舞弊等的；五是其他违反考务管理、证书管理、工作人员有关规定的行为。

2. 发现考评人员有下列行为之一的，由考评人员证书颁发部门吊销其考评人员证书，由评价机构按有关规定作出相应处理。

一是在阅卷评分、评审或面试过程中，未按照参考答案或评分标准进行阅卷评分、评审，或因失职造成阅评结果出现重大错误的；二是盗窃、损毁、偷换、违规涂改考生答卷（或工件）、评价成绩、考生信息材料、考场原始记录及其他有关材料，或在上述材料中弄虚作假的；三是非法出售、提供试题、答案的行为。

3. 质量督导人员违反考务管理、督导工作管理等有关规定，造成不良影响的，由评价机构或评价机构监管部门按有关规定作出相应处理。同时，《技能人才评价质量督导工作规程（试行）》第十七条明确规定了认定质量督导人员出现严重问题、达到解聘质量督导人员程度的具体条件。

（四）评价机构违纪违规行为的认定和处理

区别评价机构违纪违规的严重程度，分为三种处理层次。

1. 对评价机构情节轻微的违纪违规行为，由评价机构监管部门对其主要负责人进行约谈，听取其陈述事实或承诺，提醒其规范操作，视情况宣布当次评价颁发证书或评价成绩部分或全部无效。

这些违纪违规行为主要包括：一是对考生的参评资格审核不严，未执行国家职业标准或经人力资源社会保障部备案的行业企业评价规范及有关制度规定，情节轻微的；二是评价组织管理松懈，或未严格按规定提供考场和配备工作人员，无法保证同批次考生采取相同考核评价方式并使其处于同等考核评价环境进行考核评价，或阅卷管理不规范、评分标准不统一，或其他违反考务管理、证书管理等有关规定，情节轻微的；三是技能人才评价档案材料保存不完整、管理不规范的；四是对评价活动未安排质量督导或不符合质量督导工作规程相关规定，情节轻微的行为。

2. 对评价机构情节严重的违纪违规行为，由评价机构监管部门予以警告，限期整改，并在限期整改期间暂停其评价活动，视情况将其列入诚信不良档案，并向社会公布。

这些违纪违规行为主要包括：一是《指引》第十二条所列情形，情节严重的；二是未严格按照规定区域和地点组织开展评价的；三是一年内无正当理由不开展评价活动的；四是评价机构利用广告或其他方法，进行评价"包过""保过"等虚假宣传的；五是对监督检查中发现或其他渠道反映的违规问题未按期完成整改的；六是评价机构因涉嫌违纪违规问题正在调查核实的；七是被投诉举报并经核实的行为。

3. 对评价机构触碰监管红线，突破质量底线的行为，评价机构监管部门予以终止备案。对涉及的相关证书及数据等及时做出相应处理。

这些违纪违规行为主要包括：一是备案申请中故意提供虚假承诺、虚假资料的；二是严重超出备案范围开展评价工作的；三是为考生或协助考生伪造申报资料或证件，或纵容考生违规报名的；四是考场秩序混乱，有组织舞弊的；五是证书数据造假的；六是已被警告，整改后再次违反本《指引》第十三条规定的；七是一年（含）以上不开展评价工作的；八是其他不履行工作承诺，造成严重不良社会影响并经核实确认的行为。

4. 证书管理违规行为。

评价机构超范围上传证书数据、上传证书数据有错误的，撤销其上传的违规证书数据，并视情节给予警告、暂停评价活动，直至终止备案的处理。

根据人力资源社会保障部对技能人才评价相关证书的管理规定和有关要求，《指引》明确指出："评价机构、评价机构监管部门均应建立数据安全、准确、完整保障机制，发生超范围读取证书数据、泄露个人隐私、利用证书数据等提供有偿服务等行为的，评价机构、评价机构监管部门应立即查清情况，对造成以上问题的相关机构、人员，立即取消其证书数据读取权限，并责令其删除已读取的证书数据，并依据相关规定进行处罚，对违反法律法规的，移交相关部门处理。"

第二节 违纪违规行为处理工作程序

- 违纪违规行为认定处理职责
- 违纪违规行为处理程序规定
- 违纪违规行为调查工作流程

一、违纪违规行为认定处理职责

《指引》第四条明确了各级部门机构的职责：人力资源社会保障部职业能力建设司负责全国技能人才评价工作的统筹规划、综合管理和监督检查；中国就业培训技术指导中心（人力资源社会保障部职业技能鉴定中心）负责全国技能人才评价质量监管的组织实施和技术支持服务；各省级人力资源社会保障部门负责属地技能人才评价工作的监督检查与处理；行业部门人事劳动保障工作机构负责本行业领域技能人才评价工作的监督检查与处理。评价机构依据《指引》对参评人员（考生）、工作人员在评价过程中的违纪违规行为进行认定与处理。

《指引》明确各省级人力资源社会保障部门、行业部门可以根据本地区、本行业实际情况制定实施细则。

二、违纪违规行为处理程序规定

《指引》第五章第十六条至第二十条对违纪违规行为的处理程序作出了以下规定。

（一）双人签字和按程序认定

《指引》第十六条规定："参评人员涉及本指引所列违纪违规行为的，经2名（含）以上工作人员签字报考场负责人确认，评价机构按程序认定后，才能依据本指引有关条款进行处理。"

（二）向监管部门报备

《指引》第十六条规定："相关工作人员涉及本指引所列违纪违规行为的，评价机构、评价机构监管部门依据本指引有关条款进行处理，评价机构应同时向评价机构监管部门报备处理情况。"

（三）认定处理

《指引》第十六条规定："评价机构涉及本指引所列违纪违规行为的，评价机构监管部门经认定后，依据本指引有关条款进行处理。"

（四）处理决定前告知

《指引》第十七条规定："对评价机构和参评人员（考生）、相关工作人员违纪违规行为作出处理决定前，应当告知评价机构和相关人员拟作出的处理决定及相关事实、理由和依据。"

（五）处理决定书面送达或公告

《指引》第十七条规定："对评价机构和参评人员、工作人员违纪违规行为作出处理决定的，分别由评价机构或评价机构监管部门作出违纪违规行为处理决定，并以书面形式送达相关机构或人员，或按有关规定进行公告。"

（六）认同

《指引》第十八条规定："对已经由其他机关处理的评价机构和相关个人，评价机构监管部门以相关处理结论为依据，作出相应处理。"

（七）申辩和复核

《指引》第十九条规定："对处理决定存在异议的机构或个人，可以向作出处理决定的评价机构或评价机构监管部门进行陈述和申辩。经复核后，评价机构或评价机构监管部门作出复核决定。"

（八）存档

《指引》第二十条规定："评价机构和评价机构监管部门应当建立违纪违规行为处理档案，记录、保存违纪违规行为的处理决定等。"

三、违纪违规行为调查工作流程

（一）工作步骤

1. 登记初查

对受理的违纪违规事件所反映的问题进行归纳后填写《技能人才评价违纪违规事件处理及结果登记表》（见表3-1），并进行初步核实。根据核实情况进行分类，确定是否继续调查与处理。对需要进行继续调查的违纪违规事件，将按照涉及的内容、性质和具体情况分别进行办理或转办。

表3-1　　　　　技能人才评价违纪违规事件处理及结果登记表

受理单位：　　　　　受理人：　　　　　受理日期：　　年　　月　　日

案件来源	单位名称			
	姓名		电话	
	地址		邮编	
案件内容摘要				
处理去向				

续表

接办单位处理情况	单位名称				
	姓名			电话	
处理状态或终结意见	处理状态	正在进行		处理结束	
	处理终结意见				

2. 正式调查

正式调查在初步核实之后进行，对初查后有问题的，由受理人/部门报分管领导批准，然后根据情况分别以自查或转办形式处理。转办的以函件形式，将违纪违规相关材料转给相关部门办理，并限时要求反馈处理结果。直接办理的，由受理人/部门的领导同意后办理。具体办理程序如下。

（1）成立调查组，制定调查方案，并报分管领导批准后实施。

（2）对涉及的对象（含单位或个人）调查取证。

（3）调查组在调查取证后，写出相关事实材料并要求被举报对象签字。

3. 作出结论

无论是转办的还是自查的违纪违规事件，调查工作结束后均需要提交调查报告，并根据调查情况作出处理建议，上报委派机构，为违纪违规事件的处理和结案提供依据与材料。

（二）工作流程图

违纪违规情况的调查是对群众举报或在督导工作中发现的违纪违规情况进行检查核实，确定问题性质，提出处理意见。其工作流程一般分为准备、调查和定性三个阶段：准备阶段从监管部门确定对某违纪违规问题进行核查开始，组成督导调查组，研究确定核查方法，策划核查方案，督导组进行分工、细化明确职责；调查阶段重点是到相关单位调查情况、核实取证，与当事人谈话取证，与相关证人谈话取证，收集直接和间接的物证及资料；定性阶段主要是督导组汇总调查取证资料并进行分析研究，确定问题性质及影响程度，提出调查结论和处理意见建议，撰写上报调查核实报告等。技能人才评价违纪违规情况核查工作流程如图3-2所示。

（三）几个环节的说明

1. 违纪违规情况来源

目前，在日常评价工作中所接到并办理的违纪违规情况线索主要来源于四个渠道：

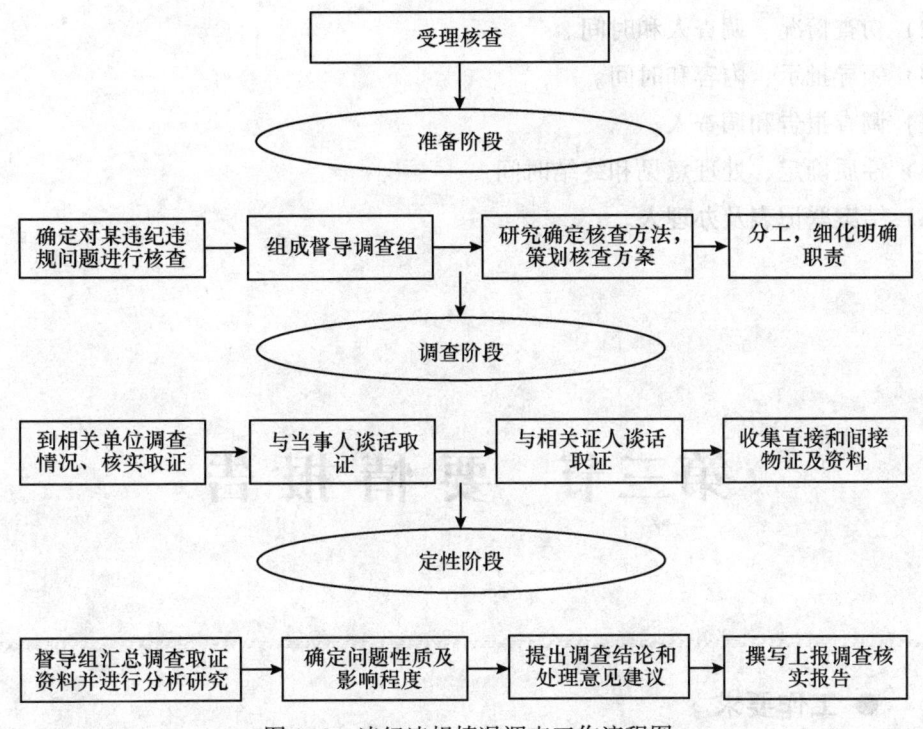

图 3-2 违纪违规情况调查工作流程图

一是由群众直接举报的（包括来信、电话、传真和来访等）；二是质量督导人员直接发现的（在质量督导工作中看见的和受理的）；三是由受理人员通过媒体直接发现的（包括电视、广播、报纸广告和网络宣传等）；四是由上级交办或相关部门转办的。

2. 实地调查后的工作

调查结束后进入处理程序，此环节一般按照以下程序进行。

(1) 向委派机构报告

由督导调查组向委派机构书面报告调查情况和处理意见建议。

(2) 形成处理决定

委派机构收到调查报告后进行研究，确定性质，作出处理决定。

(3) 执行处理决定

根据作出处理决定机构的职责权限，起草处理公文或编发处理情况通报，纠正或处理违纪违规行为；与有关部门协调，对违纪违规人员进行相关处理；必要时向举报人员反馈或答复举报单位。

3. 结案归档

违纪违规情况调查与处理结束后，应将所有文字及物证等材料编号归档。主要包括以下材料。

(1) 违纪违规情况的原件（或原物）。

(2) 初查情况、调查人和时间。
(3) 领导批示、内容和时间。
(4) 调查报告和调查人。
(5) 性质确定、处理意见和终结时间。
(6) 结案登记表及办理人。

第三节 要情报告

- 工作要求
- 工作原则
- 主体职责
- 工作指引
- 责任追究

在技能人才评价工作中出现的重要情况、重大问题简称要情。技能人才评价要情报告工作是质量督导关注的重要内容。质量督导人员要关注要情、识别要情，对技能人才评价要情保持敏感，熟悉要情报告工作要求。

为提高技能人才评价工作风险防控和治理能力，完善技能人才评价质量监督管理工作机制，推动技能人才评价工作持续健康发展，人力资源社会保障部技能人才评价工作主管部门需要及时发现全国技能人才评价工作中出现的重要情况和重大问题，各地人力资源社会保障监管部门应当及时、准确地报告技能人才评价工作中出现的重要情况和重大问题，技能人才评价机构必须切实遵守各项相关政策规定并将工作中出现的重要情况和重大问题按照规定向上级报告，即按照属地管理将要情及时、准确地向上一级监管部门报告，称为要情报告工作。

认真落实党中央、国务院决策部署，健全、完善技能人才评价体系，履行人力资源社会保障部门对技能人才评价的监管职责，人力资源社会保障部门对其依法依规承担管理监督职责、本行政区域内发现的技能人才评价工作要情向人力资源社会保障部报告，建立技能人才评价要情报告制度。

技能人才评价要情报告工作是技能人才评价监管工作的重要组成部分，关系到技能人才评价工作的公信力、关系到技能证书的质量信誉，技能人才评价工作中出现的重要情况和重大问题如果不能得到及时解决，将严重影响技能人才评价公信力和技能证书的社会信誉，严重干扰和破坏正常的技能人才评价工作秩序。

技能人才评价监管和实施机构应共同努力，重视要情报告工作，完善要情报告机制，建立要情报告制度。在建立、健全技能人员以职业资格评价、职业技能等级认定和专项职业能力考核等为主要内容的技能人才评价制度过程中，及时发现各种重要情况，尽早发现问题、降低风险、消除隐患，预防问题发生，不断完善质量管理、标准构建、组织实施、监管保障等工作体系，形成有利于技能人才成长和发挥作用的制度环境，促进优秀技能人才脱颖而出，为经济高质量发展提供支撑。

一、工作要求

2022年3月10日，人力资源社会保障部职业能力建设司、中国就业培训技术指导中心印发《关于开展技能人才评价要情报告工作的通知》（人社职司便函〔2022〕11号，本节简称《要情报告通知》），是技能人才评价要情报告工作的文件依据。

各监管机构应切实加强监管，发生要情的机构应做好要情处置及后续相关工作，提高技能人才评价行为规范性；对于出现拖延误报、隐瞒不报、漏报谎报的，特别是已由媒体曝光、群众举报，或已由有关机构立案调查而不报告或未及时报告的，人力资源社会保障部职业能力建设司将对相关机构作出约谈提醒、督促整改、暂停证书数据上传、中止或终止机构备案等处理。

二、工作原则

要情报告工作遵循属地管理、应报尽报、精准如实、急情快报、逐级报告原则。

（一）属地管理原则

要情报告采取属地管理，要情核查与处理实行属地管理机制。按技能人才评价机构备案管理权限，落实相关工作和管理责任。

（二）应报尽报原则

凡是在技能人才评价相关工作活动中发生的要情及相关线索均应报告。发现重大风险隐患、预判事故苗头等情况经积极研判确定后也应报告。

（三）精准如实原则

坚持实事求是原则，既不能不报漏报，也不能迟滞延误，更不能瞒报谎报，精准如实是要情报告工作的重要原则，杜绝瞒报、防止漏报、精准上报是要情报告制度的基本要求。

（四）急情快报原则

一旦出现问题，相关人员和组织应认真了解情况，迅速分析研判问题的严重程度，注意信息证据的采集保存。要情一旦发生、发现，应第一时间上报，尽早、尽快上报。

（五）逐级报告原则

要情一旦发生、发现，评价机构向备案管理机构即监管责任部门报告，评价监管机构认真了解情况并认定为要情后，向上一级监管部门报告，直至报告人力资源社会保障部职业能力建设司、中国就业培训技术指导中心。

三、主体职责

人力资源社会保障部门备案的用人单位、技工院校、社会化评价组织、鉴定所站及专项能力考核机构等（统称评价机构）及其监管机构的要情，由发生要情的单位向备案人力资源社会保障部门报告。各级人力资源社会保障部门的要情由省级人力资源社会保障部门汇总向人力资源社会保障部报告。

要情报告实行单位领导负责制。要情发生、发现单位负责人承担报告工作的直接职责；省级人力资源社会保障行政部门负责技能人才评价的主要负责人是本行政区域要情报告责任人，承担要情报告工作的主要领导职责；其他相关负责人按照工作分工，承担相应职责。

四、工作指引

技能人才评价监管和实施机构及相关人员，要认真学习技能人才评价要情报告工作要求。技能人才评价质量管控工作要与建立完备的报告机制和畅通要情报告渠道工作紧密结合，制定行之有效的工作机制，应用可靠、高效的技术方法，确保有人员负责、有能力落实。

（一）建立工作机制

技能人才评价要情属于重要、重大情况，为保证要情报告通道的畅通，应建立、健全要情报告工作机制。

要情报告"属地管理，逐级报告"。省级人力资源社会保障部门技能人才评价监管机构和备案的评价机构指定要情报告工作负责人，向人力资源社会保障部职业能力建设司或其授权的中国就业培训技术指导中心报备其联络信息。

按备案管理权限，发生要情的所有备案的评价机构向同意其备案的人力资源社会保障管理部门报告。各地人力资源社会保障部门技能人才评价监管机构负责本行政区域内要情报告的管理工作。省级技能人才评价管理部门发现或发生的要情，由省级人力资源社会保障管理部门向人力资源社会保障部有关部门报告。

（二）提高要情发现意识和认定能力

技能人才评价相关人员，特别是人力资源社会保障部门技能人才评价监管机构相关工作人员应了解、掌握并熟悉国家法律、法规及政策，认真调研本地区技能人才评价实际情况，遵守要情报告制度并严格执行。不断强化发现要情的意识和判断力，提高信息化管理能力，提升规范化监管水平。

（三）明确要情情形

要分清某种情况是否属于要情，首先需要判别要情情形，其次需要判断影响程度，最后明确上报内容和程序。要情报告的主要情形举例如下。

1. 评价机构在评价范围、考生资格审核、考评过程管理、评价宣传等方面存在严重不规范行为，被多次（3次及以上）举报或导致群体性事件的。

2. 经技能人才评价质量督导或群众举报问题核查，评价服务质量存在较严重问题的。

3. 评价机构上传证书数据存在批量异常的。

4. 引发有关方面关注，经人力资源社会保障部或省级人力资源社会保障部门函询或转办的。

5. 涉及技能人才评价领域相关问题，经纪检监察机关、人民法院、人民检察院、公安、民政、司法、审计、市场监管等部门（机构）作出处理的。

6. 涉及技能人才评价领域相关情况引发媒体负面报道或出现负面网络舆情的。

7. 应报告的其他事项。

（四）熟悉要情报告工作程序

发现要情的技能人才评价机构或为其备案的监管部门，依要情的问题性质和涉及人员，由相关机构负责人或其党的组织负责人安排专人撰写报告，由其主要负责人（或其党的组织主要负责人）审核报告，签字并加盖单位公章后上报。

（五）掌握要情报告格式内容

要情报告主要包括如下内容。

1. 要情基本情况，包括：要情内容，发生或发现的时间、地点、方式，相关单位、人员、手段及目前状况等。
2. 报告单位认为需要报告、建议或说明的其他相关情况。
3. 报告单位、联系人和联系方式。

（六）注重报告时效

发现要情的相关评价机构及为其备案的监管责任主体应及时进行要情报告。各省级技能人才评价监管部门应在发生或发现要情后，及时向人力资源社会保障部职业能力建设司或其授权的中国就业培训技术指导中心报送要情报告。一般要情应在发生后 24 h 内报告，突发重大情况应即时报告，可先口头报告，随后行文报送情况。

（七）加强后续管理

人力资源社会保障部有关部门、省级技能人才评价管理监管部门应当加强对要情处置后遗留问题和事项的跟踪和督办，评价机构应当重视要情处置后续相关工作。

1. 人力资源社会保障部有关部门、各省级技能人才评价监管部门，结合要情报告反映的实际情况，根据核实的要情严重程度，依据相关工作规程，对发生要情问题的相关评价机构给予警告、暂停评价、整改、取消评价资格、不再受理申请等处理。
2. 评价机构结合要情报告反映的实际情况，加强自身管理，提高技能人才评价行为规范性。
3. 年度内发生或发现要情的相关省级监管部门，应对本年度发生的要情进行分析总结，完善质量监督管理办法，加强对评价机构监督管理，并将有关情况报告人力资源社会保障部，包括说明要情内容、处置情况、分析原因、整改措施及落实情况等。涉及整改工作的，应附相应的整改报告，说明整改效果和采取的后续措施。
4. 人力资源社会保障部适时选择要情报告中的典型案例，在系统内开展警示教育。各省级监管部门应当根据技能人才评价工作需要和要情报告的实际情况，做好本区域要情通报及警示教育工作。
5. 省级人力资源社会保障部门应当适时对本区域要情进行汇总分析，研判技能人才评价工作质量管理状况，开展风险评估；各省级监管部门应结合要情报告和典型案例通报有关情况，交流经验，不断提升监管效能。

（八）建立档案台账

人力资源社会保障部门应当建立要情台账，对要情进行登记管理，加强要情档案管理，保证档案完整和安全。各省级技能人才评价监管部门应当加强要情报告信息化管理。建立要情报告电子档案，电子档案应当与纸质档案内容一致。

五、责任追究

相关省或行业管理部门出现拖延误报、隐瞒不报、漏报谎报，特别是其他部门已经反映或者媒体已经披露的，视情节轻重，由人力资源社会保障部职业能力建设司或授权中国就业培训技术指导中心作出约谈提醒、督促整改、暂停相关证书数据上传、通报，乃至冻结机构备案等处理。

思考题

1. 技能人才评价违纪违规行为可以分为哪几类？
2. 技能人才评价违纪违规事件的核实工作主要包括哪些步骤？
3. 谈谈对人力资源社会保障部门核查技能人才评价违纪违规行为范围的认识。
4. 当前技能人才评价工作要情的主要范围是什么？
5. 技能人才评价要情报告的要求有哪些？
6. 技能人才评价要情报告的工作原则是什么？

第四章 质量督导指标应用和督导组工作方法

- 第一节 质量督导指标体系
- 第二节 督导组的工作方法

质量督导在技能人才评价工作中发挥着重要的作用，是技能人才评价监管的重要手段，具有较强的技术性，对评价机构和评价活动开展质量督导，需要在督导评估中使用一致性较强的检验评价督导指标，以提高质量督导的权威性、科学性、有效性。

质量督导工作不是个人行为，而是受聘任被委派开展督导工作，同时，督导工作往往以工作组形式实施检查指导活动。

第一节　质量督导指标体系

- 开发应用质量督导指标的目的
- 质量督导指标体系依据和参考
- 质量督导指标编制和体系开发
- 质量督导分级评估指标及说明
- 质量督导指标适用范围
- 质量督导指标性质
- 质量督导指标应用

为深入贯彻习近平总书记的重要批示精神，按照职业技能培训和评价问题专项整治建立长效机制工作要求，加强技能人才评价事中事后监管，推动质量监管工作有效开展，完善质量监管工作机制，提高质量督导的有效性、公正性，经广泛征求各地职业技能鉴定中心、用人单位、社会培训评价组织意见以及部分地区试用，中国就业培训技术指导中心研究编制了供督导工作使用的《技能人才评价质量督导指标体系》。本节介绍质量督导指标体系内容及其应用。

一、开发应用质量督导指标的目的

随着技能人才评价制度改革深入推进，人力资源社会保障部门需不断完善技能人才培养、使用、评价、激励的政策环境，促进技能人才评价工作健康发展。在技能人才评价工作推进过程中，迫切需要开展质量督导标准化建设，督促评价监管机构和评价实施机构强化质量意识，提高质量监督管理能力，提升质量督导权威性、科学性、实效性。

编制技能人才评价质量督导指标，指导监管部门和评价机构质量督导指标应用工作的目的是助推质量监管标准化，提高技能人才评价质量监管能力，健全职业技能等级认定监管工作机制，为技能人才评价监管部门按照"双随机，一公开"原则，科学、有效地开展质量监督管理工作，规范质量督导工作，更好地发挥外部督导作用，推动评价机构内部督导工作，并提供科学、有效的技术支持服务。

二、质量督导指标体系依据和参考

质量督导指标编制工作既重视政策依据，也注重实践应用。应在学习《国务院关于印发国家职业教育改革实施方案的通知》（国发〔2019〕4号）、《国务院关于深化"证照分离"改革进一步激发市场主体发展活力的通知》（国发〔2021〕7号）、《人力资源社会保障部关于改革完善技能人才评价制度的意见》（人社部发〔2019〕90号）等文件基础上，应用督导指标。同时，应注意参考学习人力资源社会保障部职业能力建设司和职业技能鉴定中心印发的《职业技能等级认定工作规程（试行）》《技能人才评价质量督导工作规程（试行）》《职业技能等级评价机构备案事项办理指南（试行）》和《技能人才评价违纪违规行为处理工作指引（试行）》等文件。

三、质量督导指标编制和体系开发

中国就业培训技术指导中心（人力资源社会保障部职业技能鉴定中心）高度重视质量督导技术研究及质量督导标准化建设，在总结二十余年职业技能鉴定质量督导工作经验基础上，结合技能人才评价新政策、新要求，以及管理、技术领域新发展、新趋势，编制开发了《技能人才评价质量督导指标》体系，为质量督导提供有效技术支持，提高了质量监管工作的权威性、科学性、有效性。

（一）指标试用工作情况

2022年3月，中国就业培训技术指导中心印发《关于开展技能人才评价质量督导指标试用工作的函》（中就培函〔2022〕17号），通过周密安排和认真交流指导，在河北、浙江、福建、四川、兵团5个试用单位开展质量督导指标试用，经试用地区所辖数百家评价机构试用这套质量督导指标，对质量督导指标进行了实践验证，取得了预期成效。

（二）征求意见和修改情况

2021年12月24日，中国就业培训技术指导中心发函征求各地鉴定机构、有代表性的第三方机构对《技能人才评价质量督导评估指标（征求意见稿）》的意见（中就培函〔2021〕81号）。2023年3月20日，再次向各地鉴定中心发函对2022年度质量督导指标试用后的修改稿征求意见（中就培函〔2023〕16号）。2次发函广泛征求意见均得到各地评价监管部门和评价机构积极反馈，经吸纳各地意见后形成《技能人才评价质量督导指标体系》稿。

（三）质量督导指标体系推广应用

质量督导指标体系包含一套质量督导通用性分级指标、指标说明、若干示例评分表及其说明，适用于技能人才评价监管部门推行质量监管，特别是外部督导工作，也可供评价机构开展评价活动内部督导、评价机构质量管理自我评估等工作时使用。质量督导指标体系将在督导实践中不断得到完善。

质量督导指标包括一级指标 12 项、二级指标 32 个及相应说明。在督导实践中，监管机构和评价机构可以根据督导目标，设计督导评分表，例如，日常督导中的《技能人才评价活动现场质量督导评分表》，专项督导中的《职业技能等级认定机构自主命题质量专项督导评分表》等。

四、质量督导分级评估指标及说明

技能人才评价质量督导工作涉及技能人才评价机构的运行条件与承诺、评价活动的管理与保障、评价问题的处理与改进工作三个主要部分，每个部分包含若干质量关键点和关键环节，督导指标就是针对这些关键内容设计的，目前共包括一级指标 12 项、二级指标 32 个。其中，第一部分评价机构的运行条件与承诺，包含机构信用、管理制度、岗位职责、场地设备、资源管理、评价资料档案管理 6 项一级指标，包括机构基本信息、承诺机制、评价管理制度、内部管理制度、岗位设置、工作人员、办公场所、评价场地和设施设备、管理人员培训、考评队伍建设、内部督导队伍建设、标准规范和试题资源建设管理、评价资料档案管理 13 个二级指标；第二部分评价活动的管理与保障，包含评价方案制定和落实、信息公开、考评实施、证书管理 4 项一级指标，包括评价活动的策划、方案的落实和保障措施、评价计划和收费管理、结果查询和投诉监督渠道、报名资质审核、考场管理、考评方式和内容、考评组织实施、成果成绩管理、质量督导、人员履职、证书核发与查询及安全保障、证书数据上传和管理 13 个二级指标；第三部分评价相关问题的处理与改进，包含反馈机制、分析与改进 2 项一级指标，包括考生诉求处理、满意度调查处理、要情报告工作落实、信息统计与评价服务分析总结、整改与持续改进、信息化建设 6 个二级指标。

国家职业标准是技能人才评价的基本依据，评价机构（包括社会培训评价组织和用人单位）必须依据国家职业标准，用人单位如需使用行业企业评价规范，其评价规范必须依据国家职业标准和最新《国家职业标准编制技术规程（2023 年版）》编制。

（一）运行条件与承诺

1.（一级指标之一）机构信用

主要督导评估技能人才评价机构（以下简称评价机构）的基本信用情况。

（1）二级指标 1. 机构基本信息

申请备案评价机构的单位是否依法成立，是否具备企业营业执照/民办非企业法人证书/组织机构代码证；近三年内是否存在市场监管、税务、人力资源社会保障、民政等部门所作的行政处罚或其他违规处理记录；是否及时向监管部门报告机构基本信息变更情况，备案的评价职业与机构经营范围相匹配。

(2) 二级指标 2. 承诺机制

评价机构是否有相关承诺书，承诺内容是否完整、清晰、规范，是否具备履行承诺的能力，是否逐项落实承诺。

2.（一级指标之二）管理制度

主要督导评估评价机构的评价管理制度和内部管理制度建设情况。

(1) 二级指标 3. 评价管理制度

是否建立考务管理、命题管理、质量管理（含投诉举报和考生诉求处理）、证书管理、考评工作人员和专家队伍管理、技术人员管理等评价工作管理制度，各项制度是否符合评价工作相关规范，是否定期组织相关学习研究。

(2) 二级指标 4. 内部管理制度

工作人员管理、财务和收费管理、档案记录管理、安全保密管理、应急预案、廉政风险防控和宣传等内部管理制度是否健全。

3.（一级指标之三）岗位职责

主要督导评估评价机构相关岗位设置、工作人员管理情况。

(1) 二级指标 5. 岗位设置

评价机构管理层、资源（含命题）管理、考务管理、质量管理和财务管理等岗位设置是否符合评价工作实际需要，职责是否明确。

(2) 二级指标 6. 工作人员

工作人员配备是否满足评价机构管理和评价工作实际需要。

4.（一级指标之四）场地设备

主要督导评估评价机构的办公场所、与所评价的职业（工种）等级相匹配的评价场地和设施设备情况。

(1) 二级指标 7. 办公场所

是否有满足评价工作需要的办公场所及配套设施，包括但不限于试卷保密、印制和存储、档案存储等场所。

(2) 二级指标 8. 评价场地和设施设备

是否具备评价场地和设施设备（包括监控设备等），是否与备案范围一致，是否符合国家职业标准（评价规范），场地设施设备的承载量是否与评价服务规模相匹配。

5.（一级指标之五）资源管理

主要督导评估评价机构的管理人员培训、考评队伍建设、督导队伍建设、相关标准规范和试题资源建设情况。

(1) 二级指标 9. 管理人员培训

是否组织或参加管理人员培训并保存相关记录。

（2）二级指标10. 考评人员队伍建设

是否具备考评人员队伍，考评人员资质是否符合相关规定，考评业务能力是否与评价范围和级别相适应，考评人员数量是否满足工作需要，是否组织或参加考评人员培训并保存相关记录。

（3）二级指标11. 内督人员队伍建设

是否具备内督队伍，质量督导人员资质和数量是否符合工作需要、与评价服务规模相匹配，是否组织或参加质量督导人员培训并保存相关记录。

（4）二级指标12. 标准规范和试题资源建设管理

在备案的职业（工种）等级范围开展的评价是否符合国家职业标准（评价规范），是否组织或参加国家职业标准（评价规范）宣传贯彻培训学习。是否有标准、命题等方面符合相应资质要求的专家队伍及相关工作机制，是否有编制科学、内容正确、数量充足、质量稳定的试题试卷，能否满足评价工作需要；试题资源建设管理等环节是否符合相关规定和技术要求，是否符合安全保密要求；试题试卷体现的考评内容及权重是否符合国家职业标准（评价规范）；是否实际使用相应资源，是否开展试题试卷质量分析并建立试题反馈修订机制。

6. （一级指标之六）评价档案资料管理

主要督导评估评价机构的评价档案资料管理情况。

二级指标13. 评价档案资料管理。技能人才评价工作相关档案资料（含考评计划、考评方案评价报名资格审核材料、考务过程记录、考评过程和结果记录及数据审核传送记录、督导记录等）是否真实、准确、完整；纸质档案资料和电子资料（含考评现场视频）是否规范、完整，是否采取必要措施按规定年限妥善保存、规范使用。

（二）评价管理与保障

1. （一级指标之七）评价方案制定和落实

主要督导评估评价活动的策划、方案的落实和保障措施情况。

（1）二级指标14. 评价活动的策划

每个考评批次是否在考评前至少5个工作日前制定每个职业（工种）、每个等级的理论知识、操作技能、综合评审等具体评价活动的实施方案。

（2）二级指标15. 方案的落实和保障措施

是否有保证评价活动实施方案得以落实的保障措施，相关内容和要求是否量化、明确、可操作。

2. （一级指标之八）信息公开

主要督导评估评价机构的评价计划和收费管理、评价结果查询和投诉监督渠道等信息公开公示查询等情况。

（1）二级指标 16. 评价计划和收费管理

是否公告评价计划和收费标准，是否按公示的评价计划和收费标准执行。

（2）二级指标 17. 结果查询和投诉监督渠道

评价结果是否方便查询；投诉监督渠道是否已设立且已公示，是否及时受理和规范办理。

3.（一级指标之九）考评实施

主要督导评估评价机构报名资质审核、考场管理、评价考核方式、考评组织实施、成绩成果管理、质量督导、人员履职等情况。

（1）二级指标 18. 报名资质审核

是否有报名资质审核机制，是否存在报名审核及报名人员资质不符合国家职业标准（评价规范）的情况。

（2）二级指标 19. 考场管理

考场配备是否符合国家职业标准（评价规范）；场地环境、设施设备、工具量具、材料物品等是否与考评职业（工种）及等级相符，且符合理论知识、操作技能、综合评审等评价需要；考生身份核查、考评过程监控、考场秩序维护是否符合相关管理规定并有完善的工作记录。

（3）二级指标 20. 考评方式和内容

评价机构是否按国家职业标准（评价规范）规定的考核方式（如纸笔作答、无纸化机考、技能操作、综合评审等）、考核内容及要求、考核时长执行考核；是否随意变更考核方式、考核内容及要求、考核时长。

（4）二级指标 21. 考评组织实施

理论知识、操作技能、综合评审（业绩评定）是否按照国家职业标准（评价规范）配备考评人员，考评过程是否公正、有序，是否严格按照评分（评审）标准评分（评审），是否符合相关管理规定并有完整的工作记录。

（5）二级指标 22. 成果成绩管理

考生成果（含答卷、作品、工件、论文等）和成绩的评定、保存等是否符合相关规定。

（6）二级指标 23. 质量督导

是否按批次安排内部督导工作，内部督导范围、方式和内容是否符合相关规定和要求。

（7）二级指标 24. 人员履职

评价工作相关工作人员（含考务管理人员、考评人员、监考人员、内部督导员等）履职尽责情况。

4.（一级指标之十）证书管理

主要督导评估评价机构证书核发及数据管理相关情况。

（1）二级指标25. 证书核发与查询及安全保障

证书核发工作是否准确、及时，证书查询相关服务是否规范，有无符合有关要求的安全保障措施。

（2）二级指标26. 证书数据上传和管理

证书数据是否准确、完整、及时审验和上传，证书数据管理是否规范。

（三）问题处理与改进

1. （一级指标之十一）反馈机制

主要督导评估考生诉求处理、服务对象满意度调查处理和技能人才评价要情报告工作落实等情况。

（1）二级指标27. 考生诉求处理

能否做到对考生合理诉求进行规范处理，且能做到件件有着落，投诉举报意见处理与反馈是否及时。

（2）二级指标28. 满意度调查处理

是否有效开展对考生、用人单位等方面的科学、准确、客观的满意度调查，能否根据调查结果改进评价服务。

（3）二级指标29. 要情报告工作落实情况

是否建立技能人才评价要情报告工作机制，认真做好要情报告相关工作，建立要情处置台账。

2. （一级指标之十二）分析与改进

主要督导评估评价机构的信息统计与服务评价分析总结、整改与持续改进、信息化建设等情况。

（1）二级指标30. 信息统计与评价服务分析总结

评价机构是否开展技能人才评价信息数据统计分析；评价综合统计能否显示评价范围、评价规模等相关重要信息；是否对本评价机构近期或中长期评价服务情况进行汇总和分析形成报告并保存相关记录。

（2）二级指标31. 整改与持续改进

是否有持续改进工作机制；是否对监管部门提出的意见建议、满意度调查结果、内部督导情况等进行分析研究，采取纠正问题和预防问题再发生的有效措施；相关整改工作是否按计划完成。

（3）二级指标32. 信息化建设

应用信息化手段开展评价及质量管控的情况，是否进行相关考务考评及内部督导系统建设。

五、质量督导指标适用范围

质量督导指标体系适用于各级技能人才评价监管部门和各级各类评价实施机构。不同评价机构（职业技能鉴定机构、用人单位、社会培训评价组织等），不同评价类型（职业资格评价、职业技能等级认定、专项职业能力考核等），均可根据具体工作目标、技能评价规模、技能评价类型、职业（工种）范围及等级等，应用这套质量督导指标，设计编制具体环境条件下的评估（评分）表，开展督导工作。

六、质量督导指标性质

熟悉质量督导指标的应用及其性质特点，有助于在实际使用中灵活、有效地发挥其作用。

（一）通用性分级指标

质量督导指标内容依照现行相关文件规定，这些通用性指标对技能人才评价质量督导提供全方位、全过程、综合性评估尺度，包括一级指标12项、二级指标32个及指标说明。

（二）关键问题指标

督导工作不仅要有检查过程，而且应有检查结果；督导的发现须对照相关管理规定，通用指标可视情况升级为关键问题指标。关键问题指标指涉及技能人才评价中的重要情况或关键质量问题，主要包括被投诉举报且经核实的问题，监督检查中提出的且未按期完成整改的问题，纵容考生违规报名等严重责任问题，参考《技能人才评价违纪违规行为处理工作指引（试行）》及各省（自治区、直辖市）相关管理规定判定的违纪违规或重大质量问题，例如备案申请提供虚假承诺或年度总结提供虚假资料，且经核实的情况；证书数据造假；考场秩序混乱，出现大范围舞弊而未及时妥善处置；连续2年不开展评价工作；超出备案职业（工种）等级范围开展评价工作并造成不良影响；内部管理混乱，未建立有关制度，重点岗位人员未配备，难以正常开展评价活动；违规乱收费金额较大；出现重大安全事故；已被警告，整改后再次违反有关规定；其他有关较严重问题等。

（三）否决项

关键问题指标所对应的情况，如果认定为特别严重，则视为否决项，即判断严重违纪违规或重大质量问题的指标项。在督导中如发现否决项涉及的情况，当次督导评估为不合格、评分为零分。例如：

备案申请或年度总结中提供虚假承诺、虚假资料，且经核实的情况；

参评资格审核存在严重问题；

考场秩序混乱，出现大范围舞弊现象且造成不良影响；

从未开展评价工作；

内部管理混乱，未建立相关制度，重点岗位人员未配备，不能正常开展评价活动；

违规收费且涉及金额较大；

被公众举报或媒体曝光的严重问题；

其他特别严重的问题。

（四）定量、定性指标

质量督导指标作为各级技能人才评价监管部门和评价机构设计具体督导方案的通用性技术参考，可以分为定量指标、定性指标，有的指标既可定量评分也可定性评估，设计评分表时通常选用与当次督导目标一致的定量指标，设计评估表时通常选用与当次督导目标一致的定性指标。

七、质量督导指标应用

以下分别以机构建设、考评活动、质量督导人员管理、命题管理为应用场景提供参考示例评分表。评分表包含一级指标、二级指标、督导具体内容和评分标准描述、分值设置、使用说明等。各级技能人才评价监管部门外部督导工作、评价机构内部督导工作，均应根据督导目标，结合实际选用相应督导指标、确定具体督导内容、分值和及格标准，并细化评估评分说明，监管部门应提醒督导组注意把握督导评分尺度一致性。例如，分别以评价机构督导和评价活动督导工作形式为场景提供的 2 个示例评分表：以职业技能等级评价机构质量管理情况为督导重点时，可以参考《职业技能等级认定机构质量管理工作督导评分表（示例）》（见表 4-1）设计督导评分表；对技能人才评价的考评活动现场进行监督检查时，可以参考《技能人才评价活动现场质量督导评分表（示例）》（见表 4-2）设计督导评分表。再如，开展专项督导前，应选取与督导目标一致的指标，结合内容质量标准要求和实际情况，确定专项督导指标及评分内容。以考察评价机构贯彻执行国家职业标准情况为例，可选取与评价标准相关的二级指标 8. 评价场地和设施设备、二级指标 12. 标准规范和试题资源建设管理、二级指标 18. 报名资质审核、二级指标 20. 考评方式和内容、二级指标 21. 考评组织实施等编制督导评分表；以开展质量督导人员管理工作为例，可以参考《质量督导人员管理专项督导评分表（示例）》（见表 4-3）设计督导评分表；以开展命题质量专项督导为例，可以参考《职业技能等级认定机构自主命题质量专项督导评分表（示例）》（见表 4-4）设计督导评分表等。

从这些示例表可以看出，其中的内容、格式不是固定不变的，提供示例表的目的是说明指标的选取、评分方式和表格格式应根据实际需要变化调整，重点在于编制评分表要符合督导目标。

（一）评价机构管理建设督导评分表示例

对职业技能等级认定机构开展质量督导时，可以重点选取与等级认定机构质量管理工作密切相关的督导指标，编制《职业技能等级认定机构质量管理工作督导评分表（示例）》（见表4-1）。

表4-1　　职业技能等级认定机构质量管理工作督导评分表（示例）

被督导机构名称：　　　　　　　　　　　　机构备案号：

督导日期：　　　　时间：　　　　　　　　督导（组）人员：

一级指标（分值）	二级指标（分值）	督导具体内容和评分尺度	分值	评分
机构信用（10）	基本情况（及时更新信息）（2）	证照等资料齐备，无人力资源社会保障等部门所作的行政处罚或其他违规处理记录，能及时向备案管理或监管部门报告更新有关信息	2	
		机构合法，无人力资源社会保障等部门所作的行政处罚或其他违规处理记录，但未能及时向备案管理或监管部门报告更新有关信息	0	
	落实承诺（8）	有完整、清晰的承诺内容且有能力逐项落实承诺内容	8	
		不能提供完整的落实承诺能力证据	0	
管理制度（10）	评价管理制度（2）	考务管理、命题管理、质量管理、证书管理等评价工作管理制度、办法符合有关要求，且定期组织学习	2	
		考务管理、命题管理、质量管理、证书管理等评价工作管理制度、办法存在不符合要求情况，或未组织学习评价相关管理制度	0	
	内部管理制度（8）	人员管理、财务管理、保密管理、应急预案和廉政风险防控等内部管理制度健全	8	
		人员管理、财务管理、保密管理、应急预案和廉政风险防控等内部管理制度不健全（管理制度每缺失1项扣2分，每项不完整扣1分，扣完为止）	0~7	
岗位职责（10）	岗位设置（5）	机构管理层、资源（含命题）管理、考务管理、质量管理和财务管理等岗位设置合理，职责明确	5	
		机构管理层、资源（含命题）管理、考务管理、质量管理和财务管理等岗位设置合理，但部分职责不明确（每个岗位的问题扣1分）	0~4	
		机构管理层、资源（含命题）管理、考务管理、质量管理和财务管理等岗位设置存在问题，职责混乱、不明确	0	
	工作人员（5）	人员配备符合工作需要	5	
		必要岗位人员有空缺	0	

续表

一级指标 （分值）	二级指标 （分值）	督导具体内容和评分尺度	分值	评分
场地设备 （10）	办公场所 （2）	办公场所及配套设施满足有关要求	2	
		办公场所及配套设施不齐备	0	
	评价场地和 设施设备 （8）	有自有或签约的评价场地和设施（包括监控）设备，且符合国家职业标准或经人力资源社会保障部备案的行业企业评价规范要求	8	
		评价场地和设施设备有待完善或存在影响较轻微的问题（视程度评分）	0~7	
资源管理 （22）	管理人员培训 （5）	组织或安排全部管理人员工作培训并保持相关记录	5	
		组织或安排部分管理人员工作培训并保持相关记录（视情况评分）	1~4	
		未组织或安排管理人员工作培训或无相关证据、记录	0	
	考评人员队伍建设 （6）	有满足评价工作需要的考评人员队伍，全部考评人员有相应培训经历且资证有效	6	
		有满足评价工作需要的考评人员队伍，部分考评人员无培训记录或不能提供有效资质证明（视数量评分）	0~5	
	内督人员队伍建设 （3）	有满足需要数量和符合要求的内督人员，全部内督有培训经历，开展内部督导工作并有相关记录	3	
		有满足需要数量和符合要求的内督人员，部分内督无培训经历，或部分内部督导工作记录缺失	0~2	
	标准规范执行和试题资源建设管理（8）	在备案的职业（工种）等级范围开展的评价符合国家职业标准（评价规范）；有数量充足、质量稳定的试题试卷且实际使用，试题试卷内容及权重、考评方式与时长符合国家职业标准或经人力资源社会保障部备案的行业企业评价规范要求，及时进行试题修订更新；命题管理规范，专家队伍健全，符合相关规定和安全保密要求	8	
		试题试卷内容及权重、考评方式与时长符合国家职业标准（评价规范）要求，试题数量不足或质量不高，未及时进行试题修订更新；命题管理不够规范，专家队伍不够健全，与现行相关规定和安全保密要求有差距	0~7	
评价资料 档案管理 （10）	评价资料档案管理 （10）	有参评人员资质审核、考务、成绩等技能人才评价工作相关的各类记录资料（包括纸质资料、电子资料、视频记录文件、相应证明材料、记录签字等），规范、完整、清晰、有效，采取必要的保密措施妥善保存管理资料	10	
		技能人才评价工作相关的记录资料、相应证明材料、记录签字等不完整（根据缺少程度酌情减分）	0~9	

续表

一级指标（分值）	二级指标（分值）	督导具体内容和评分尺度	分值	评分
证书管理（10）	证书核发和数据安全防护（5）	证书核发相关工作准确、及时	5	
		证书核发相关工作不够准确、及时，缺乏符合相关要求的保障措施	0	
	证书数据上传和管理（5）	证书数据能够准确、完整并及时上传，证书数据管理符合相关要求	5	
		证书数据上传存在不够准确、不完整或不及时情况	0	
反馈机制（8）	考生诉求处理（2）	能及时处理考生诉求或无考生诉求	2	
		存在未及时处理考生诉求的情况	0	
	满意度调查处理（3）	有效开展满意度调查，涉及考生、用人单位及相关方对机构工作态度、工作质量、信息公开、社会影响力和诚信度满意等	3	
		开展满意度调查，但调查面窄、内容价值低，不足以提供机构工作态度和质量、信息公开、社会影响力和诚信度等方面有价值的信息	1~2	
		未开展满意度调查	0	
	要情报告工作落实情况（3）	有落实技能人才评价要情报告工作的机制、落实岗位职责及工作流程、建立要情处置台账等	3	
		无落实技能人才评价要情报告工作的机制、无岗位及职责、未建立要情处置台账	0	
分析与改进（10）	评价综合统计（2）	有符合实际的评价规模、评价范围情况分析	2	
		没有评价规模、评价范围情况分析或分析不符合实际或无充分数据支撑	0	
	机构与评价服务分析与总结（2）	对评价机构近期或中长期评价服务的情况进行的分析真实、有效	3	
		未对评价机构近期或中长期评价服务的情况进行分析或无法证明已经开展有价值的分析工作	0	
	整改与持续改进（3）	对监管部门提出的意见、满意度调查结果、内部督导情况进行分析研究，采取纠正问题和预防问题再发生的有效措施，纠正整改已经完成	3	
		对监管部门提出的意见、满意度调查结果、内部督导发现的问题未采取纠正措施，但在采取预防问题再发生方面缺乏有效的措施	0	
	信息化管理程度（3）	视信息化管理程度增减分数	0~3	

续表

一级指标（分值）	二级指标（分值）	督导具体内容和评分尺度	分值	评分
总分（100）				
违规情况		评价机构发生《人力资源社会保障部办公厅 公安部办公厅 市场监管总局办公厅 关于加强职业技能评价规范管理工作的通知》（人社厅发〔2024〕27号）及其他有关文件已明确的严重或特别严重违纪违规行为的，本次督导记为不合格 行为描述：_____		

备注：1. 本表是对评价机构质量管理工作进行督导评分的参考示例，督导评分应从《技能人才评价质量督导指标》中选用与当次督导目标一致且必要的一级指标、二级指标，确定督导具体内容和评分标准，考虑权重后确定分值。

2. 本示例表中的全部分值均为示例分值，仅供参考。实际督导前，应根据工作要求研定评分表内容并研议各指标项具体配分，满分和及格分值均应根据实际要求设定。本表中督导内容栏仅示例区分1~3个评分档供参考，实际应用中可以根据实际情况细化增加评分档。满分为100分时，及格分通常不低于60分。

（二）评价活动现场质量督导评分表示例

对技能人才评价现场进行监督检查时，可以重点选取与技能评价活动的现场工作密切相关的督导指标，编制《技能人才评价活动现场质量督导评分表（示例）》（见表4-2）。

表4-2　　技能人才评价活动现场质量督导评分表（示例）

被督导机构名称：　　　　　　　　　　　　机构备案号：
督导日期：　　　时间：　　　　　　　　　督导（组）员：

阶段	一级指标	二级指标	评分标准 （"符合"计满分，"基本符合"酌情计分，"不符合"计0分）	分值	评分
考前（28）	机构信用（3）	基本情况	机构证照（企业营业执照/民办非企业资质证书/组织机构代码证）等资料齐备	1	
			近三年内无市场监管、税务、人力资源社会保障、民政等部门所作的行政处罚或其他违规处理记录	1	
			及时向备案监管部门报告有关信息变更情况	1	
	评价方案（5）	评价活动的策划	有本次技能评价活动的具体可行、规范完整的策划方案	3	
		方案落实和保障措施	有保证评价活动策划方案得以落实的保障措施	1	
			有关保障措施明确、量化且可操作	1	
	信息公开（5）	收费管理	公告评价计划和收费标准	1	
			按评价机构公示的评价计划和收费标准执行	1	
		结果查询	评价结果方便查询	1	
		监督和投诉渠道	已设立投诉监督渠道且已公示	1	
			及时受理投诉	1	

续表

阶段	一级指标	二级指标	评分标准（"符合"计满分，"基本符合"酌情计分，"不符合"计0分）	分值	评分
考前(28)	场地设施设备管理(7)	理论知识考场安排	考场配备符合国家职业标准或经人力资源社会保障部备案的行业企业评价规范要求	1	
			场地环境设备物品等符合相关职业（工种）及等级评价工作需要	1	
		实际操作场地设施设备管理	考场配备符合国家职业标准或经人力资源社会保障部备案的行业企业评价规范要求	1	
			场地环境、设施设备、工具量具、材料物品等符合相关职业（工种）及等级操作技能评价需要	2	
		其他相关场地管理	所需场地安排妥当，能满足相关工作需要	2	
	考务管理(8)	报名资质审核	有报名资质审核机制	3	
			未发现报名人员资质不符合国家职业标准或经人力资源社会保障部备案的行业企业评价规范的情况	5	
考中(52)	考场工作人员配备(8)	考评（监考）人员配备	理论知识、操作技能、综合评审、业绩评定按照国家标准或经人力资源社会保障部备案的行业企业评价规范配备考评和/或监考人员，考评（监考）人员数量、资质达标	3	
		考务管理人员配备	理论知识、操作技能、综合评审、业绩评定按照相关规定配备考务管理人员，考务管理人员数量、能力符合实际工作需要	3	
		内部督导配备	对理论知识、操作技能、综合评审、业绩评定等配备数量、资质符合实际工作需要的内部质量督导员	2	
	考务管理(15)	题卷管理	专人负责题卷保存、运送、发收，有符合规定的保存场所和交接程序等	5	
		考务过程管理	考务工作符合程序、考务相关人员等按规定上岗履行职责，并有完整工作记录	5	
		考场秩序	现场抽查考生身份信息未发现异常情况	1	
			考评过程有规范的设备监控	1	
			考评现场秩序良好，符合相关管理规定并有完善的工作记录	3	
	考评组织(23)	工作人员履职	考务管理及其他有关工作人员依照评价机构作业指导书等认真履职、工作落实到位	3	
		评价考核表现	评价机构按国家职业标准或经人力资源社会保障部备案的行业企业评价规范规定的各科目考核方式（如纸笔作答、无纸化机考、技能操作、综合评审等）执行考核	2	
			评价机构严格按国家职业标准或经人力资源社会保障部备案的行业企业评价规范规定的各科目考核要求、考核时长进行考核	3	

续表

阶段	一级指标	二级指标	评分标准（"符合"计满分，"基本符合"酌情计分，"不符合"计0分）	分值	评分
考中(52)	考评组织(23)	考评小组工作情况	现场核验考评小组人员符合国家职业标准或经人力资源社会保障部备案的行业企业评价规范的要求，分工合理，职责清晰	2	
			考评组织过程公正、有序，严格按照评分（评审）标准评分（评审），符合相关管理规定并有完整的工作记录	10	
		考生成果成绩管理	考生成果（含答卷、作品、工件、论文等）和成绩的评定、保存等管理工作符合相关规定	3	
	内部督导(6)	内部督导工作	内部督导安排及工作程序符合相关规定和要求	3	
			内督能履职尽责	3	
考后(20)	反馈机制(10)	考生满意度	有效开展考生满意度调查	2	
			满意度调查内容涉及考生及考评相关各方对评价机构的工作态度、工作质量、信息公开、社会影响力和诚信度的满意程度	1	
			能根据调查结果改进评价服务	2	
		考生诉求处理	能正确处理考生各方面的合理诉求或没有投诉情况	3	
			投诉举报意见处理与反馈及时或没有投诉情况	2	
	分析改进(10)	持续改进	有持续改进工作机制；对监管部门提出的意见建议、满意度调查结果、内部督导情况等进行分析研究，采取纠正问题和预防问题再发生的有效措施；按期完成纠正整改	5	
		信息化建设	应用信息化手段开展评价及质量管控，开展相关考务考评及内部督导系统建设	5	
总分				100	
违纪违规情况		评价活动中发生《人力资源社会保障部办公厅 公安部办公厅 市场监管总局办公厅 关于加强职业技能评价规范管理工作的通知》（人社厅发〔2024〕27号）及其他有关文件已明确的严重或特别严重违纪违规行为的，本次督导记为不合格 行为描述：		

备注：1. 本评分表作为技能人才评价现场质量督导的参考示例，应根据实际需要增减调整其中的内容。例如，本示例表的"内部督导"栏可供外部督导评分使用，如果是内部督导评分，可以删除"内部督导"栏。

2. 质量督导前，应从《技能人才评价质量督导指标》中选择与本次督导目标一致的一级指标、二级指标，在考虑所选指标定性、定量方面的特性及权重基础上配置分值，编制督导操作流程和细化的评分内容及评分标准说明。

3. 评价活动现场包括理论知识考试、操作技能考核以及综合评价等评价现场。对于不同类型评价现场的督导，需要结合实际对评分表内容及分值进行有针对性调整。例如，操作技能考核现场对考评小组工作情况评分，如果换到理论知识考试现场，则调整为对监考人员工作情况评分，且分值比重应符合当次督导目标要求。

4. 技能人才评价质量督导包括对评价机构管理情况的督导、对评价活动的督导、对违纪违规情况核实等内容，针对不同督导场景，应从《技能人才评价质量督导指标》中选取相关指标，设计不同的督导评分表。例如，以职业技能等级评价机构质量管理情况为督导重点时，可以选取与职业技能等级评价机构管理有关的督导指标，设计《职业技能等级评价机构质量管理工作督导评分表》等。

5. 技能人才评价质量督导指标可视情况升级为关键问题指标。关键问题指标涉及技能人才评价中的重要情况或关键质量问题，督导时参照《人力资源社会保障部办公厅 公安部办公厅 市场监管总局办公厅 关于加强职业技能评价规范管理工作的通知》（人社厅发〔2024〕27号）及其他有关文件已明确的违纪违规情况，发现此类情况时，按照相关规定处理。

（三）考评人员评价表示例

示例表4-1和表4-2都可以进一步细化。例如，示例表4-2中"考中部分"的一级指标"考务管理"下的二级指标"工作人员履职"可进一步设计评分表"考评人员评价表"（见表4-3）。

表4-3　　　　　　　　职业技能等级认定考评人员评价表（示例）

姓名		考评人员级别		考评员证卡编号		
组织考评的认定机构						
考评地点						
考评时间		年　月　日　时　分至　时　分				
考评职业（工种）				考评等级		
	考核指标				分值	得分
考评技术评价（60分）	考评的职业标准或备案的规范熟悉程度				10	
	考评程序熟悉程度				10	
	评分标准掌握程度、评分尺度把握尺度				10	
	评分信度/评分差错率				10	
	当考生违规操作、危及人身安全或设备时，能够及时制止，确保安全				10	
	应变能力，能够及时发现考评试题或过程中的问题并提出处理意见				10	
考评纪律评价（40分）	廉洁自律、奉公守纪				10	
	坚持原则，公正公平客观科学				10	
	自觉严格遵守各项规定，及时沟通、自觉回避、安全保密等				10	
	良好的工作态度和服务意识				10	
	总分				100	
质量督导人员意见			签字　　　　　　　　　　年　　月　　日			
委派机构意见			年　　月　　日			

（四）专项督导评分表示例

1. 针对质量督导人员管理工作的《质量督导人员管理专项督导评分表（示例）》（见表4-4）。

表 4-4　　　　　　　　质量督导人员管理专项督导评分表（示例）

被督导机构名称：　　　　　　　　　　　　　　　　机构备案号：
督导日期：　　　　时间：　　　　　　　　　　　　质量督导人员：

一级指标	二级指标	工作程序专项指标	工作环节指标	评分标准（"符合"计满分，"基本符合"酌情计分，"不符合"计0分）	分值	评分
资源管理	质量督导人员队伍建设	培训（20）	申请		5	
			培训方式		5	
			培训内容		5	
			记录		5	
		认证（20）	认证方式		5	
			评价内容		5	
			证卡管理		5	
			聘任协议		5	
		使用（20）	承诺书		5	
			派遣单		5	
			督导报告		5	
			反馈情况		5	
		年度考核（20）	考核方式		10	
			记录		10	
		档案管理（20）	台账、记录		6	
			信息化		6	
			备案情况		8	
总分					100	

2. 针对命题管理工作的《职业技能等级认定机构自主命题质量专项督导评分表（示例）》（见表4-5）。

表 4-5　　　　职业技能等级认定机构自主命题质量专项督导评分表（示例）

被督导机构名称：　　　　　　　　　　　　　　　　机构备案号：
督导日期：　　　　时间：　　　　　　　　　　　　督导（组）员：

一级指标	二级指标	评分标准（"符合"计满分，"基本符合"酌情计分，"不符合"计0分）	分值	评分
命题管理的规范性（25分）	管理职责明确	有专门的命题管理或试题开发岗位和相应工作人员（不能由外单位人员兼任），有明确的岗位职责要求	5	
	制度建设完备	有命题管理、试题开发使用、安全保密等相关制度办法，与现行有关规定和要求相一致且符合本机构实际	4	

续表

一级指标	二级指标	评分标准（"符合"计满分，"基本符合"酌情计分，"不符合"计0分）	分值	评分
命题管理的规范性（25分）	安全保密严格	试题试卷的编制、存储、传输、发放、回收、销毁等环节符合有关保密要求。题库管理系统、试题试卷有关载体的保管、传输、销毁等符合安全保密要求；有题库试卷使用情况记录，确保题库使用责任可追溯；所有参与试题开发管理的人员均应签署保密承诺书或保密责任书，相关人员上岗前应进行安全保密教育或培训	4	
	设备场所合格	存放题库和存储、印制试卷的场所符合防火、防盗、防潮、防虫和安全保密要求，具有报警和不间断监控设备且处于正常工作状态。设备场所满足工作需要	4	
	专家队伍健全	命题专家具备相应资质条件、数量合理、与开展评价职业相匹配，能够满足试题开发工作需要	4	
	命题流程规范	命题流程清晰、合理，相关要求明确，有相应的工作过程记录或证明材料	4	
考评蓝图的合理性（25分）	考评内容完备	理论知识和操作技能考评要素细目表（含考核内容结构表）、组卷计划书等所包含的考评范围、考评点符合国家职业标准或经人力资源社会保障部备案的行业企业评价规范要求	5	
	考评可操作性	理论知识考评点概念清晰、表达准确，各考评点间互相独立可考；操作技能考评点设置合理，可操作性强	4	
	要点数量充足	理论知识和操作技能考评要素细目表中的考评点数量充足，能够满足组卷需要，重要考评点所占比重不低于85%；理论知识考评点原则上每个等级不少于200个（对于部分新职业，可以结合国家职业标准有关要求合理确定考评点数量）	4	
	题型方式恰当	考评方式与国家职业标准或经人力资源社会保障部备案的行业企业评价规范相关要求相一致；理论知识考试题型符合相应知识特性、考生认知层次等，对于技师以上级别，原则上应包含一定数量的主观题；操作技能考核方式设置合理，与考评点特点相适应	4	
	权重符合标准	各考评范围的权重与国家职业标准或经人力资源社会保障部备案的行业企业评价规范相一致；对于操作技能考核，应综合考核内容结构表、考评要素细目表和配分与评分标准判断权重的一致性	4	
	代码设计合理	各考评范围和考评点的代码设计合理，标注正确	4	
试题试卷的科学性（25分）	试题内容正确	试题应坚持和体现社会主义核心价值观，内容正确无争议。理论知识试题题干完整，答案唯一；操作技能考核项目应为典型工作任务且具有代表性，考核试题完整，评分标准细化可操作，否定项设置合理；无偏题怪题	5	

续表

一级指标	二级指标	评分标准（"符合"计满分，"基本符合"酌情计分，"不符合"计0分）	分值	评分
试题试卷的科学性（25分）	试题表述准确	试题表达清晰、表述规范、无歧义，专业术语的使用符合本行业现行有关规定，能有效实现考评目标、体现考评内容及国家职业标准或经人力资源社会保障部备案的行业企业评价规范要求	4	
	内容有代表性	试卷内容与考评蓝图所确定的考试内容一致，能够完整体现国家职业标准或经人力资源社会保障部备案的行业企业评价规范要求，且体现重要考评点的试题占比不低于85%；试题间具有相互独立性，无重复或提示现象，无歧视特定群体（如民族、地域、性别、职业、年龄等）的内容	4	
	试卷编排规范	试题编排顺序合理，试卷格式符合有关要求，排版规范，无错排漏排；试卷说明应体现评价机构名称、职业（工种）名称、等级、考核时长等基本信息	4	
	题量时长适宜	试卷题量能够有效覆盖考评蓝图所确定的考评点，且与考核时长相匹配；考核时长应符合国家职业标准或经人力资源社会保障部备案的行业企业评价规范要求，且符合生产活动实际	4	
	反馈机制健全	对试题试卷质量进行统计分析，并根据分析结果修订完善相应试题，建立试题反馈修订机制	4	
题库卷库的完备性（25分）	题库存储规范	具有题库专用计算机，由专人管理，设置开机和系统登录口令且定期更换，定期备份题库，确保题库计算机数据安全	5	
	系统设计合理	应配备专用的题库管理系统，能够满足组卷规则要求，实现自动抽题组卷；系统应设计严谨，功能完备，操作便捷，能够满足题库运行工作需要	4	
	建库规则科学	题库开发技术科学，组卷规则设计合理，确保所有试卷内容均与考评蓝图一致，不同试卷之间难度等值，质量稳定	4	
	试题数量充足	试题数量能够满足开展评价工作需要，且保证在一个更新周期内不出现重复试卷；理论知识题库原则上每个考评点不少于5道题，且题型分布合理，每个等级应不少于1 000道题	4	
	试题参数完备	每道试题具有必备的参数，如内容参数、题型参数、难度参数等，且参数标注正确	4	
	更新频率适宜	题库应每年进行修订，原则上每3~5年更新一次。当新版国家职业标准正式颁布或经人力资源社会保障部备案的行业企业评价规范有更新时，应及时更新题库；题库更新后，应有更新说明或新旧细目表和题库的对比说明	4	
总分			100	

续表

一级指标	二级指标	评分标准 （"符合"计满分，"基本符合"酌情计分，"不符合"计0分）	分值	评分
不合格项		评价机构发生下列行为之一的，本次命题质量专项督导为不合格： 1. 无国家职业标准（评价规范）开展命题； 2. 试题内容与国家职业标准（评价规范）严重不符； 3. 试题内容违背正确的政治方向或易产生错误的价值导向； 4. 出现违反试题有关保密规定的不良行为		

备注：1. 该评分表提供的参考指标，供各地在开展命题质量专项督导或试题质量审核评估时选择使用，各项评估指标、评价标准及分值需结合实际进行选用和调整。

2. 在二级指标"专家队伍健全"的评价标准中，命题专家团队可以从试题内容专家、命题方法专家、信息技术专家等方面选择组建，试题内容专家通常由来自院校和企业生产一线的专家共同组成。

3. 在二级指标"考评内容完备"的评分标准中，"考评要素细目表"即原"鉴定要素细目表"，"考评范围""考评点"即原"鉴定范围""鉴定点"。

第二节　督导组的工作方法

- 督导组的建立和督导准备工作
- 实施现场督导工作
- 现场督导结束后的工作

无论是外部督导，还是内部督导，为了坚持客观性评估原则，通常由督导组开展。本节结合督导团队的部分特点，讨论督导组在组建和行前准备、实施督导、总结报告不同阶段的重点工作。

在质量督导工作过程中，质量督导人员应坚持原则，按照当次质量督导目的，运用符合当次督导任务要求的质量督导工作方法，发挥自身专业能力和经验，注重团队分工与合作，使督导工作符合各项相关要求。

一、督导组的建立和督导准备工作

质量督导由技术指导和监管部门组建督导组,因督导工作具有内容多和时间有限的特点,委派机构应督促督导组认真做好督导前的准备工作。

(一)建立符合督导工作特性的督导组

1. 客观性

无论采用何种质量督导方法,根本目的都是通过收集真实、可靠的资料与信息进行量化分析和统计。观察评价现场工作程序,客观地反映情况,得出结论,以规范评价行为和解决质量问题。客观性原则是质量督导人员必须坚守的基本原则。具体可以从两个方面保证:一是督导组应确立采用科学、合理、可行、针对性强的督导方式方法;二是质量督导人员应遵章守纪和客观公正,不能歪曲事实,更不能主观臆造。

2. 专业性

质量督导人员既要全面了解技能人才评价的方针政策规则、考评条件标准,又要熟练掌握质量督导的技术方式方法、职责要求规定,才能专业地开展督导活动,实现督导目标。通过培训考核,积累经验等途径,不断提升质量督导人员专业素质素养、督导能力水平。

3. 全方位

技能人才评价涉及面广、内容丰富,既有静态的也有动态的,既有过程也有结果。督导组应发挥团队工作优势,发挥每位督导人员的特长,在实施质量督导活动时应从评价实施机构管理、考场管理、仪器设备管理、考评人员和考生等多方面、多角度进行,做到全面、客观,减少偏差错误。

质量督导应重视评价全过程及所有环节,同时体现在从各个环节的不同角度、不同方面关注不同相关要素,以及涉及过程和内容、影响评价的不同因素、相关各类人员、不同渠道相关信息等。只有全方位客观反映督导对象的真实情况,才能避免以偏概全。

4. 深入性

在保持全面性的同时,需要深入实际、由表及里。深入调研,深入分析,发现问题本质,不能蜻蜓点水、流于浅表。

深入性原则是保证督导组工作取得实效的关键,认真的态度是深入督导的保证。督导组应在坚持客观性和全方位原则的基础上对质量督导人员提出工作深入性的进一步要求。只有深入,才能发现问题;只有深入,才有可能解决问题。"深入"既有深入观察的含义,也有深入研究的含义。进行现场督导就要身临考核评价现场,或评价工作一线,切实将每一个督导指标对照到每一个环节、每一张表单、每一位工作人员,从众多事物现象中察觉到问题。深入分析研究,追根溯源,发现问题症结所在。必要的沟通讨论是督导组常用的工作方法,在深入调研分析活动中,配合默契的督导组比单独行动的督导人员具有明显的优势。

5. 适合性

适合性包括多方面含义:在质量督导前的规划阶段,要根据被质量督导对象的特点和质量督导目的设计质量督导方案。在实施质量督导的过程中,无论是运用"面对面"式的访谈法,还是"背对背"式的问卷法,都需要根据被调查对象的特点设计问题,使问题能够回答、便于回答。尤其是在访谈过程中,更要多方面考虑,解除被访谈对象的顾虑,获取真实的信息。设计的问题如果不便于回答或者无法回答,就达不到质量督导的目的。在督导实施过程中,督导组通过内部讨论,可以及时调整方案,纠正原方案中不符合实际的内容,保证督导工作顺利推进并实现督导目标。

6. 可行性

实施质量督导,既要遵循技能人才评价和质量监管工作普遍适用的基本原则和方法,也要结合评价机构实际情况,充分考虑各方面因素,设计合理的质量督导方案,采取恰当的质量督导方法,增强督导实施的可行性。

例如,在进行访谈、问卷时,应考虑不同类型调查对象的特点,从实际出发设计访谈或问卷的内容,只有这样,才能得到较为客观的结论。考虑到评价现场的具体情况,访谈时间不宜过长,问卷内容不宜太多,避免引起被调查者厌烦心理,同时应重视调查对象个人隐私信息保密等问题,如采取匿名问卷方式提高调查对象答复的自由度,目的是了解他们的真实想法。还应考虑到调查对象各不相同,能力、阅历、文化程度的差异,因此在设计问卷时语言应通俗易懂,内容简洁明了,避免歧义。

7. 有效性

有效性是进行质量督导过程中必须坚持的重要原则,也是衡量质量督导活动质量的重要指标。督导组应始终关注工作的有效性,无论采取哪种质量督导检查方式,都要有效实现督导目的。保证质量督导的有效性,要围绕质量督导目的设计督导方案,选用督导指标,确定恰当方法,使督导对象易于测量和量化分析,充分发挥督导成员优势,尽量增加督导组工作成效。

要保证观察的有效性,就应保证抽样的科学性和样本的典型性;要确定督导方法的有效性,应先判断其针对性和可行性。督导组成员应分析得到的信息是否真实反映被督导对象的情况,督导组应综合从各方面(考生、考评人员、鉴定机构人员、培训师资等)得到的信息,辩证、客观地分析现象,发现和研究问题,将不同方面的信息进行系统分析,获得更加可靠的结论。

(二) 人员配备

1. 合理搭配

督导工作是对技能人才评价的整体或局部（某个过程或某几个专项工作内容）进行监督检查评估指导，督导内容既有政策方面的，也有技术方法方面的，督导组需要通用型人才，也需要专门型人才。通用型，是指质量督导人员应熟悉督导业务和相关要求，特别是技能人才评价相关政策法规和评价管理工作程序及质量督导工作规程等技术要求。专门型，是指可以考虑选用有不同职业背景，熟悉考评、命题等不同领域的质量督导人员参加督导组。

2. 明确分工

外部督导时，督导组成员可能来自不同单位，督导前有行前会，会上研究计划、编制方案、培训分工、准备资料等；分工将考虑督导组成员适合于督导过程中听取汇报、访谈提问、查看资料、记录汇总，以及现场督导后的分析总结、撰写督导工作报告等具体工作中的哪些角色。因此，在督导组成立之初就要合理分配任务、责任明确到人，以便做到协同配合，保证督导工作顺利完成。

3. 认真培训

由于每次督导内容不同、人员业务水平不同，因此，在现场督导工作之前要对督导组成员进行必要的培训，了解当次督导的目标与重点，熟悉基本工作方法，统一掌握发言口径和评判尺度，使督导组成员具备按质按量完成督导任务的能力。

在实施质量督导之前，需要确定质量督导的对象和工作范围。例如，是全面覆盖评价机构管理总体情况还是选择部分质量管控样本，是完整考察评价活动全部典型过程和内容还是重点关注局部环节。通常在确定督导对象和范围时，还要确定选用的技术方法，例如普查法、抽样法、典型法、个案法等。

(三) 策划部署

安排部署督导工作的主要内容包括针对工作和针对机构两个方面。

1. 针对工作

应研究当次督导任务目标，做好督导工作策划和各项准备。

对评价活动的督导，应结合当次督导目标和具体要求，结合实际情况，执行任务前，可以协调相关机构提供数据核查或大数据筛查等，为督导和调查工作提供数据支撑。

参照质量督导指标体系，编制督导所用的评估（评分）表。对分级指标赋予分值时，督导组应进行充分讨论；评分方式有多种选择，比如百分制、优良中差等级制等，由小组商定。委派机构应安排专门的联络人，以方便督导组与委派机构的联系，在需要时及时沟通。

2. 针对机构

通知被督导的技能人才评价机构。如果不是突击抽查或暗访，一般应在监管委派机构确定督导任务并成立督导组后，将督导安排提前告知接受督导的评价机构。

二、实施现场督导工作

督导实施现场的工作既有分工行动，也有小组合作。

（一）现场督导工作

督导组须坚持督导工作原则，根据督导对象实际情况进行评估评分。如果在实际评分中发现分值设定方面存在问题，建议进行小组研判。督导组现场督导工作的具体内容参照本书第二章。

1. 对过程质量的督导

在督导实施现场，每位质量督导人员都应按照工作程序和预先安排的任务分工，完成自己分内的工作，同时，在遇到问题时，应及时与工作组其他成员沟通。

（1）注重过程

督导组工作计划中的工作全过程涉及评价机构人员管理、资源管理、档案管理、信息管理、质量改进管理等过程，或技能人才评价实施活动中的报名管理、题卷管理、考场管理、成绩管理、证书管理等过程。督导应重视工作过程完整性。

（2）注重细节

工作过程中包括具体工作环节，例如，在机构管理过程中包括管理承诺、文件要求、组织结构、职责分工、管理评审、人员培训、工作环境、设施设备管理、服务策划、咨询反馈、档案管理、满意度调查、内部督导、持续改进等环节，评价活动包括发布评价公告、组织考生报名、考场安排、抽题组卷、传递试卷、考评人员管理使用、考场安排和纪律、评分阅卷及成绩登统、补考、印发证书等环节，还要关注各环节工作接口及其衔接、风险防控、应急预案等内容。观察、记录、分析，细节决定成败。

（3）注重实效

质量督导人员应注意保证督导检查工作无纰漏，并提高检查和记录的工作实效。自我评估督导效果有助于提高工作实效，而小组成员互相评估工作效果则更加客观。督导组应注意保留定量分析需要的基本数据信息和定性评判所需的客观资料证据。

2. 对内容质量的督导

评价工作的内容质量将直接关系评价结果的公信度。对评价工作内容质量的督导，例如，涉及考题试卷、考生分数或考评结果、证书等方面内容，需要督导组掌握一定的专业技术、具有一定的技术资源和运用技术支持的能力。这里以督导命题组卷管理为例,简要介绍质量督导相关技术。

质量督导人员首先要清楚命题的重要性和特点。技能人才评价的目的是利用一定的测量工具对考生某方面内在特点与水平进行评定。任何一项考试活动,都包括三个主要技术环节:确定考试目标、依标命题组卷、实施考核评价。命题即按照考试目的制作测量工具的活动。试卷内容决定了考评范围和水平,同时,试卷中题目的提问方式,如理论知识试题中的选择题、实际操作试题中的制作题、口头提问题等决定了考评实施方式。因此命题在很大程度上影响评价的科学性、有效性、公正性,是评价工作中技术性很强的一项工作。

在职业资格改革前,职业技能鉴定命题工作一直以国家职业标准(或职业技能鉴定规范)为评价内容依据,制定统一的技术规范——命题技术标准,确立内容明确的评价内容目标体系——评价要素细目表,形成规范的命题方法与步骤——试题编写与试卷编制,用以保证命题工作的理论依据充分、操作过程规范、实施方法便利、结果现实有效。经过多年探索实践,人力资源社会保障部职业技能鉴定中心在命题质量控制和质量保证手段、题库建设工作中总结了许多宝贵经验,逐步形成了一套比较成熟的技术方法。制定的命题技术标准包含了"术语""评价要素细目表""试题""试卷""题库和卷库"和"命题质量评估"等部分,对评价命题工作中涉及的主要技术因素给予了界定和说明,长期作为命题管理人员和命题内容专家使用的技术指南,有力地推动了命题管理、促进了质量保证工作。质量督导人员应了解命题的指标体系,知道命题的内容技术和命题操作技术,学习测量技术在命题质量控制方面的运用,例如,对使用测量工具反映考试内容的技术在操作技能考核命题中的价值有清晰的认识等;再如,应熟悉"评价要素细目表"相关内容,包括其基本概念、内容、结构、功能等、细目表编制原则、基本编制步骤、编制方法细则等。

随着职业技能等级认定工作的推行,在以往工作基础上,不但需要进一步加强命题组卷质量管控技术的研究,而且迫切需要通过探索建立适应新形势、新要求的命题组卷技术指导服务工作机制、切实提升可靠性强的满足评价机构需求的命题服务能力水平。督导工作可以在关注命题管理质量和命题服务质量方面发挥积极的作用。

当命题管理质量作为专项督导目标时,质量督导人员掌握的命题组卷技术要素方面的知识经验就非常必要。质量督导人员对充分有效的测量模型、题量要求、组卷模型的熟悉,是顺利推进这类内容质量专项督导的有利条件。

(1)对试题的质量评估

试题构成试卷,试题命制合格是保证试卷质量的基础,对试题命制的质量评估应该关注题卷总设计、试题有效性、卷面整体性、结果可控性、程序规范性等内容。关注难度、区分度和公平性等内容。

1)题卷总设计。依据国家职业标准(评价规范),查证命题组卷的总体设计思路方案乃至细节说明，与国家职业等级标准要求的考评点分布的一致性。注重完整性，即设计全面、考点完整覆盖国家职业标准"基本要求""工作要求"确定的考评范围；明确性，即考点明确、无争议、无歧义；精准性，即权重设定科学、恰当，与国家职业标准相应职业等级要求一致；适宜性，即考评方式适宜；时效性，即设计符合当前要求，不过时、不超纲等。

2）题卷有效性。督导工作高度关注试题的有效性，包括试题在准确性、标准化、时效性等方面的情况。例如，试题表述是否清晰、信息足够、提问明确，试题表述/考评方式与相关职业等级要求相符合的程度，与设计时效的一致性，试题标出各项参数（如难易度等）且参数符合评测标准化要求，即相关职业等级标准的相应规定的程度等。

3）试题公平性。试题公平性是一个重要因素。应判断试题命制和选用是否存在对特定群体的歧视，应对所有考生一视同仁。影响公平性的因素主要有：试题内容，考生因素（年龄、性别、民族、文化、残疾、教育背景、经济地位等），评价过程，考评方式，考场纪律，考试时间一致性等。

影响公平性的因素通常都是和考试目标本身没有必然关联的因素。需要注意的是，如果某一因素是考试目标内容中应该具有的，则不将它看作不公平现象，这符合技能人才评价标准参照性质。

例如，下列选择题：

西湖龙井的产地是（　　）。
A. 浙江新昌　　　　　　　　B. 江苏苏州
C. 浙江杭州　　　　　　　　D. 江苏南京

答案：C

从表面看，这道试题可能会对浙江省考生，尤其是浙江省杭州市考生有利，从而影响试题的公平性。不过，如果这属于考生必须掌握的内容，那么就不应被视为影响公平性的问题。

4）试卷可靠性。督导关注试卷的卷面整体性及完整程度、可靠性程度。包括题型、题量、区分度和难易度。题型是否符合考评方式特点的有关要求，题量是否符合有关职业等级标准和实际要求，能否有效区分考生水平差异，试题难易程度及排序的合理性等。

①难度。难度是指试题的难易程度，一般用通过率（P）表示，即答对该题的人数和参加考试的总体人数的比值。对于某一考生群体来说，一道试题，答对的人多，通过率高，说明试题相对容易；答对的人少，通过率低，则说明试题相对较难。所以，用通过率显示的难度是相对于考生的总体水平而言的，对某一考生群体较难的试题对另外一个总体水平较高的考生群体而言可能会比较容易。

在一般情况下，对于某一特定考生群体来说，通过率 $P<0.2$ 的试题属于偏难，$P>$

0.8的试题属于偏易，0.4<P<0.6的试题属于难度适中。比如，就一份试卷而言，试题平均难度以0.5左右为宜。

质量督导人员可以通过访谈、问卷等方式了解考生对试题或试卷难易程度的主观性反映，更可以通过专门的统计数据，分析试卷中试题的难易分配是否合理，不同试卷的难易水平是否基本一致。技能人才评价属于标准参照型考试，保持试卷之间的难易基本一致，是证书效用一致性和对考生公平性的技术保障。

②区分度。区分度是反映试题能否有效区分考生水平差异的指标，取值范围为-1~1。区分度越高越好。

区分度的表示方法较多，其中一种是用高分组中答对者和低分组中答对者所占比率的差值表示，比如，某试题如果高分组有70%的人答对，低分组只有30%的人答对，那么其区分度就是0.7-0.3=0.4。

区分度高的题目，能力高的人都能答对或者得高分，能力低的人不容易答对；区分度低的题目，不同能力的人得分相差不大。

与难度一样，试题的区分度也受到考生整体的影响。如果考生能力水平的异质程度（差异性）高，则较容易形成较高的区分度；考生的水平差别不大，不容易形成较高的区分度。所以，在考查区分度时，应综合考虑考生团体构成情况，以便做出比较客观的判断。

试题的难度会影响其区分度：太难或太容易的题目区分度通常较低，中等难度的题目通常可以达到较高的区分度。

质量督导人员应了解运用这些参数评估命题质量的复杂性。例如，作为试题特征参数，标准参照测验与常模参照考试之间有着较大差异。在标准参照测验的试题参数中，占据首要地位的是题目和目标的一致性参数，用于描述试题对评价内容的代表性程度，这是常模参照考试中不强调的。此外，两类考评形式的难度、区分度参数含义不同。在标准参照测验中，难度不是简单识别受测群体的卷面通过率，而是分别计算达标组和未达标组通过率，并在筛选试题过程中要求对未达标组选难、对达标组选易。同理，标准参照测验的区分度描述了试题对达标组与未达标组进行区分的能力或对这种区分所作出的贡献，这不同于常模参照考试中用区分度描述试题对受测人员能力进行区分的表现。

质量督导人员可以通过访谈或问卷、进行统计分析或查验统计分析结果，了解试题的区分度是否符合相关要求。

5）结果可控性。关注题卷使用的效果是内容质量督导的重点。质量督导人员对照试卷的整体难度和区分度，分析其信度达标程度、效度实现程度，关注题卷使用结果是否可控，对试题使用的效果进行评估，是判断内容质量高低的关键方法。

①信度。是指考评分数的稳定性和可靠性，即考评分数不受随机误差因素影响而上下波动的程度。

在技能人才评价工作中，考场环境、天气情况、考生精神状态、考评人员语言、行为等都可能影响考生成绩。特别是在操作技能考核、论文答辩等存在一定主观性评价活动中，评分标准需要考评人员把握，考评人员个人经验和倾向性在一定程度上影响考生成绩。例如，考评信度研究发现，通过比较不同考评人员对同一考生的评分结果的差异，可以发现分数差距在不同科目中的区别：主观题所占比例较高的科目明显高于客观题所占比例较高的科目。因此，同主观题相比，客观题容易实现较高信度。

质量督导人员一方面应关注考评实施现场各主要环节的统一和规范，减少随机误差影响；另一方面可以从考评前后环节，例如，考评人员培训、组卷管理、阅卷评分环节等，严格评分标准一致性、减少考评人员个人经验差异造成的误差，同时，如果被督导对象对考评工作进行了统计分析，可以查验其信度指标是否合格。

但"真实、可靠的考试不一定有效"，高信度只是高效度的前提，而效度是衡量评价质量最重要的指标。

②效度。是指标准参照型评价工作及手段能够准确测量考生，实现评价目标的程度和有效性。考评反映考生某方面的特征，如果这些特征恰好是在评价中想测量的内容，及评价结果反映所想要测量的内容，这项评价就有效。评价结果与要测量的内容越吻合，则效度越高；反之，则效度越低。

质量督导人员要了解效度信息，可以通过访谈、问卷等方式了解考生对试题的反映，例如，比较考生是否在实际工作中比未通过评价者有较好的表现，或分析考生成绩的高低是否和培训教师对其评价的好坏一致等情况。

6）程序规范性。对命题组卷工作的质量评估，需要遵循一定的规则要求。仅将一些合格的试题集中在一起并不一定能得到一份合格的试卷，在关注试题、试卷本身质量的同时，对命制试题、组成试卷的过程严格把关，关系到试卷使用的效果。所以，质量督导人员在督导过程中还应关注命题组卷的程序规范性，这有助于发现可能影响考题试卷质量的各种人为因素，增强督导工作实效。

内容质量也有过程控制。以题库开发过程为例，包括题库目标确定、测量模型建立、命题规则制定、试题征集与编制、试题审定、入库试题录入和校对、题库运行试验等，质量督导人员对其主要步骤的了解，是完成相关质量督导内容的前提。

管理程序标准化是督导工作标准化的前提，督导工作不仅要发现相关管理工作中存在的问题，也应能给被督导机构和人员提出正确的管理要求和质量相关因素，包括试卷的印制、储存及环境、运输及条件、交接、使用、收回、存档、销毁等，相应级别的保密规定、人员管理规定和培训等情况。质量督导人员同时应熟悉试卷考评内容与方式所对应的考评现场环境要求，参照本书第三章相关内容。

(二)督导实施中的基本方法

1. 基本方法

(1) 普查法

普查法是指为详细地了解全体质量督导对象情况而专门组织的一次性、大规模的监督和检查活动。该方法的优点是收集的信息资料比较全面、系统、准确可靠;缺点是涉及面广、工作量大、时间较长,需要投入大量的人力和物力,组织工作较为繁重。

(2) 抽样法

抽样法是指从质量督导对象总体中选择或抽取一部分对象作为样本,通过对这些样本的考查,进一步推断质量督导对象总体情况的方法,即以"点"反映"面"、从特殊到一般的方法。

(3) 典型(检查)法

典型(检查)法是指从质量督导对象中选取若干具有代表性的个体进行监督和检查,以少量类型概括或反映总体,从特殊性中发现一般性。该方法的优点是范围相对较小,较为灵活、具体,节省人力、财力和物力等;缺点是在实际技能操作中选择真正有代表性的典型对象比较困难,而且还容易受人为因素干扰,从而可能导致质量督导结论有一定的主观倾向性。

(4) 个案法

个案法是指从质量督导对象中选取一个或几个对象进行深入、细致调查。个案法对象明确、内容专一、涉及面小、针对性强,但结果的稳定性和有效性较差,得到的结论不一定具有普遍性,不能从该对象的情况推论总体的情况。

(5) 访谈法

访谈法是指采取有目的、有计划、有方向的口头交谈方式向被访谈者(包括评价机构负责人、评价管理人员、考评人员和考生,下同)了解评价质量工作与活动(包括现场的和事后的)的质量督导方法。它是一种比较常用的资料搜集方法,在机构督导和评价活动督导中都可以使用。

(6) 现场观察法

现场观察法是指带有明确目的,用自己的感官及辅助工具直接地、有针对性地收集资料的方法。现场观察法强调的是如实、客观地对所观察现象进行描述。质量督导人员应该从观察开始,掌握被观察对象全面、真实情况,认真记录,防止走过场,保证质量督导工作的实效。

(7) 问卷法

问卷法是质量督导工作中经常采用的方法之一。它是指质量督导人员根据特定的目的设计问卷,围绕考生、考评人员、评价机构管理人员以及考核场所工量器具设置等一系列问题搜集答案，并对回答结果进行汇总分析，以反映督导对象的总体情况的一种方法。问卷法形式多样，可以是书面纸质的形式，也可以是网络电子的形式。问卷法的特点首先是省时、省钱、省力，调查范围广；其次是其得到的资料便于分析，主观性和偏见少；最后是其有很好的隐私性，能消除被调查者的顾虑，得到较为真实的信息。

（8）文案调查法

文案调查法又称为间接检查法，是质量督导人员利用质量督导对象的内部和外部、过去和现在的各种信息、资料，对有关质量督导内容进行分析研究，从而获取有效质量督导信息的一种质量督导方法。文案调查法的优点是时间短、费用低，不受时间和空间的限制，不受质量督导人员和被督导者主观因素的影响，但这种方法实效性差，各种文案信息的一致性不高，材料利用率较低。

（9）统计分析法

统计分析法是一种利用统计学方法来分析和研究数据，从而揭示事物之间相互关系、变化规律和发展趋势的研究方法。质量督导人员通过收集、整理和分析相关数据，特别是获得评价活动重要方面本质性的和关键环节规律性的信息，以数学建模和数理统计方法对数据进行定量分析，发现问题并提出解决问题的办法，可为评价机构管理、评价工作提质提供可靠信息，形成督导结论。

2. 督导工作方法比较

比较上述各种督导工作方法，其优缺点和适用范围见表4-6。

表4-6　　　　　　　　　　部分督导方法比较表

名称	优点	缺点	适用范围
普查法	全面、结论可靠	时间长，人力、物力消耗较大	专项督导
抽样法	通过少数样本反映总体，省时、省力	需要制定科学、合理的抽样规则	机构管理督导 评价活动督导
典型（检查）法	较为灵活具体、省时省力	"典型"由人为确定，容易造成取样偏差	机构管理督导 评价活动督导
个案法	对象明确，内容专一，涉及面小，针对性强	结果的稳定性和有效性较差，得到的结论缺乏普遍性	专项督导 评价活动督导
访谈法	信息获取迅速、快捷、集中，较易得到真实信息	范围有限，易使被访谈对象产生顾虑	机构管理督导 评价活动督导
现场观察法	信息获取最直接、有效性强	范围有限，对抽样的要求比较高	评价活动督导
问卷法	能有效消除被调查者的顾虑，调查范围较广，得到的信息主观性和偏见较少	需要精心设计问卷，要保证问卷具有科学性、针对性和可操作性	机构管理督导 评价活动督导

续表

名称	优点	缺点	适用范围
文案调查法	用时较短,费用较低,受时间和空间的限制少	各种文案信息的一致性不高,利用率较低	机构管理督导 评价活动督导
统计分析法	客观,明确,说服力强	数据的收集、处理比较费时、费力	机构管理督导 评价活动督导 专项督导

在实施质量督导的过程中,可以通过查阅技能人才评价机构的各种相关文件、制定的各种规章制度、有关考务措施和考生举报或反馈的记录,了解评价机构的质量控制能力和成效。调查收集工作可以设计使用表格(见表4-7)。

表4-7　　　　　　　　技能人才评价现场信息调查收集表

调研机构名称			调研时间	
项目		对象		
		考生或考评人员	培训/评价组织方	其他相关方
标准教材	适合性			
	滞后程度			
试题试卷	题量题型			
	难易程度			
	针对性			
考评方法	灵活度			
	有效性			
	科学性			
组织方式	可行性			
	方便性			
	烦琐度			
试卷传送	速度			
	保密性			
	调整度			
其他信息				

质量督导人员意见　　　　　　　　　　　　　　　　质量督导人员签字:
　　　　　　　　　　　　　　　　　　　　　　　　　年　月　日

任何工作的方法都是多种多样的。督导组工作方法并不限于本节介绍的方法，篇幅有限，每种方法的介绍也没有举实例展开说明，质量督导人员需要综合考虑各种情况，对具体问题做出具体分析，灵活运用，并积累经验。

三、现场督导结束后的工作

在评价机构的现场督导工作完成后，督导组重点要完成编写和提交总结报告等任务。除了通常需要报告的内容外，督导组的委派机构可以明确督导组在总结中应该报告的事项，如督导评估标准在具体应用中的建议、对评分表赋分工作的建设性意见等。

（一）现场督导结束后的工作及方法

1. 资料分析

在督导现场的任务完成后，应根据现场督导过程中得到的相关数据资料，对评价工作各个环节的质量情况进行分类、汇总、分析，做出客观评价，包括定量统计、定性分析、比较分析等方法。例如，一些督导指标要求采用统计分析法进行评估、评分，在综合运用多种方法之后得到的结果，也需要进行统计分析才能得到更加明确的结论。

2. 赋分技术

标准化督导评分、广泛的督导覆盖面，与丰富的督导实践经验、科学的大数据比对相融合的技术赋分，有助于更客观地评估技能人才评价机构在当前环境中的状态、获得更有价值的督导结论和对评价机构及其整体质量状况的全面评估，所以，赋分技术是一项需要重视尝试、逐步完善的督导方法。不仅要把握好现场督导时对每个评估项目分值确定的科学性，关注质量督导人员评分尺度的把握，而且应注重现场督导结束后赋分技术对不同评价机构接受督导后得到的评估结果的公平性，尽管现场督导工作已经结束，仍应深入的分析，不应忽视赋分等督导技术的研究应用。

3. 归纳存档

督导的委派部门将必要的资料汇总在一起，注意分类和注重反映整体质量情况。在分类方面，以对督导指标应用的研究工作为例，可以将所有反映督导指标应用的督导报告集中在一个文件包中，以督导指标为主题编辑督导报告目录和资料内容提要。例如，专题研究"避免质量督导人员因个人情感、倾向等因素影响督导评估的可靠性和有效性"这个问题，分类存档将有助于选取相关资料，有针对性地研究在督导工作中使用更易操作的量化指标，降低质量督导人员主观因素影响的督导技术方法。

（二）编写和提交质量督导报告

1. 质量督导报告的特点

质量督导报告是反映质量督导工作目的、过程与结论的一种书面总结，是督导组运用一定的理论和方法对评价机构管理情况或某批次评价活动或一项违纪违规情况调查核实任务的基本情况形成的包含问题描述、明确结论及建议的书面报告,也是监管机构通过督导了解评价工作情况的重要方式。督导报告主要有以下特点。

(1) 针对性强

质量督导目的是强化评价工作的质量保证,其报告反映技能人才评价质量情况,供委派机构和被督导的评价机构采取措施,提高评价质量管理能力水平。

(2) 求真务实

客观、真实是督导报告的生命力所在。报告提及的情况和数据的真实性和准确性,关系到督导工作信度和效力。督导组要对报告的情况和数据负责。必要时,督导委派机构对获得的情况和数据进行验证。

(3) 揭示本质

通过现象发现本质,揭示问题发生的原因和规律。督导报告不应只是简单描述现象,不应成为督导或评价工作流水账,简单堆积情况资料,甚至将各种到手的资料都搬到报告中的报告,这样既浪费时间,又缺乏价值。编写报告的目的在于从客观事实中研究内在联系,反映事物本质,揭示质量保证的规律性,用以指导更多的技能人才评价实践。

(4) 合理判断

不论是对评价机构进行督导,还是对某场评价活动进行督导,不论是全面督导,还是局部督导,对每一项督导发现都要注意考察周全、证据充分。在深入分析、客观评估后,进行合理判断,不能以"偏"概"全",以个别代替一般。

(5) 抓住典型

督导报告要反映具有代表性的事例,突出重点问题,注重督导工作的警示效果。

2. 质量督导报告的结构

一份完整的质量督导报告一般可以包含题目、前言、正文、结论和附录等部分。正文的结构可分纵式、横式和纵横交叉式三种。

(1) 纵式结构

即按照事物发展的时间顺序叙述过程,阐明观点。这种结构在把握材料方面比较容易,使观点与材料相统一地展示督导全过程(表象),并顺理成章地揭示督导结论(本质),提出督导建议(与推进评价事业发展相关的规律)。

(2) 横式结构

横式结构是指把质量督导的基本事实和督导形成的结论观点按其性质或类别分成若干部分,平行排列,分别叙述,从多角度和多方面说明报告主题。

(3) 纵横交叉式结构

即将上述两种结构综合运用。一种是以纵为主,纵中有横。它以事物来龙去脉、过程演变为基本线索,然后在每个部分采取横式结构,抓住若干问题集中讲深、讲透。另一种是以横为主,横中有纵。这种结构主要是以性质或类别为主,在每个问题里又按时间顺序叙述。纵横交错式结构既有利于讲清问题来龙去脉,又有利于按性质或类别深入、广泛、综合论述。

3. 质量督导报告的基本内容

在撰写质量督导报告时,一般应包含以下内容。

(1) 质量督导基本情况介绍

质量督导基本情况包括被督导机构质量管理和/或该机构进行评价的基本情况、本督导组工作情况(过程和方法等)及其他相关信息。

(2) 基于事实的分析判断

质量督导报告的重点是对督导对象的重要情况或关键数据进行分析研判。在陈述事实与分析判断过程中,应详细报告采取的督导方法以及得到的各种信息。例如,采取访谈法获取的各方面的信息反馈,通过现场观察法发现的情况和问题,采取问卷法得到的相关信息等,都在督导报告中如实、客观地报告,不因个人主观因素随意增删或歪曲信息。

(3) 发现典型和提出建议

指出被督导对象的优点和不足,并提出典型的推广意义及存在问题的改进建议,同时提出对监管机构的合理化建议,使质量督导真正达到维护和提高评价工作质量的目的。

4. 质量督导报告的类型

根据质量督导的性质与特征,除了具有上述结构特点的纪实性质量督导报告以外,还有综合性的质量督导报告、专题或专项性质量督导报告。

(1) 综合性的质量督导报告

综合性质量督导报告的主要内容是对质量督导对象普遍性问题进行探讨,提出普遍适用的建议。与一般纪实性报告相比,综合报告不仅要反映当次督导的基本情况、存在的问题以及质量督导人员的建议,还应结合一定时期、一定范围技能人才评价的整体情况、问题进行研析,并提出全局性、发展性建议。综合报告不仅关注技能人才评价工作,而且可能涉及与技能人才评价相关的其他领域工作。综合性报告在客观全面、系统完整地反映被督导对象方面,表现为内容涉及面广、视野开阔,要求资料丰富、结论富于启发。通常在大范围督导评估活动中使用。

(2) 专题或专项性质量督导报告

专题或专项性质量督导报告常为针对某一特定问题或事件撰写的报告。这种报告的内容比较专一,问题比较集中,具有很强的针对性。适用于违纪违规行为调查、专项督导调研、对典型职业的现场督导等。

思考题

1. 质量督导指标中分级评估指标包括哪些一级指标？
2. 如果对评价机构进行督导，你准备选用哪些督导指标编制评分表？
3. 如果对评价活动进行督导，你准备选用哪些督导指标编制评分表？
4. 如果对操作技能现场督导，你准备选用哪些督导指标编制评分表？
5. 技能人才评价质量督导原则是什么？
6. 列出与贯彻国家职业标准有关的质量督导指标，并阐述你对贯彻国家职业标准的认识。

第五章 技能人才评价质量督导人员

- 第一节 条件要求
- 第二节 权利义务
- 第三节 管理使用

质量督导人员工作涉及技能人才评价各个过程环节及评价活动相关各类人员。督导行为不仅关系到质量督导工作效果，而且关系到质量督导人员自身及派出机构形象。《技能人才评价质量督导工作规程（试行）》（本章简称《规程》）明确了质量督导人员分类、资格条件、认证要求、工作要求、管理考核使用处罚等，本章重点介绍质量督导人员条件要求、权利义务和管理使用等内容。

第一节 条件要求

- 基本条件
- 职业道德

质量督导人员的素质能力关系到督导任务完成的质量。《规程》明确了质量督导人员资格条件，各相关部门需要严格把握督导人员基本要求，从职业道德、政策素养、业务素质、综合能力、实践经验等方面打造思想过硬、精干高效的质量督导人员队伍。

一、基本条件

选择符合条件的质量督导人员对于发挥督导的作用至关重要。督导具有重要的作用，既有短期功效，也有长期影响。外督工作可以在评价机构产生短期效果，也能发挥长期影响力；内督可以督促本机构落实质量管控要求，也能对评价机构持续改进产生积极作用。技能人才评价监管部门和评价机构应重视质量督导人员的作用，注重对质量督导人员的选用。

（一）依照《规程》

质量督导人员应符合《规程》第六条有关质量督导人员的基本条件，一是坚持党的基本路线，热爱技能人才评价工作；二是掌握技能人才评价有关政策、法规和规章，熟悉技能人才评价理论和技术方法；三是坚持原则、廉洁奉公、办事公道、作风正派，具有良好的职业道德和敬业精神；四是具有较强的组织协调能力和表达能力；五是身体健康，能胜任质量督导工作。

（二）注重实践

选用质量督导人员，不仅应考察其与基本条件的符合度，还应考虑其实际工作背景和能力。例如，在实践中具有较高文字表述、语言沟通、组织协调能力的，具备较强应急处理能力的人员，属于核心能力较强者。

很多从事技能人才评价或相关监督管理工作的管理人员，具有较为丰富的评价及管理经验，对评价工作较为熟悉，能够较好地把握质量督导的关键环节，其监管工作的背景，其相应的职责及实践，成为他们深入理解和熟练运用督导方法技术的优势。

因此，选用质量督导人员，在依照《规程》规定的同时，还应注重实践。技能人才评价系统应遵循质量督导工作基本要求，通过总结技能人才评价监管服务工作实践，不断探索质量督导人员队伍建设的经验方法。

二、职业道德

质量督导人员的行为关系到技能人才评价质量保障和监管服务工作效果，应充分认识加强质量督导人员职业道德的具体要求和重要意义。加强质量督导人员职业道德培训和考察，切实增强督导工作责任心，只有这样，才能有效维护技能人才评价工作公正、公平，不断提高质量督导工作权威性。

质量督导人员职业道德是在督导活动中应遵循的职业规范和行为准则，即质量督导人员应充分了解和正确理解监管部门的职责要求、评价机构的工作特点、各类工作人员的职责权限、考生的特点、相关各方有关情况及其之间的关联，能够准确处理其关系，并为达到此目标应当具备的内在的、自觉遵循的思想和行为规范。质量督导人员职业道德水平既有基本素质因素，也能够在督导工作环境和实践中得到巩固和发展。

质量督导人员在督导工作岗位上必须遵循的行为规范主要包括以下方面。

（一）遵章守纪，廉洁自律

质量督导人员必须自觉遵守与督导工作有关的法规、制度、政策规定，严格按照《技能人才评价质量督导工作规程（试行）》《技能人才评价违纪违规行为处理工作指引（试行）》等规定要求开展工作，遵守廉政纪律、工作纪律、保密纪律等各项纪律，维护技能人才评价监管工作公信力和评价活动严肃性。

质量督导人员应牢固树立正确的权利观，在督导期间要约束个人言行，做到廉洁自律、克己奉公，严格遵守和执行质量督导人员有关规定，不以权谋私，不接收任何名义或形式的馈赠，展现良好的法纪意识和道德修养。质量督导人员在对评价机构和评价活动进行督导的同时，也要接受评价机构、相关各方的监督。

（二）坚持原则，公正公平

质量督导人员要坚持原则，严格照章办事，依照客观规律办事，实事求是。公正、公平是要求质量督导人员按照原则办事，保持客观、避免产生偏见，公正对待人和事、正确处理各种问题。只有具备公正、公平的品质，才能坚持严肃性和客观性，维护技能人才评价权威性，维护服务对象的利益。

（三）爱岗敬业，诚实守信

质量督导人员应具备较强的责任心，具体体现在树立坚定的职业责任心和不断提高职业能力。熟悉技能人才评价工作需要一定的时间，督导工作政策性、技术性都比较强，质量督导人员可以将学习到的技术方法理论更有效地应用到督导实践，再从丰富的实践中总结经验，将督导工作做好，对评价机构质量提升发挥积极的作用。

督导是捍卫评价信用的重要工作。"诚信"是评价工作的核心要求，也是质量督导人员必不可少的道德规范，只有做到了诚实守信，才能真正发挥质量督导"公正之剑"的作用，才能树立监管服务的专业形象，维护评价工作和质量督导的信誉。

（四）举止文明，礼貌待人

举止文明，礼貌待人就是言谈、行为稳重得体、不卑不亢、尊重他人。在严肃认真的督导工作过程中，保持谦逊平等的态度常常可以使沟通变得更容易，也更能体现个人良好的素养。质量督导人员应注重仪容仪表、使用礼貌用语、维护工作场所文明。专业培训和督导实践都有助于质量督导人员提升语言表达的规范性、从容面对复杂情况和解决各种问题，树立令人信服的专业化、权威性的督导形象。

第二节 权利义务

- 基本权利
- 主要义务
- 工作职责
- 行为规范

一、基本权利

技能人才评价质量督导人员具有以下基本权利。

1. 在规定的范围内开展质量督导活动。
2. 独立开展质量督导工作，拒绝任何单位或个人提出的更改督导结果等非正当要求。
3. 对质量督导工作中遇到的以下情况，向委派单位反映并按有关规定提出处理意见：一是拒绝向质量督导人员提供与督导有关的情况、文件、资料或信息；二是阻挠他人向质量督导人员反映与质量督导有关的情况；三是弄虚作假或采取欺骗手段干扰质量督导工作；四是对提出的质量督导意见拒不采取必要的改进措施；五是打击、报复质量督导人员；六是其他影响质量督导工作的行为。
4. 在质量督导活动完成后，从委派单位获得合理的工作报酬。
5. 当自身权益受到侵害时，向有关部门提出申诉。

二、主要义务

质量督导人员对委派单位负责，主要履行以下义务。

1. 自觉遵守有关规章制度，认真履行质量督导人员工作职责。
2. 客观、公正实施质量督导，保质、保量完成督导任务。
3. 认真如实填写质量督导记录表单，按时向委派部门提交质量督导报告。
4. 自觉接受人力资源社会保障部门和委派单位的监督。

三、工作职责

质量督导人员的职责：一是监督技能人才评价活动；二是向评价机构就督导事项提出询问；三是查阅、调阅与督导事项有关的文件、资料；四是进行个别访问、调查问卷、测试和复核；五是现场调查，包括明察和暗访；六是依规向委派单位提出对评价机构或者其相关负责人给予奖惩的建议。

质量督导人员在开展督导工作中履行职责，因此必须熟悉督导工作形式及具体内容，对评价机构贯彻执行有关法律法规、规章和有关政策及其质量管理体系建设等情况进行督导，要求质量督导人员熟悉各项法规政策、规章制度，掌握质量管理体系基本原则、内容、方法、要求等，熟练运用质量督导指标体系；对技能人才评价工作情况进行督导，要求质量督导人员熟悉对评价机构的评价范围、国家职业标准（评价规范）及试题（题库）的执行情况、考生申报条件、考场秩序、证书管理与发放，以及考评人员、管理人员工作情况等检查评估的技术方法；对群众举报的技能人才评价工作中涉嫌违纪违规情况进行调查核实，要求质量督导人员掌握技能人才评价违纪违规行为处理工作指引的具体内容和工作程序，并严格按照规定要求开展工作；对技能人才评价工作中的重大问题进行调查研究,向委派机构报告反映情况,并提出建议,要求质量督导人员积累丰富的督导工作经验,对技能人才评价工作具有敏锐的观察力、良好的分析能力和文字水平。

四、行为规范

(一)照章办事

质量督导人员应依据国家法律法规、政策规章、技术规范进行督导。质量督导人员要熟悉并严格执行国家职业标准、职业技能等级认定工作规程、质量督导工作规程及其他相关技术性文件的要求。

(二)坚持原则

质量督导人员必须坚持技能人才评价"客观公正、科学规范"的原则,以提高技能人才评价质量为目标,坚守"坚持监督与指导并重,秉持公平公正"的原则,在违纪违规行为核实处理工作中坚持"合法依规、客观公正、科学规范、惩教结合"原则等,还要熟悉各项有关工作的要求和原则,如开展外部督导的"双随机、一公开"原则等。

(三)履职尽责

质量督导人员必须按时到岗,因事不能到岗须提前请假;在岗期间,不能擅自脱岗,应善始善终、一丝不苟地完成各项职责任务,因特殊情况不能继续履行职责的,须报经委派单位同意。

(四)规范上岗

质量督导人员执行任务期间应佩戴质量督导人员证卡。注意个人仪表和言谈举止,符合各项规范要求。

(五)认真负责

质量督导人员应及时发现各种违纪违规行为和情况,及时制止并提出处理意见,如实记录情况并与有关人员沟通,在规定时间内向委派部门报告并按规定进行处理。

(六)把握分寸

工作到位不越位。不干扰正常的评价工作,不干涉考评人员正常工作。

(七)遵守规定

自觉遵守回避制度。不得擅自向无关人员或机构透露督导情况记录及评价试题成绩等相关敏感信息。应提醒评价机构注意保密原则,并要求评价机构告知是否会出现触及国家秘密、工作秘密、商业秘密等情况,并严禁以任何形式泄露。

(八)严守纪律

不得接受被督导方的任何礼品礼金、有价证券等。坚决杜绝弄虚作假、徇私舞弊、以权谋私。拒绝任何机构或个人提出的更改督导记录(结果)等非正当要求,保持督导评判的独立性。

(九)提高素养

质量督导人员应认真对待培训考核、督导实践等相关活动及其要求,不断提高个人素养和工作能力,提高督导工作的有效性,提高督导工作和督导报告质量,为被督导方提供更加有效的指导,为委派单位提出有价值的建议。

第三节 管理使用

- 培训考核
- 使用管理

监管机构和评价机构都应在调查研究的基础上,根据实际情况和工作需要,建立具备过硬的思想水平和业务能力、掌握技能人才评价有关政策规定、熟悉技能人才评价工作相关理论和技术方法的优秀质量督导人员队伍,以符合评价质量保证要求和满足评价工作需要。

一、培训考核

质量督导人员队伍是保证督导工作质量的关键要素,队伍建设必须高标准、严要求。督导任务须由符合条件、经过培训认证的人员执行。督导队伍规模,即质量督导人员数量，应支持督导工作正常开展。根据督导组工作要求，队伍结构应考虑从评价管理人员、技术技能专业人员及其他相关方面人员中选拔培养，并注意一定的比例。

（一）培训

1. 类型

质量督导人员分为外督和内督。

《规程》第七条规定，外督由省级及以上人力资源社会保障部门职业技能鉴定中心培训并颁发《技能人才评价质量督导员》（外督）证卡，内督由评价机构和相关行业部门培训并颁发《技能人才评价质量督导员》（内督）证卡。

外督和内督在培训内容方面既有相同和相近的方面，也有不同的侧重和要求。

评价机构和相关行业部门可以组织内督培训。评价机构分散组织培训的成本较高，也可以选派人员申请参加人力资源社会保障部门组织的质量督导人员培训。

2. 申请

（1）外督培训考核申请

各地市州人力资源社会保障部门职业技能鉴定中心负责组织报名工作，评价机构或行业企业依据条件进行推荐，填写《技能人才评价质量督导人员推荐表》，经初审后，报省级人力资源社会保障部门职业技能鉴定中心复核。外督是监管部门落实监管制度政策、做好服务工作的重要力量，也是获取评价机构相关质量信息和实现信息沟通的一条基本渠道。为选拔合格人员，应对相关条件进行认真审核把关。

《技能人才评价质量督导人员推荐表》见表 5-1。

表 5-1　　　　　　　　　技能人才评价质量督导人员推荐表

姓名		性别		督导证号		
电话				文化程度		照片
身份证号				技术职称		
职业资格或技能等级						
工作单位					职务	
通信地址					邮编	
工作简历						

续表

督导经历	
推荐单位意见	
备案/监管部门意见	
备注	

说明：表中"督导证号"栏，初次参加培训者填"无"，续聘者填写本人原有的质量督导员证卡号码；表中"督导简历"栏，初次参训应填"无"，续聘则如实填写。

（2）内督培训考核申请

可由相关行业部门和/或评价机构根据工作需要，按照质量督导人员应具备的条件进行审核，按照质量督导人员培训要求进行培训考核。

3. 培训内容和资料

培训内容应包括技能人才评价相关政策制度、职业道德、质量督导人员权利与义务、技能人才评价工作程序和要求、督导工作内容和方法、技能人才评价违纪违规行为认定、技能人才评价及质量督导工作其他有关内容或技术。

培训资料主要有各级人力资源社会保障部门有关政策文件资料、技能人才评价工作指导材料、技能人才评价质量督导工作指导手册及其他相关的纸质和电子学习资料等。

4. 培训形式和要求

（1）初次培训

集中统一培训，通常不少于12课时。

（2）续聘培训

质量督导培训或技术研修、督导技术讲座或报告会、督导现场工作交流等。续聘者须向质量督导员证卡发放单位提交本人在质量督导人员任期内从事督导工作的总结报告。

（二）考核

质量督导人员通过培训，完成规定的学习内容、符合课时要求情况下，可以参加认定考核。

1. 初次考核

（1）考核方式

一般采取笔试或机考方式，应在考核时间、地点、试题、评分标准方面与有关规定要求保持一致，通常可采用百分制，根据试卷难度、内容广度及其他因素确定及格线。

不合格者需再次参加培训，考核合格后才能取得证卡。外督考核试卷由省级或以上备案/监管部门统一组织编制并存档，内督考核试卷由评价机构或相关行业部门组织编制并存档。

（2）考核内容

考核内容比重见表5-2。

表5-2　　　　质量督导人员认定考核内容一览表（初次认定参考示例表）

项目		内容	分值
一、技能人才评价质量督导概述（10分）	（一）建立和意义	评价质量和质量督导	3
		评价管理的发展沿革	
		质量督导作用和发展	
	（二）原则和体系	质量督导工作原则	3
		质量督导工作体系	
		质量督导形式方法	
	（三）政策和依据	充分认识党和国家对人力资源社会保障部门的要求	4
		深刻理解政府与市场的关系	
		全面把握监管、督导工作职责	
二、对评价机构、评价活动和相关工作人员的督导（30分）	（一）对评价机构的督导	机构督导范围和程序	12
		对评价机构资源管理的督导	
		对评价机构档案资料的督导	
		对评价机构改进能力的督导	
	（二）对评价活动的督导	评价活动督导类型和程序	12
		对理论知识考试的督导	
		对操作技能考核的督导	
		对综合评审的督导	
	（三）对工作人员的督导	对考务管理人员的督导	6
		对考评人员的督导	
		对内督的督导	
三、技能人才评价违纪违规情况调查（20分）	（一）工作内容	违纪违规情况查处工作依据	6
		违纪违规情况查处工作原则	
		违纪违规情况查处工作范围	
	（二）工作程序	违纪违规行为认定处理职责	6
		违纪违规行为处理程序规定	
		违纪违规行为调查工作流程	
	（三）要情报告	要情内容	8
		要情报告工作原则	
		主体职责和责任追究	
		要情报告工作要求	

续表

项目	内容		分值
四、质量督导技术方法（30分）	（一）质量督导指标体系	质量督导评估指标及标准	20
		关键问题指标和否决项	
		质量督导指标应用	
	（二）督导组的工作方法	督导组建立和督导准备工作	10
		实施现场督导工作	
		现场督导结束后的工作	
五、技能人才评价质量督导员（10分）	（一）条件要求	基本条件	3
		职业道德	
	（二）权利与义务	基本权利	4
		主要义务	
		工作职责	
		行为规范	
	（三）管理使用	培训认证	3
		使用管理	
总分		100	

2. 续聘考核

（1）质量督导人员聘期期满，符合相关续聘条件者需要按程序完成续聘培训考核。

（2）申请续聘质量督导人员并被确认者，可以参加为续聘组织的相关培训交流类活动，并需通过续聘考核。

（3）续聘考核方式可以采用答辩和撰写质量督导技术论文等形式。续聘考核内容应包含新形势下相关政策、技术、要求及督导技术的应用或论述等。

（4）申请续聘的质量督导人员，也可以在得到督导组织委派单位确认后再次参加初次培训和考核认定。

（5）续聘考核须严肃、严谨，考核内容须与时俱进，评分员应签字对评分结果负责。对于续聘考核成绩优异、论文优秀并在实际督导工作中有突出贡献的人员，可以考虑适当延长聘用期。延长聘用期可以作为一种鼓励机制，需要培训组织方确保培训考核管理质量。有关机构应在质量督导人员档案中保留督导员延长聘用期的证据资料，如其论文、简历及延期理由等。

3. 聘用登记

经培训考核合格者，由相关负责机构填写"质量督导人员聘用综合情况表"（见表5-3），实行统一管理。需要报备的，按相关规定向有关部门报备。

表 5-3　　　　　　　　　　质量督导人员聘用综合情况表

序号	姓名	性别	本人工作单位	培训考核发证单位	相关证书/文凭	证卡编号
1						
2						
3						
4						
5						
6						
……						

填报日期：　　　年　月　日

（三）聘任

1. 聘任和解聘

（1）聘任督导员的工作

《规程》第八条规定："委派机构可与质量督导员签署聘用合同，聘期3年，聘期届满自动解聘；可续聘。"

质量督导人员符合有关条件后，委派机构与质量督导人员签订《技能人才评价质量督导员聘任协议》（参考示例如下），颁发质量督导员证卡；在有效期内，质量督导人员受委派执行督导任务；有效期满并需要继续聘任的质量督导人员，根据规定参加有关培训认定等活动后换领证卡；委派单位对聘任期满不继续聘任的相关人员，收回原证卡并在质量督导人员管理系统中明确标注。

《技能人才评价质量督导员聘任协议》（参考示例）

甲方：

乙方：　　　　　　所在单位及职务：

身份证号码：

质量督导员证卡编号：

根据技能人才评价有关工作规定要求，甲乙双方本着平等自愿原则，经协商同意，签订本协议。

一、协议内容

甲方聘任乙方为____（机构名称）的____（外部\内部）质量督导员。

二、协议有效期

聘期三年。自____年____月至____年____月。

三、甲方权利义务

1. 根据相关规定要求，组织乙方进行必要的培训，使乙方获知基本政策理论和技术方法。

2. 根据督导工作实际需要和督导员使用管理规定，派遣乙方执行质量督导任务，提供指导、进行监督，并有权决定乙方的回避和轮换。

3. 向乙方提供必要的督导工作条件保障及基本管理服务支持。

4. 对乙方进行年度考核与聘任期满综合评价。

5. 根据有关规定和乙方督导工作量支付相应报酬。

6. 为乙方合法权益提供保障。

四、乙方权利义务

1. 乙方合法权益受甲方保护。

2. 乙方可按有关规定获得督导工作相应的报酬。

3. 接受甲方培训、考核、工作指导和监督。

4. 在甲方规定的职权范围内开展质量督导活动，或受甲方委托对群众举报的违纪违规情况进行调查核实，并向甲方报告督导工作情况。

5. 受甲方委托，对投诉举报涉及的情况进行调查核实，并将违纪违规核查情况报告甲方。

6. 遵守各项相关规定。

7. 向甲方提出批评、意见和合理化建议。

五、协议的中止、续订或解除

1. 在协议有效期内，无法继续履行本协议规定的内容，经双方协商一致，可以终止协议。

2. 协议有效期满，本协议自动终止。如果双方协商续签协议，应办理续聘手续。

3. 甲方有权单方解除协议的情况：

（1）乙方违反相关政策规定，造成不良影响的；

（2）以权谋私、收受贿赂、贻误工作、包庇打击他人或侵害他人合法权益的；

（3）其他妨碍工作正常开展，造成恶劣影响的。

六、其他

1. 国家和甲方关于技能人才评价质量督导员管理的各项规章制度，都应视为本协议组成部分。

2. 本协议未尽事宜，国家有相应规定的，按照有关规定执行；没有规定的，甲乙双方可协商约定和补充。

3. 因履行本协议而发生的争议，乙方可以向甲方主管部门申请调解。

4. 本协议一经签订，不得擅自更改，否则视为无效。

5. 本协议一式两份，具有同等效力，甲乙双方各执一份。

甲方：　　　　　　　　　　　　乙方：
（盖章）　　　　　　　　　　　（签字）
　年　月　日　　　　　　　　　　年　月　日

（2）解聘质量督导人员的情形

质量督导人员因触犯《规程》第十七条或因其他情况被解聘的，由证卡颁发部门收回外督证卡并在质量督导人员管理系统中明确标注处理情况和结果。内督如果出现问题或发生离职、调岗等变更，评价机构或相关行业部门应收回内督证卡，如有相关规定，应按规定及时报备相关监管部门。

2. 证卡制发

符合《规程》第六条规定条件的人员，经培训考核合格后，可以聘任为内督或外督，并颁发证卡。《技能人才评价质量督导员》证卡由人力资源社会保障部统一样式和编码规则。

（1）技能人才评价质量督导员证卡样式

内督或外督证卡样式如图 5-1 所示。

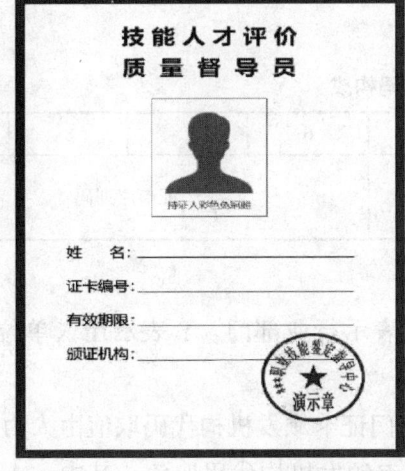

图 5-1　技能人才评价质量督导员证卡样式

(2)技能人才评价质量督导员证卡编码规则（试行）

1）外督。外督证卡编码由 9 位构成。

第 1 位证卡类别代码为大写英文字母 R。

第 2 位、第 3 位证卡颁发机构代码参用人力资源社会保障部门代码（见表 5-4）。

表 5-4　　　　　　　　　　人力资源社会保障部门代码表

代码	名称	代码	名称	代码	名称
00	人力资源社会保障部	11	北京市	12	天津市
13	河北省	14	山西省	15	内蒙古自治区
21	辽宁省	22	吉林省	23	黑龙江省
31	上海市	32	江苏省	33	浙江省
34	安徽省	35	福建省	36	江西省
37	山东省	41	河南省	42	湖北省
43	湖南省	44	广东省	45	广西壮族自治区
46	海南省	50	重庆市	51	四川省
52	贵州省	53	云南省	54	西藏自治区
61	陕西省	62	甘肃省	63	青海省
64	宁夏回族自治区	65	新疆维吾尔自治区	66	新疆生产建设兵团
71	台湾省	81	香港特别行政区	82	澳门特别行政区

第 4 位、第 5 位证卡核发年份代码使用阿拉伯数字表示，取公元纪年后两位，如 21 表示证书核发时间为 2021 年。

第 6~9 位证卡序列码使用阿拉伯数字表示，由证卡颁发机构按年度分别从 0001~9999 依次顺序取值或由证卡颁发机构统筹研究确定并赋码。

外督证卡编码具体构成形式见表 5-5。

表 5-5　　　　　　　　　　外督证卡编码构成

1	2	3	4	5	6	7	8	9
证卡类别代码	证卡颁发机构代码		证卡核发年份代码		证卡序列码			

2）内督。内督证卡编码由 13 位构成。

第 1 位证卡类别代码为大写英文字母，H 表示行业部门，Y 表示用人单位，S 表示社会培训评价组织。

第 2~7 位证卡颁发机构代码：一是行业部门证卡颁发机构代码取值由人力资源社会保障部统筹研究确定并赋码；二是用人单位证卡颁发机构代码取值，其中，人力资源社会保障部备案的用人单位取值为两个 0 和 4 位阿拉伯数字（人力资源社会保障部备案的评价机构代码），省级人力资源社会保障部门备案的用人单位取值为 6 位阿拉伯数字

（省级人力资源社会保障部门备案的评价机构序列码）；三是社会培训评价组织证卡颁发机构代码取值，其中，人力资源社会保障部备案的社会培训评价组织取值为两个0和4位阿拉伯数字（人力资源社会保障部备案的评价机构代码），省级人力资源社会保障部门备案的社会培训评价组织取值为6位阿拉伯数字（省级人力资源社会保障部门备案的评价机构序列码）。

第8~9位证卡核发年份代码使用阿拉伯数字表示，取公元纪年后两位，如21表示证书核发时间为2021年。

第10~13位证卡序列码使用阿拉伯数字表示，由证卡颁发机构按年度分别从0001~9999依次顺序取值或由证卡颁发机构统筹研究确定并赋码。

内督证卡编码具体构成形式见表5-6。

表5-6　　　　　　　　　　内督证卡编码构成

1	2	3	4	5	6	7	8	9	10	11	12	13
证卡类别代码	证卡颁发机构代码						证卡核发年份代码		证卡序列码			

3）技能人才评价质量督导员证卡制作说明见表5-7。

表5-7　　　　　技能人才评价质量督导员证卡制作说明

序号	内容	规格
1	证卡尺寸	统一尺寸，正反两面，单面尺寸为：宽80 mm，长110 mm，厚度1 mm（非硬性要求，可以根据选用的材质确定）
2	正面	标题：16磅，黑体加粗，24磅行间距 照片：彩色1寸照片（尺寸2.5 cm×3.5 cm） 正文：12磅，黑体，22磅行间距
3	反面	标题：16磅，黑体加粗，24磅行间距 印制单位：12磅，黑体加粗，24磅行间距
4	证卡材料（非硬性要求）	PVC层压打印料A4×0.17 mm、夹层、保护膜、卡套、挂绳
5	制作要求（非硬性要求）	用层压机进行高温层压，约40 min，待温度下降后，进行人工膜切、人工打孔、检查、包装

注：制作说明仅供参考。

二、使用管理

质量督导人员实行分类管理。外督由省级及以上人力资源社会保障部门统筹规划，各地应明确相关部门在质量督导人员管理方面的职责。内督的使用管理工作细则由评价机构或相关行业部门明确。

（一）实行委派制

质量督导人员实行委派制，委派机构根据工作需要和选派程序要求，从取得《技能人才评价质量督导员》证卡的人员中抽调派遣。

外督由人力资源社会保障部门负责委派，内督由评价机构或相关行业部门负责派遣。质量督导人员在接受督导任务后，应与委派部门签订《质量督导员工作责任书》（见表5-8）。质量督导人员持《质量督导工作委派书》（见表5-9）前往督导。

表 5-8   质量督导员工作责任书

评价机构			
督导地点		督导时间	

本人承诺：本人在本次质量督导工作中，严格执行《技能人才评价质量督导工作规程（试行）》，认真履行工作职责，廉洁自律，客观公正，诚实守信，举止文明，遵守保密要求等各项相关规定。督导工作结束后，及时提交质量督导报告，并对其内容负责，承担相应责任。

质量督导员签字：
年　月　日

表 5-9   质量督导工作委派书

委派机构名称	
质量督导员姓名	
被督导机构名称	
被督导批次考评计划名称	
委派机构负责人签字	年　月　日

_____（被督导机构名称）：

根据工作需要，现委派_____、_____、_____等___位质量督导员到_____对_____考评批次开展质量督导工作。

请予以支持。

委派机构（盖章）
年　月　日

每次督导前，委派单位应成立质量督导组，并督促对本次质量督导组成员进行督导行前培训，强调督导纪律和要求，明确督导任务及目标。质量督导人员应持证上岗，认真履行督导职责，客观、公正地向委派单位反映实际情况。

（二）明确管理制度

1. 回避制度

质量督导人员在执行督导任务时，应对亲属、学生（徒弟）进行回避，以维护公正、公平。质量督导人员严禁兼任同场次考评、考务管理等工作。

2. 问责制度

质量督导人员签订质量督导责任书,若质量督导人员存在违反责任书相关内容的行为,按照相关管理规定,视情况严重程度对相关质量督导人员追究责任。

3. 反馈制度

在现场督导活动结束后,被督导机构应对当次督导活动给予客观评价,填写《质量督导员工作情况反馈表》(见表5-10),并寄送督导员委派机构。

表5-10　　　　　　　　　　质量督导员工作情况反馈表

评价机构			督导时间		
姓名			督导人员编号		
被督导机构			督导地点		
本次督导基本情况	机构督导□		日常督导□ 专项督导□	说明:	
	评价活动督导□		理论知识□	职业(工种)	
				等级	
			操作技能□	职业(工种)	
				等级	
			其他:_____	说明:	
	违纪违规调查□				
质量督导员工作情况	履职情况			分值	得分
	按时开展督导工作			10	
	工作主动不怠慢,有效不浮躁			10	
	督导方式正确,方法得当,不影响正常评价工作			15	
	遵守、执行各项相关规定,熟悉督导工作过程及要求			20	
	自觉遵守督导相关规定,包括必要时的回避、遵守保密守则、出示证明、工作期间不议论无关事情、必要时做出恰当说明等			20	
	发现和处置问题有说服力、公正、公平			25	
	工作总分			100	
质量督导员廉政情况					
其他意见或建议					
填表机构负责人签字 (评价机构公章)				年　月　日	

4. 考核制度

委派机构对委派的质量督导人员实施考核制度,建立考核档案。

委派机构建立质量督导人员管理档案，安排质量督导人员年度考核，填写和保存《质量督导员年度考核表》（示例见表5-11），对质量督导人员的工作态度、督导经历、培训情况、工作原则、安全保密、工作质量、业务能力、服务意识等综合情况进行年度评议和考核，并将考核结果作为是否续聘的主要依据。对考核不合格的人员，视情况取消其资格或不予续聘。质量督导组/员提交的《质量督导工作报告》、被督导的评价机构反馈的《质量督导员工作情况反馈表》等是年度考核的重要参考。

表5-11　　　　　　　　　质量督导员年度考核表（示例）

姓名		督导人员编号		考核年份	
	考核指标			分值	得分
考核内容	工作原则：坚持公正公平、客观科学			10	
	工作态度：积极主动，认真负责			10	
	工作能力：方式正确，方法得当，熟悉质量督导工作过程及要求，发现和处置问题有说服力等			20	
	工作纪律：遵守、执行各项相关规定，遵守保密守则			10	
	工作表现：综合考虑督导任务完成情况和差错情况、督导报告质量、评价机构反馈等因素			10	
	团队合作：督导组合作情况，本年担任过组长或担任组员超过5次可得8~10分，未担任组长且参加督导3~5次可得5~7分，未担任组长且督导次数未达到3次可得0~4分			10	
	培训情况：每次为10分			10	
	督导次数：每次加10分			20	
	总分			100	
加分项	具有较好业绩或成果			10~100	
减分项	被投诉举报并经查实			20~100	
质量督导员年度廉政情况	（无违纪违规情况）				
其他意见建议					
填表机构负责人签字（机构公章）				年　月　日	

（三）制定管理办法

为加强技能人才评价事中事后监管工作，保障技能人才评价科学性、公平性和权威性，维护技能人才评价工作秩序，监管部门和评价机构应加强技能人才评价质量督导人员队伍建设、使用和管理，规范督导人员工作行为。各地和有关部门应根据《技能人才评价质量督导工作规程（试行）》及相关规定制定督导人员管理办法，支持质量督导人员数据库建设，规范聘任管理，派遣质量督导人员参与技能人才评价质量监督和指导工作等。

质量督导人员管理办法应明确质量督导基本制度，包括质量督导人员实行聘任制、派遣制，根据每次督导任务需要，从质量督导人员库中抽选并派遣督导员。按照规定程序和原则建立督导员库，实行动态管理。管理办法应明确督导员业务培训组织主体。督导员的推荐单位为督导员提供必要的工作保障。被督导机构应配合外部督导工作，不得干扰督导员履行职责。

质量督导人员管理办法应明确质量督导人员的工作范围，包括对所属人力资源社会保障部门及备案范围内的技能人才评价机构贯彻执行有关法律法规、规章、政策及其质量管理体系建设等情况实施检查指导，对评价机构的评价范围、执行国家职业标准（评价规范）情况、试题（题库）建设和使用情况、参评人员资格审核情况、评价服务实施情况进行实地质量抽查，对考评人员、内督、管理人员以及其他工作人员履职情况进行监督指导，对群众反映问题线索进行调查核实，并参与技能人才评价工作调查研究、业务研讨和课题研究等工作。

质量督导人员管理办法应规定质量督导人员的职责要求，包括按照国家技能人才评价相关法律法规、政策文件和技术要求，综合运用各种督导技术和方法，对备案的技能人才评价机构及其评价服务活动进行质量监督、检查、指导和评估；服从派遣，认真完成工作任务；参加业务培训和业绩评估，不断提高履职水平；质量督导人员应具备高度的工作责任心，严格执行相关政策，勇于负责，真实、客观地反映督导工作情况。督导组组长负责制定具体的督导工作方案，经委派机构同意后执行。

质量督导人员管理办法对参加评价机构督导和评价活动督导的质量督导人员应规定其客观地向督导对象反馈督导意见，对参加群众反映问题线索调查核实工作的质量督导人员应规定其按程序向督导委派机构报告调查结果及意见，并在规定时限内提交正式报告。

质量督导人员管理办法一般应包括质量督导人员的聘任条件（参照《规程》）和质量督导人员的任职程序。任职程序包括推荐、审核、聘任、续聘。督导人员一般由各级职业技能鉴定中心、备案的评价机构和相关行业部门推荐，经监管部门鉴定中心审核，符合聘任条件的经培训考核后聘任为质量督导人员。每期质量督导人员聘任到期前3个月可启动续期推荐程序。

质量督导人员管理办法应明确派遣、承诺、培训、业绩评估和退出机制。质量督导人员执行任务时须同时持有派遣单和证卡，接受被督导机构查验。质量督导人员接受聘任前，须向聘任主体出具书面承诺书，对遵守诚信原则和履行工作职责等进行承诺。聘任主体督导员开展行前培训。质量督导人员信息和工作情况纳入委派方质量督导系统统一管理，作为动态调整的参考依据。当质量督导人员出现下列行为之一时，经聘任委派机构核实，予以解聘：一是无正当理由，3次不服从派遣的；二是经核实有违规行为或徇私舞弊行为的；三是因严重错误对技能人才评价工作造成恶劣影响的。

质量督导人员管理办法应规定质量督导人员数据库建设管理相关要求。符合条件的质量督导人员纳入人力资源社会保障部门职业技能鉴定中心技能人才评价质量督导人员数据库，实行统一管理。根据工作需要抽取选派并记录工作情况，作为动态调整的参考依据。

❓ 思考题

1. 谈谈你对质量督导人员条件的看法。
2. 简述质量督导人员的"责权利"。
3. 质量督导人员管理办法应重点包括哪些内容？

附 录

中共中央办公厅 国务院办公厅印发《关于分类推进人才评价机制改革的指导意见》

近日,中共中央办公厅、国务院办公厅印发了《关于分类推进人才评价机制改革的指导意见》,并发出通知,要求各地区各部门结合实际认真贯彻落实。

《关于分类推进人才评价机制改革的指导意见》全文如下。

人才评价是人才发展体制机制的重要组成部分,是人才资源开发管理和使用的前提。建立科学的人才分类评价机制,对于树立正确用人导向、激励引导人才职业发展、调动人才创新创业积极性、加快建设人才强国具有重要作用。当前,我国人才评价机制仍存在分类评价不足、评价标准单一、评价手段趋同、评价社会化程度不高、用人主体自主权落实不够等突出问题,亟需通过深化改革加以解决。为深入贯彻落实《中共中央印发〈关于深化人才发展体制机制改革的意见〉的通知》,创新人才评价机制,发挥人才评价指挥棒作用,现就分类推进人才评价机制改革提出如下意见。

一、总体要求和基本原则

(一)总体要求。全面贯彻党的十九大精神,以习近平新时代中国特色社会主义思想为指导,认真落实党中央、国务院决策部署,按照统筹推进"五位一体"总体布局和协调推进"四个全面"战略布局要求,落实新发展理念,围绕实施人才强国战略和创新驱动发展战略,以科学分类为基础,以激发人才创新创业活力为目的,加快形成导向明确、精准科学、规范有序、竞争择优的科学化社会化市场化人才评价机制,建立与中国特色社会主义制度相适应的人才评价制度,努力形成人人渴望成才、人人努力成才、人人皆可成才、人人尽展其才的良好局面,使优秀人才脱颖而出。

(二)基本原则

——坚持党管人才原则。充分发挥党的思想政治优势、组织优势、密切联系群众优势,进一步加强党对人才评价工作的领导,将改革完善人才评价机制作为人才工作的重要内容,在全社会大兴识才爱才敬才用才容才聚才之风,把各方面优秀人才集聚到党和人民的伟大奋斗中来。

——坚持服务发展。围绕经济社会发展和人才发展需求，充分发挥人才评价正向激励作用，推动多出人才、出好人才，最大限度激发和释放人才创新创业活力，促进人才发展与经济社会发展深度融合。

——坚持科学公正。遵循人才成长规律，突出品德、能力和业绩评价导向，分类建立体现不同职业、不同岗位、不同层次人才特点的评价机制，科学客观公正评价人才，让各类人才价值得到充分尊重和体现。

——坚持改革创新。围绕用好用活人才，着力破除思想障碍和制度藩篱，加快转变政府职能，保障落实用人主体自主权，发挥政府、市场、专业组织、用人单位等多元评价主体作用，营造有利于人才成长和发挥作用的评价制度环境。

二、分类健全人才评价标准

（三）实行分类评价。以职业属性和岗位要求为基础，健全科学的人才分类评价体系。根据不同职业、不同岗位、不同层次人才特点和职责，坚持共通性与特殊性、水平业绩与发展潜力、定性与定量评价相结合，分类建立健全涵盖品德、知识、能力、业绩和贡献等要素，科学合理、各有侧重的人才评价标准。加快新兴职业领域人才评价标准开发工作。建立评价标准动态更新调整机制。

（四）突出品德评价。坚持德才兼备，把品德作为人才评价的首要内容，加强对人才科学精神、职业道德、从业操守等评价考核，倡导诚实守信，强化社会责任，抵制心浮气躁、急功近利等不良风气，从严治理弄虚作假和学术不端行为。完善人才评价诚信体系，建立诚信守诺、失信行为记录和惩戒制度。探索建立基于道德操守和诚信情况的评价退出机制。

（五）科学设置评价标准。坚持凭能力、实绩、贡献评价人才，克服唯学历、唯资历、唯论文等倾向，注重考察各类人才的专业性、创新性和履责绩效、创新成果、实际贡献。着力解决评价标准"一刀切"问题，合理设置和使用论文、专著、影响因子等评价指标，实行差别化评价，鼓励人才在不同领域、不同岗位作出贡献、追求卓越。

三、改进和创新人才评价方式

（六）创新多元评价方式。按照社会和业内认可的要求，建立以同行评价为基础的业内评价机制，注重引入市场评价和社会评价，发挥多元评价主体作用。基础研究人才以同行学术评价为主，加强国际同行评价。应用研究和技术开发人才突出市场评价，由用户、市场和专家等相关第三方评价。哲学社会科学人才评价重在同行认可和社会效益。丰富评价手段，科学灵活采用考试、评审、考评结合、考核认定、个人述职、面试答辩、实践操作、业绩展示等不同方式，提高评价的针对性和精准性。

（七）科学设置人才评价周期。遵循不同类型人才成长发展规律，科学合理设置评价考核周期，注重过程评价和结果评价、短期评价和长期评价相结合，克服评价考核过于频繁的倾向。探索实施聘期评价制度。突出中长期目标导向，适当延长基础研究人才、青年人才等评价考核周期，鼓励持续研究和长期积累。

（八）畅通人才评价渠道。进一步打破户籍、地域、所有制、身份、人事关系等限制，依托具备条件的行业协会、专业学会、公共人才服务机构等，畅通非公有制经济组织、社会组织和新兴职业等领域人才申报评价渠道。对引进的海外高层次人才和急需紧缺人才，建立评价绿色通道。完善外籍人才、港澳台人才申报评价办法。

（九）促进人才评价和项目评审、机构评估有机衔接。按照既出成果、又出人才的要求，在各类工程项目、科技计划、机构平台等评审评估中加强人才评价，完善在重大科研、工程项目实施、急难险重工作中评价、识别人才机制。深入推进项目评审、人才评价、机构评估改革，树立正确评价导向，进一步精简整合、取消下放、优化布局评审事项，简化评审环节，改进评审方式，减轻人才负担。避免简单通过各类人才计划头衔评价人才。加强评价结果共享，避免多头、频繁、重复评价人才。

四、加快推进重点领域人才评价改革

（十）改革科技人才评价制度。围绕建设创新型国家和世界科技强国目标，结合科技体制改革，建立健全以科研诚信为基础，以创新能力、质量、贡献、绩效为导向的科技人才评价体系。对主要从事基础研究的人才，着重评价其提出和解决重大科学问题的原创能力、成果的科学价值、学术水平和影响等。对主要从事应用研究和技术开发的人才，着重评价其技术创新与集成能力、取得的自主知识产权和重大技术突破、成果转化、对产业发展的实际贡献等。对从事社会公益研究、科技管理服务和实验技术的人才，重在评价考核工作绩效，引导其提高服务水平和技术支持能力。

实行代表性成果评价，突出评价研究成果质量、原创价值和对经济社会发展实际贡献。改变片面将论文、专利、项目、经费数量等与科技人才评价直接挂钩的做法，建立并实施有利于科技人才潜心研究和创新的评价制度。

注重个人评价与团队评价相结合。适应科技协同创新和跨学科、跨领域发展等特点，进一步完善科技创新团队评价办法，实行以合作解决重大科技问题为重点的整体性评价。对创新团队负责人以把握研究发展方向、学术造诣水平、组织协调和团队建设等为评价重点。尊重认可团队所有参与者的实际贡献，杜绝无实质贡献的虚假挂名。

（十一）科学评价哲学社会科学和文化艺术人才。坚持马克思主义指导地位、为人民做学问的研究立场、以人民为中心的创作导向，注重政治标准和学术标准、继承性和民族性、原创性和时代性、系统性和专业性相统一，建立健全中国特色的哲学社会科学和文化艺术人才评价体系，推进中国特色哲学社会科学学科体系、学术体系、话语体系建设，推出更多无愧于民族、无愧于时代的文艺精品。

根据人文科学、社会科学、文化艺术等不同学科领域，理论研究、应用对策研究、艺术表演创作等不同类型，对其人才实行分类评价。对主要从事理论研究的人才，重点评价其在推动理论创新、传承文明、学科建设等方面的能力贡献。对主要从事应用对策研究的人才，重点评价其围绕统筹推进"五位一体"总体布局和协调推进"四个全面"战略布局，为党和政府决策提供服务支撑的能力业绩。对主要从事艺术表演创作的人才，重点评价其在艺术表演、作品创作、满足人民精神文化需求等方面的能力业绩。突出成果的研究质量、内容创新和社会效益，推行理论文章、决策咨询研究报告、建言献策成果、优秀网络文章、艺术创作作品等与论文、专著等效评价。

（十二）健全教育人才评价体系。坚持立德树人，把教书育人作为教育人才评价的核心内容。深化高校教师评价制度改革，坚持社会主义办学方向，坚持思想政治素质和业务能力双重考察、全面考核和突出重点相结合，注重对师德师风、教育教学、科学研究、社会服务、专业发展的综合评价。坚持分类指导和分层次评价相结合，根据不同类型高校、不同岗位教师的职责特点，分类分层次分学科设置评价内容和评价方式。突出教育教学业绩评价，将人才培养中心任务落到实处，要求所有教师都必须承担教育教学工作，建立健全教学工作量评价标准，落实教授为本专科生授课制度，加强教学质量和课堂教学纪律考核。

适应现代职业教育发展需要，按照兼备专业理论知识和技能操作实践能力的要求，完善职业院校（含技工院校）"双师型"教师评价标准，吸纳行业、企业作为评价参与主体，重点评价其职业素养、专业教学能力和生产一线实践经验。

适应中小学素质教育和课程改革新要求，建立充分体现中小学教师岗位特点的评价标准，重点评价其教育教学方法、教书育人工作业绩和一线实践经历。严禁简单用学生升学率和考试成绩评价中小学教师。

（十三）改进医疗卫生人才评价制度。强化医疗卫生人才临床实践能力评价，完善涵盖医德医风、临床实践、科研带教、公共卫生服务等要素的评价指标体系，合理确定不同医疗卫生机构、不同专业岗位人才评价重点。对主要从事临床工作的人才，重点考察其临床医疗医技水平、实践操作能力和工作业绩，引入临床病历、诊治方案等作为评价依据。对主要从事科研工作的人才，重点考察其创新能力业绩，突出创新成果的转化应用能力。对主要从事疾病预防控制等的公共卫生人才，重点考察其流行病学调查、传染病疫情和突发公共卫生事件处置、疾病及危害因素监测与评价等能力。

建立符合全科医生岗位特点的评价机制，考核其掌握全科医学基本理论知识、常见病多发病诊疗、预防保健和提供基本公共卫生服务的能力，将签约居民数量、接诊量、服务质量、群众满意度作为重要评价因素。

按照强基层、保基本及分级诊疗要求，建立更加注重临床水平、服务质量、工作业绩的基层医疗卫生人才评价机制，鼓励医疗卫生人才服务基层，更好满足基层人民群众健康需求。

（十四）创新技术技能人才评价制度。适应工程技术专业化、标准化程度高、通用性强等特点,分专业领域建立健全工程技术人才评价标准,着力解决评价标准过于追求学术化问题,重点评价其掌握必备专业理论知识和解决工程技术难题、技术创造发明、技术推广应用、工程项目设计、工艺流程标准开发等实际能力和业绩。探索推动工程师国际互认,提高工程教育质量和工程技术人才职业化、国际化水平。

健全以职业能力为导向、以工作业绩为重点、注重职业道德和知识水平的技能人才评价体系。加快构建国家职业标准、行业企业工种岗位要求、专项职业能力考核规范等多层次职业标准。完善职业资格评价、职业技能等级认定、专项职业能力考核等多元化评价方式,做好评价结果有机衔接。坚持职业标准和岗位要求、职业能力考核和工作业绩评价、专业评价和企业认可相结合的原则,对技术技能型人才突出实际操作能力和解决关键生产技术难题要求,对知识技能型人才突出掌握运用理论知识指导生产实践、创造性开展工作要求,对复合技能型人才突出掌握多项技能、从事多工种多岗位复杂工作要求,引导鼓励技能人才培育精益求精的工匠精神。

(十五)完善面向企业、基层一线和青年人才的评价机制。建立与产业发展需求、经济结构相适应的企业人才评价机制,突出创新创业实践能力,推动企业自主创新能力提升。对业绩贡献突出的优秀企业家、经营管理人才、高层次创新创业人才,可放宽学历、资历、年限等申报条件。健全以市场和出资人认可为重要标准的企业经营管理人才评价体系,突出对经营业绩和综合素质的考核。建立社会化的职业经理人评价制度。

创新基层人才评价激励机制。对长期在基层一线和艰苦边远地区工作的人才,加大爱岗敬业表现、实际工作业绩、工作年限等评价权重,着力拓展基层人才职业发展空间。健全以职业农民为主体的农村实用人才评价制度,完善教育培训、认定评价管理、政策扶持"三位一体"的制度体系。完善社会工作专业人才职业水平评价制度,加强社会工作者职业化管理与激励保障,提升社会治理和社会服务现代化水平。

完善青年人才评价激励措施。破除论资排辈、重显绩不重潜力等陈旧观念,重点遴选支持一批有较大发展潜力、有真才实学、堪当重任的优秀青年人才。加大各类科技、教育、人才工程项目对青年人才支持力度,鼓励设立青年专项,促进优秀青年人才脱颖而出。探索建立优秀青年人才举荐制度。

五、健全完善人才评价管理服务制度

(十六)保障和落实用人单位自主权。尊重用人单位主导作用,支持用人单位结合自身功能定位和发展方向评价人才,促进人才评价与培养、使用、激励等相衔接。合理界定和下放人才评价权限,推动具备条件的高校、科研院所、医院、文化机构、大型企业、国家实验室、新型研发机构及其他人才智力密集单位自主开展评价聘用(任)工作。防止人才评价行政化、"官本位"倾向,充分发挥学术委员会等作用。对开展自主评价的单位,人才管理部门不再进行资格审批,通过完善信用机制、第三方评估、检查抽查等方式加强事中事后监管。

（十七）健全市场化、社会化的管理服务体系。进一步明确政府、市场、用人主体在人才评价中的职能定位，建立权责清晰、管理科学、协调高效的人才评价管理体制。推动人才管理部门转变职能、简政放权，强化政府人才评价宏观管理、政策法规制定、公共服务、监督保障等职能，减少审批事项和微观管理。发挥市场、社会等多元评价主体作用，积极培育发展各类人才评价社会组织和专业机构，逐步有序承接政府转移的人才评价职能。建立人才评价机构综合评估、动态调整机制。

（十八）优化公平公正的评价环境。加强人才评价法治建设，健全完善规章制度，提高评价质量和公信力，维护人才合法权益。严格规范评价程序，建立健全申报、审核、公示、反馈、申诉、巡查、举报、回溯等制度。加强评价专家数据库建设和资源共享，建立随机、回避、轮换的专家遴选机制，优化专家来源和结构，强化业内代表性。建立评价专家责任和信誉制度，实施退出和问责机制。强化人才评价综合治理，依法清理规范各类人才评价活动和发证、收费等事项，加强考试环境治理，落实考试安全主体责任。加强人才评价文化建设，提倡开展平等包容的学术批评、学术争论，保障不同学术观点的充分讨论，营造求真务实、鼓励创新、宽容失败的评价氛围和环境。

各地区各部门要坚持党管人才原则，切实加强党委和政府对改革完善人才评价机制的统一领导，党委组织部门要牵头抓总，有关部门要各司其职、密切配合，发挥社会力量重要作用，认真抓好组织落实。要深入调查研究，结合实际制定具体实施方案，加强分类指导，强化督促检查，确保改革任务落地见效。军队可根据本意见，结合实际建立健全军队人才评价机制。要坚持分类推进、先行试点、稳步实施，及时研究解决改革中遇到的新情况新问题。要加强政策解读和舆论引导，积极回应社会关切，为分类推进人才评价机制改革营造良好氛围。

（新华社北京 2018 年 2 月 26 日电）

国务院关于推行终身职业技能培训制度的意见

国发〔2018〕11号

各省、自治区、直辖市人民政府，国务院各部委、各直属机构：

职业技能培训是全面提升劳动者就业创业能力、缓解技能人才短缺的结构性矛盾、提高就业质量的根本举措，是适应经济高质量发展、培育经济发展新动能、推进供给侧结构性改革的内在要求，对推动大众创业万众创新、推进制造强国建设、提高全要素生产率、推动经济迈上中高端具有重要意义。为全面提高劳动者素质，促进就业创业和经济社会发展，根据党的十九大精神和"十三五"规划纲要相关要求，现就推行终身职业技能培训制度提出以下意见。

一、总体要求

（一）指导思想。

以习近平新时代中国特色社会主义思想为指导，全面深入贯彻党的十九大和十九届二中、三中全会精神，认真落实党中央、国务院决策部署，统筹推进"五位一体"总体布局和协调推进"四个全面"战略布局，坚持以人民为中心的发展思想，牢固树立新发展理念，深入实施就业优先战略和人才强国战略，适应经济转型升级、制造强国建设和劳动者就业创业需要，深化人力资源供给侧结构性改革，推行终身职业技能培训制度，大规模开展职业技能培训，着力提升培训的针对性和有效性，建设知识型、技能型、创新型劳动者大军，为全面建成社会主义现代化强国、实现中华民族伟大复兴的中国梦提供强大支撑。

（二）基本原则。

促进普惠均等。针对城乡全体劳动者，推进基本职业技能培训服务普惠性、均等化，注重服务终身，保障人人享有基本职业技能培训服务，全面提升培训质量、培训效益和群众满意度。

坚持需求导向。坚持以促进就业创业为目标，瞄准就业创业和经济社会发展需求确定培训内容，加强对就业创业重点群体的培训，提高培训后的就业创业成功率，着力缓解劳动者素质结构与经济社会发展需求不相适应、结构性就业矛盾突出的问题。

创新体制机制。推进职业技能培训市场化、社会化改革，充分发挥企业主体作用，鼓励支持社会力量参与，建立培训资源优化配置、培训载体多元发展、劳动者按需选择、政府加强监管服务的体制机制。

坚持统筹推进。加强职业技能开发和职业素质培养，全面做好技能人才培养、评价、选拔、使用、激励等工作，着力加强高技能人才队伍建设，形成有利于技能人才发展的制度体系和社会环境，促进技能振兴与发展。

（三）目标任务。

建立并推行覆盖城乡全体劳动者、贯穿劳动者学习工作终身、适应就业创业和人才成长需要以及经济社会发展需求的终身职业技能培训制度，实现培训对象普惠化、培训资源市场化、培训载体多元化、培训方式多样化、培训管理规范化，大规模开展高质量的职业技能培训，力争2020年后基本满足劳动者培训需要，努力培养造就规模宏大的高技能人才队伍和数以亿计的高素质劳动者。

二、构建终身职业技能培训体系

（四）完善终身职业技能培训政策和组织实施体系。面向城乡全体劳动者，完善从劳动预备开始，到劳动者实现就业创业并贯穿学习和职业生涯全过程的终身职业技能培训政策。以政府补贴培训、企业自主培训、市场化培训为主要供给，以公共实训机构、职业院校（含技工院校，下同）、职业培训机构和行业企业为主要载体，以就业技能培训、岗位技能提升培训和创业创新培训为主要形式，构建资源充足、布局合理、结构优化、载体多元、方式科学的培训组织实施体系。（人力资源社会保障部、教育部等按职责分工负责。列第一位者为牵头单位，下同）

（五）围绕就业创业重点群体，广泛开展就业技能培训。持续开展高校毕业生技能就业行动，增强高校毕业生适应产业发展、岗位需求和基层就业工作能力。深入实施农民工职业技能提升计划——"春潮行动"，将农村转移就业人员和新生代农民工培养成为高素质技能劳动者。配合化解过剩产能职工安置工作，实施失业人员和转岗职工特别职业培训计划。实施新型职业农民培育工程和农村实用人才培训计划，全面建立职业农民制度。对城乡未继续升学的初、高中毕业生开展劳动预备制培训。对即将退役的军人开展退役前技能储备培训和职业指导，对退役军人开展就业技能培训。面向符合条件的建档立卡贫困家庭、农村"低保"家庭、困难职工家庭和残疾人，开展技能脱贫攻坚行动，实施"雨露计划"、技能脱贫千校行动、残疾人职业技能提升计划。对服刑人员、强制隔离戒毒人员，开展以顺利回归社会为目的的就业技能培训。（人力资源社会保障部、教育部、工业和信息化部、民政部、司法部、住房城乡建设部、农业农村部、退役军人事务部、国务院国资委、国务院扶贫办、全国总工会、共青团中央、全国妇联、中国残联等按职责分工负责）

（六）充分发挥企业主体作用，全面加强企业职工岗位技能提升培训。将企业职工培训作为职业技能培训工作的重点，明确企业培训主体地位，完善激励政策，支持企业大规模开展职业技能培训，鼓励规模以上企业建立职业培训机构开展职工培训，并积极面向中小企业和社会承担培训任务，降低企业兴办职业培训机构成本，提高企业积极性。对接国民经济和社会发展中长期规划，适应高质量发展要求，推动企业健全职工培训制度，制定职工培训规划，采取岗前培训、学徒培训、在岗培训、脱产培训、业务研修、岗位练兵、技术比武、技能竞赛等方式，大幅提升职工技能水平。全面推行企业新型学徒制度，对企业新招用和转岗的技能岗位人员，通过校企合作方式，进行系统职业技能培训。发挥失业保险促进就业作用，支持符合条件的参保职工提升职业技能。健全校企合作制度，探索推进产教融合试点。（人力资源社会保障部、教育部、工业和信息化部、住房城乡建设部、国务院国资委、全国总工会等按职责分工负责）

（七）适应产业转型升级需要，着力加强高技能人才培训。面向经济社会发展急需紧缺职业（工种），大力开展高技能人才培训，增加高技能人才供给。深入实施国家高技能人才振兴计划，紧密结合战略性新兴产业、先进制造业、现代服务业等发展需求，开展技师、高级技师培训。对重点关键岗位的高技能人才，通过开展新知识、新技术、新工艺等方面培训以及技术研修攻关等方式，进一步提高他们的专业知识水平、解决实际问题能力和创新创造能力。支持高技能领军人才更多参与国家科研项目。发挥高技能领军人才在带徒传技、技能推广等方面的重要作用。（人力资源社会保障部、教育部、工业和信息化部、住房城乡建设部、国务院国资委、全国总工会等按职责分工负责）

（八）大力推进创业创新培训。组织有创业意愿和培训需求的人员参加创业创新培训。以高等学校和职业院校毕业生、科技人员、留学回国人员、退役军人、农村转移就业和返乡下乡创业人员、失业人员和转岗职工等群体为重点，依托高等学校、职业院校、职业培训机构、创业培训（实训）中心、创业孵化基地、众创空间、网络平台等，开展创业意识教育、创新素质培养、创业项目指导、开业指导、企业经营管理等培训，提升创业创新能力。健全以政策支持、项目评定、孵化实训、科技金融、创业服务为主要内容的创业创新支持体系，将高等学校、职业院校学生在校期间开展的"试创业"实践活动纳入政策支持范围。发挥技能大师工作室、劳模和职工创新工作室作用，开展集智创新、技术攻关、技能研修、技艺传承等群众性技术创新活动，做好创新成果总结命名推广工作，加大对劳动者创业创新的扶持力度。（人力资源社会保障部、教育部、科技部、工业和信息化部、住房城乡建设部、农业农村部、退役军人事务部、国务院国资委、国务院扶贫办、全国总工会、共青团中央、全国妇联、中国残联等按职责分工负责）

（九）强化工匠精神和职业素质培育。大力弘扬和培育工匠精神，坚持工学结合、知行合一、德技并修，完善激励机制，增强劳动者对职业理念、职业责任和职业使命的认识与理解，提高劳动者践行工匠精神的自觉性和主动性。广泛开展"大国工匠进校园"活动。加强职业素质培育，将职业道德、质量意识、法律意识、安全环保和健康卫生等要求贯穿职业培训全过程。(人力资源社会保障部、教育部、科技部、工业和信息化部、住房城乡建设部、国务院国资委、国家市场监督管理总局、全国总工会、共青团中央等按职责分工负责)

三、深化职业技能培训体制机制改革

(十) 建立职业技能培训市场化社会化发展机制。加大政府、企业、社会等各类培训资源优化整合力度，提高培训供给能力。广泛发动社会力量，大力发展民办职业技能培训。鼓励企业建设培训中心、职业院校、企业大学，开展职业训练院试点工作，为社会培育更多高技能人才。鼓励支持社会组织积极参与行业人才需求发布、就业状况分析、培训指导等工作。政府补贴的职业技能培训项目全部向具备资质的职业院校和培训机构开放。(人力资源社会保障部、教育部、工业和信息化部、民政部、国家市场监督管理总局、全国总工会等按职责分工负责)

(十一) 建立技能人才多元评价机制。健全以职业能力为导向、以工作业绩为重点、注重工匠精神培育和职业道德养成的技能人才评价体系。建立与国家职业资格制度相衔接、与终身职业技能培训制度相适应的职业技能等级制度。完善职业资格评价、职业技能等级认定、专项职业能力考核等多元化评价方式，促进评价结果有机衔接。健全技能人才评价管理服务体系，加强对评价质量的监管。建立以企业岗位练兵和技术比武为基础、以国家和行业竞赛为主体、国内竞赛与国际竞赛相衔接的职业技能竞赛体系，大力组织开展职业技能竞赛活动，积极参与世界技能大赛，拓展技能人才评价选拔渠道。(人力资源社会保障部、教育部、工业和信息化部、住房城乡建设部、国务院国资委、全国总工会、共青团中央、中国残联等按职责分工负责)

(十二) 建立职业技能培训质量评估监管机制。对职业技能培训公共服务项目实施目录清单管理，制定政府补贴培训目录、培训机构目录、鉴定评价机构目录、职业资格目录，及时向社会公开并实行动态调整。建立以培训合格率、就业创业成功率为重点的培训绩效评估体系，对培训机构、培训过程进行全方位监管。结合国家"金保工程"二期，建立基于互联网的职业技能培训公共服务平台，提升技能培训和鉴定评价信息化水平。探索建立劳动者职业技能培训电子档案，实现培训信息与就业、社会保障信息联通共享。(人力资源社会保障部、财政部等按职责分工负责)

(十三) 建立技能提升多渠道激励机制。支持劳动者凭技能提升待遇，建立健全技能人才培养、评价、使用、待遇相统一的激励机制。指导企业不唯学历和资历，建立基于岗位价值、能力素质、业绩贡献的工资分配机制，强化技能价值激励导向。制定企业技术工人技能要素和创新成果按贡献参与分配的办法，推动技术工人享受促进科技成果转化的有关政策，鼓励企业对高技能人才实行技术创新成果入股、岗位分红和股权期权等激励方式，鼓励凭技能创造财富、增加收入。落实技能人才积分落户、岗位聘任、职务职级晋升、参与职称评审、学习进修等政策。支持用人单位对聘用的高级工、技师、高级技师，比照相应层级工程技术人员确定其待遇。完善以国家奖励为导向、用人单位奖励为主体、社会奖励为补充的技能人才表彰奖励制度。（人力资源社会保障部、教育部、工业和信息化部、公安部、国务院国资委、国家公务员局等按职责分工负责）

四、提升职业技能培训基础能力

（十四）加强职业技能培训服务能力建设。推进职业技能培训公共服务体系建设，为劳动者提供市场供求信息咨询服务，引导培训机构按市场和产业发展需求设立培训项目，引导劳动者按需自主选择培训项目。推进培训内容和方式创新，鼓励开展新产业、新技术、新业态培训，大力推广"互联网+职业培训"模式，推动云计算、大数据、移动智能终端等信息网络技术在职业技能培训领域的应用，提高培训便利度和可及性。（人力资源社会保障部、国家发展改革委等按职责分工负责）

（十五）加强职业技能培训教学资源建设。紧跟新技术、新职业发展变化，建立职业分类动态调整机制，加快职业标准开发工作。建立国家基本职业培训包制度，促进职业技能培训规范化发展。支持弹性学习，建立学习成果积累和转换制度，促进职业技能培训与学历教育沟通衔接。实行专兼职教师制度，完善教师在职培训和企业实践制度，职业院校和培训机构可根据需要和条件自主招用企业技能人才任教。大力开展校长等管理人员培训和师资培训。发挥院校、行业企业作用，加强职业技能培训教材开发，提高教材质量，规范教材使用。（人力资源社会保障部、教育部等按职责分工负责）

（十六）加强职业技能培训基础平台建设。推进高技能人才培训基地、技能大师工作室建设，建成一批高技能人才培养培训、技能交流传承基地。加强公共实训基地、职业农民培育基地和创业孵化基地建设，逐步形成覆盖全国的技能实训和创业实训网络。对接世界技能大赛标准，加强竞赛集训基地建设，提升我国职业技能竞赛整体水平和青年技能人才培养质量。积极参与走出去战略和"一带一路"建设中的技能合作与交流。（人力资源社会保障部、国家发展改革委、教育部、科技部、工业和信息化部、财政部、农业农村部、商务部、国务院国资委、国家国际发展合作署等按职责分工负责）

五、保障措施

（十七）加强组织领导。地方各级人民政府要按照党中央、国务院的总体要求，把推行终身职业技能培训制度作为推进供给侧结构性改革的重要任务，根据经济社会发展、促进就业和人才发展总体规划，制定中长期职业技能培训规划并大力组织实施，推进政策落实。要建立政府统一领导，人力资源社会保障部门统筹协调，相关部门各司其职、密切配合，有关人民团体和社会组织广泛参与的工作机制，不断加大职业技能培训工作力度。（人力资源社会保障部等部门、单位和各省级人民政府按职责分工负责）

（十八）做好公共财政保障。地方各级人民政府要加大投入力度，落实职业技能培训补贴政策，发挥好政府资金的引导和撬动作用。合理调整就业补助资金支出结构，保障培训补贴资金落实到位。加大对用于职业技能培训各项补贴资金的整合力度，提高使用效益。完善经费补贴拨付流程,简化程序,提高效率。要规范财政资金管理,依法加强对培训补贴资金的监督,防止骗取、挪用,保障资金安全和效益。有条件的地区可安排经费,对职业技能培训教材开发、新职业研究、职业技能标准开发、师资培训、职业技能竞赛、评选表彰等基础工作给予支持。(人力资源社会保障部、教育部、财政部、审计署等按职责分工负责)

(十九)多渠道筹集经费。加大职业技能培训经费保障,建立政府、企业、社会多元投入机制,通过就业补助资金、企业职工教育培训经费、社会捐助赞助、劳动者个人缴费等多种渠道筹集培训资金。通过公益性社会团体或者县级以上人民政府及其部门用于职业教育的捐赠,依照税法相关规定在税前扣除。鼓励社会捐助、赞助职业技能竞赛活动。(人力资源社会保障部、教育部、工业和信息化部、民政部、财政部、国务院国资委、税务总局、全国总工会等按职责分工负责)

(二十)进一步优化社会环境。加强职业技能培训政策宣传,创新宣传方式,提升社会影响力和公众知晓度。积极开展技能展示交流,组织开展好职业教育活动周、世界青年技能日、技能中国行等活动,宣传校企合作、技能竞赛、技艺传承等成果,提高职业技能培训吸引力。大力宣传优秀技能人才先进事迹,大力营造劳动光荣的社会风尚和精益求精的敬业风气。(人力资源社会保障部、教育部、全国总工会、共青团中央等按职责分工负责)

国务院

2018 年 5 月 3 日

国务院办公厅关于进一步规范
行业协会商会收费的通知

国办发〔2020〕21号

各省、自治区、直辖市人民政府，国务院各部委、各直属机构：

进一步规范行业协会商会收费，是落实减税降费政策的重要举措，有利于为市场主体减负松绑、增添活力。要坚持以习近平新时代中国特色社会主义思想为指导，深入贯彻落实党的十九大和十九届二中、三中、四中全会精神，持续深化"放管服"改革，针对部分行业协会商会乱收费和监管不到位等突出问题，从严监管、综合施策、标本兼治，全面规范各类收费行为，进一步完善监管机制，做到对违法违规收费"零容忍"，促进行业协会商会健康有序发展。经国务院同意，现就有关事项通知如下：

一、全面清理取消行业协会商会违法违规收费

（一）严禁强制入会和强制收费。除法律法规另有规定外，行业协会商会不得强制或变相强制市场主体入会并收取会费，不得阻碍会员退会。行业协会商会不得依托行政机关或利用行业影响力，强制市场主体参加会议、培训、考试、展览、出国考察等各类收费活动或接受第三方机构有偿服务，不得强制市场主体付费订购有关产品、刊物，不得强制市场主体为行业协会商会赞助、捐赠。（民政部、市场监管总局按职责分工负责）

（二）严禁利用法定职责和行政机关委托、授权事项违规收费。未经批准，行业协会商会不得利用法定职责增设行政事业性收费项目或提高收费标准。行业协会商会不得继续实施或变相实施已经取消的行政许可，未与行政机关脱钩的行业协会商会不得开展与业务主管单位所负责行政审批相关的中介服务。行政机关委托行业协会商会开展相关工作，将行业协会商会服务事项作为行政行为前置条件，以及赋予行业协会商会推荐权、建议权、监督权等，均应实施清单管理并向社会公开，同时应合理安排支出，保障相关工作正常开展。行业协会商会应当向社会公开接受行政机关委托或授权的事项，以及相关办事流程、审查标准、办理时限、行政机关拨付经费情况等，严禁向市场主体违规收取费用。（国家发展改革委、财政部按职责分别牵头，各地区、各有关部门负责）

（三）严禁通过评比达标表彰活动收费。行业协会商会组织开展评比达标表彰活动要符合国家有关规定和自身章程，不得超出活动地域和业务范围，做到奖项设置合理、

评选范围和规模适当、评选条件和程序严格、评选过程透明，严禁向评选对象收取或变相收取任何费用。未经批准，不得对评比达标表彰活动冠以"中华人民共和国""中国""全国""中华""国家""国际""世界"等字样。（人力资源社会保障部、民政部负责）

（四）严禁通过职业资格认定违规收费。行业协会商会可以根据市场需要和行业需求，自行开展职业能力水平评价，但不得以此为由变相开展职业资格认定，颁发的证书不得使用"中华人民共和国"、"中国"、"全国"、"中华"、"国家"、"职业资格"或"人员资格"等字样和国旗、国徽标志。行业协会商会按照要求承担相关职业资格认定工作的，不得收取除考试费、鉴定费外的其他任何费用。（人力资源社会保障部、市场监管总局负责）

（五）组织开展自查抽查。2020年底前，各行业协会商会要按照上述要求，对收费情况开展全面自查，对于违法违规收费，要立即全面清理取消并限期退还违法违规所得。2021年3月底前，有关部门要对行业协会商会乱收费自查自纠情况组织开展抽查检查，确保整改到位。（市场监管总局、民政部按职责分别牵头，各地区、各有关部门负责）

二、进一步提升行业协会商会收费规范性和透明度

（六）持续规范会费收取标准和程序。行业协会商会应按照法律法规和自身章程要求，合理、自主确定会费标准和档次，并明确会员享有的基本服务，严禁只收费不服务或多头重复收费。会费标准须经会员（代表）大会以无记名投票方式表决通过，未按规定程序制定或修改会费标准的，一律不得收取会费。对已脱钩和直接登记的行业协会商会确定的会费标准，行政机关不得通过行政手段强制要求调整。行业协会商会不得利用分支（代表）机构多头收取会费，不得采取"收费返成"等方式吸收会员、收取会费。（民政部负责）

（七）合理设定经营服务性收费标准。对于行业协会商会开展的具有一定垄断性和强制性的经营服务性收费项目，要通过放宽准入条件、引入多元化服务主体等方式破除垄断，实现服务价格市场化；暂时无法破除垄断的，应按照合法合理、弥补成本、略有盈余的原则确定收费标准，并经会员（代表）大会或理事会以无记名投票方式表决通过。对于其他能够由市场调节价格的经营服务性收费项目，引导行业协会商会在合法合理的前提下，根据服务成本、市场需求和当地经济发展水平等因素确定收费标准，并向社会公示。2020年底前，各行业协会商会要按照上述要求完成经营服务性收费标准调整和规范工作。（国家发展改革委牵头，民政部、市场监管总局、工业和信息化部、财政部、人民银行、国务院国资委、银保监会、证监会等国务院相关部门及各地区按职责分别负责）

（八）推动降低部分重点领域行业协会商会偏高收费。依法加强对行业协会商会特

别是银行、证券、基金、期货、资产评估等履行法定职责的行业协会商会收费项目的成本审核。2020年底前,有关地区和部门要针对部分行业协会商会收费项目多、标准高、经费使用不透明等突出问题,督促指导相关行业协会商会综合考虑会员经营状况、承受能力、行业发展水平等因素,严格核定成本,合理制定收费标准,防止过高收费。(国家发展改革委牵头,民政部、财政部、自然资源部、人民银行、银保监会、证监会等国务院相关部门及各地区按职责分别负责)

三、建立健全行业协会商会收费长效监管机制

(九)强化收费源头治理。2020年底前,基本完成行业协会商会与行政机关脱钩改革,从根本上解决行业协会商会依托行政机关或利用行政影响力乱收费问题。推动出台《社会组织登记管理条例》。严把行业协会商会登记入口关,探索完善行业协会商会退出机制,推进行业协会商会优化整合,减轻市场主体多头缴费负担。(国家发展改革委、民政部、司法部等国务院相关部门及各地区按职责分别负责)

(十)进一步落实部门监管职责。发展改革部门要做好行业协会商会收费政策相关组织实施工作,市场监管部门要加强对行业协会商会收费及价格行为的监督检查并依法查处行业协会商会违法违规收费行为,民政、财政、审计等部门要按职责分工切实加大对行业协会商会收费的监管力度。各业务主管单位和行业管理部门要分别对未脱钩、已脱钩行业协会商会的业务活动加强指导和监管,地方各级政府要落实对本地区行业协会商会的监督管理责任。(国家发展改革委、民政部、财政部、审计署、市场监管总局等国务院相关部门及各地区按职责分别负责)

(十一)完善投诉举报机制。依托各级减轻企业负担举报机制、"12315"举报平台和中国社会组织公共服务平台举报系统等,畅通行业协会商会乱收费问题投诉举报渠道,建立投诉举报处理反馈机制,对违法违规收费行为发现一起、查处一起。定期曝光行业协会商会的违法违规收费典型案例。(工业和信息化部、市场监管总局、民政部、国家发展改革委、财政部等国务院相关部门及各地区按职责分别负责)

(十二)加强行业协会商会自身建设。行业协会商会要健全内部监督制度,严格约束收费行为,通过"信用中国"网站以及协会商会门户网站、微信公众号等渠道,向社会公示收费项目、收费性质、服务内容、收费标准及依据等信息,向会员公示年度财务收支情况,自觉接受社会监督。(各地区、各有关部门负责)

(十三)支持行业协会商会更好发挥作用。各级行政机关要充分发挥行业协会商会积极作用,加强对行业协会商会的管理服务。行业协会商会要推动行业企业自律,并及时反映行业企业诉求,维护行业企业合法权益,为市场主体提供优质服务。鼓励行业协会商会积极参与相关标准和政策性文件制修订,鼓励行政机关向行业协会商会购买服务。及时总结推广行业协会商会在行业自治、服务企业等方面的典型经验做法,促进行业协会商会持续规范健康发展。(各地区、各有关部门负责)

各地区、各有关部门要结合实际和自身职责，抓紧制定完善相关配套政策措施和具体管理办法，认真抓好贯彻落实。国家发展改革委、市场监管总局、民政部要会同有关部门加强督促指导和监督检查，确保各项任务落实到位。

国务院办公厅
2020 年 7 月 2 日

中共中央办公厅 国务院办公厅印发
《关于加强新时代高技能人才队伍建设的意见》

近日,中共中央办公厅、国务院办公厅印发了《关于加强新时代高技能人才队伍建设的意见》,并发出通知,要求各地区各部门结合实际认真贯彻落实。

《关于加强新时代高技能人才队伍建设的意见》全文如下。

技能人才是支撑中国制造、中国创造的重要力量。加强高级工以上的高技能人才队伍建设,对巩固和发展工人阶级先进性,增强国家核心竞争力和科技创新能力,缓解就业结构性矛盾,推动高质量发展具有重要意义。为贯彻落实党中央、国务院决策部署,加强新时代高技能人才队伍建设,现提出如下意见。

一、总体要求

(一)指导思想。以习近平新时代中国特色社会主义思想为指导,深入贯彻党的十九大和十九届历次全会精神,全面贯彻习近平总书记关于做好新时代人才工作的重要思想,坚持党管人才,立足新发展阶段,贯彻新发展理念,服务构建新发展格局,推动高质量发展,深入实施新时代人才强国战略,以服务发展、稳定就业为导向,大力弘扬劳模精神、劳动精神、工匠精神,全面实施"技能中国行动",健全技能人才培养、使用、评价、激励制度,构建党委领导、政府主导、政策支持、企业主体、社会参与的高技能人才工作体系,打造一支爱党报国、敬业奉献、技艺精湛、素质优良、规模宏大、结构合理的高技能人才队伍。

(二)目标任务。到"十四五"时期末,高技能人才制度政策更加健全、培养体系更加完善、岗位使用更加合理、评价机制更加科学、激励保障更加有力,尊重技能尊重劳动的社会氛围更加浓厚,技能人才规模不断壮大、素质稳步提升、结构持续优化、收入稳定增加,技能人才占就业人员的比例达到30%以上,高技能人才占技能人才的比例达到1/3,东部省份高技能人才占技能人才的比例达到35%。力争到2035年,技能人才规模持续壮大、素质大幅提高,高技能人才数量、结构与基本实现社会主义现代化的要求相适应。

二、加大高技能人才培养力度

(三)健全高技能人才培养体系。构建以行业企业为主体、职业学校(含技工院校,下同)为基础、政府推动与社会支持相结合的高技能人才培养体系。行业主管部门和行业组织要结合本行业生产、技术发展趋势,做好高技能人才供需预测和培养规划。鼓励各类企业结合实际把高技能人才培养纳入企业发展总体规划和年度计划,依托企业培训中心、产教融合实训基地、高技能人才培训基地、公共实训基地、技能大师工作室、劳模和工匠人才创新工作室、网络学习平台等,大力培养高技能人才。国有企业要结合实际将高技能人才培养规划的制定和实施情况纳入考核评价体系。鼓励各类企业事业组织、社会团体及其他社会组织以独资、合资、合作等方式依法参与举办职业教育培训机构,积极参与承接政府购买服务。对纳入产教融合型企业建设培育范围的企业兴办职业教育符合条件的投资,可依据有关规定按投资额的30%抵免当年应缴教育费附加和地方教育附加。

(四)创新高技能人才培养模式。探索中国特色学徒制。深化产教融合、校企合作,开展订单式培养、套餐制培训,创新校企双制、校中厂、厂中校等方式。对联合培养高技能人才成效显著的企业,各级政府按规定予以表扬和相应政策支持。完善项目制培养模式,针对不同类别不同群体高技能人才实施差异化培养项目。鼓励通过名师带徒、技能研修、岗位练兵、技能竞赛、技术交流等形式,开放式培训高技能人才。建立技能人才继续教育制度,推广求学圆梦行动,定期组织开展研修交流活动,促进技能人才知识更新与技术创新、工艺改造、产业优化升级要求相适应。

(五)加大急需紧缺高技能人才培养力度。围绕国家重大战略、重大工程、重大项目、重点产业对高技能人才的需求,实施高技能领军人才培育计划。支持制造业企业围绕转型升级和产业基础再造工程项目,实施制造业技能根基工程。围绕建设网络强国、数字中国,实施提升全民数字素养与技能行动,建立一批数字技能人才培养试验区,打造一批数字素养与技能提升培训基地,举办全民数字素养与技能提升活动,实施数字教育培训资源开放共享行动。围绕乡村振兴战略,实施乡村工匠培育计划,挖掘、保护和传承民间传统技艺,打造一批"工匠园区"。

(六)发挥职业学校培养高技能人才的基础性作用。优化职业教育类型、院校布局和专业设置。采取中等职业学校和普通高中同批次并行招生等措施,稳定中等职业学校招生规模。在技工院校中普遍推行工学一体化技能人才培养模式。允许职业学校开展有偿性社会培训、技术服务或创办企业,所取得的收入可按一定比例作为办学经费自主安排使用;公办职业学校所取得的收入可按一定比例作为绩效工资来源,用于支付本校教师和其他培训教师的劳动报酬。合理保障职业学校师资受公派临时出国(境)参加培训访学、进修学习、技能交流等学术交流活动相关费用。切实保障职业学校学生在升学、就业、职业发展等方面与同层次普通学校学生享有平等机会。实施现代职业教育质量提升计划,支持职业学校改善办学条件。

(七)优化高技能人才培养资源和服务供给。实施国家乡村振兴重点帮扶地区职业技能提升工程,加大东西部协作和对口帮扶力度。健全公共职业技能培训体系,实施职业技能培训共建共享行动,开展县域职业技能培训共建共享试点。加快探索"互联网+职业技能培训",构建线上线下相结合的培训模式。依托"金保工程",加快推进职业技能培训实名制管理工作,建立以社会保障卡为载体的劳动者终身职业技能培训电子档案。

三、完善技能导向的使用制度

(八)健全高技能人才岗位使用机制。企业可设立技能津贴、班组长津贴、带徒津贴等,支持鼓励高技能人才在岗位上发挥技能、管理班组、带徒传技。鼓励企业根据需要,建立高技能领军人才"揭榜领题"以及参与重大生产决策、重大技术革新和技术攻关项目的制度。实行"技师+工程师"等团队合作模式,在科研和技术攻关中发挥高技能人才创新能力。鼓励支持高技能人才兼任职业学校实习实训指导教师。注重青年高技能人才选用。高技能人才配置状况应作为生产经营性企业及其他实体参加重大工程项目招投标、评优和资质评估的重要因素。

(九)完善技能要素参与分配制度。引导企业建立健全基于岗位价值、能力素质和业绩贡献的技能人才薪酬分配制度,实现多劳者多得、技高者多得,促进人力资源优化配置。国有企业在工资分配上要发挥向技能人才倾斜的示范作用。完善企业薪酬调查和信息发布制度,鼓励有条件的地区发布分职业(工种、岗位)、分技能等级的工资价位信息,为企业与技能人才协商确定工资水平提供信息参考。用人单位在聘的高技能人才在学习进修、岗位聘任、职务晋升、工资福利等方面,分别比照相应层级专业技术人员享受同等待遇。完善科技成果转化收益分享机制,对在技术革新或技术攻关中作出突出贡献的高技能人才给予奖励。高技能人才可实行年薪制、协议工资制,企业可对作出突出贡献的优秀高技能人才实行特岗特酬,鼓励符合条件的企业积极运用中长期激励工具,加大对高技能人才的激励力度。畅通为高技能人才建立企业年金的机制,鼓励和引导企业为包括高技能人才在内的职工建立企业年金。完善高技能特殊人才特殊待遇政策。

(十)完善技能人才稳才留才引才机制。鼓励和引导企业关心关爱技能人才,依法保障技能人才合法权益,合理确定劳动报酬。健全人才服务体系,促进技能人才合理流动,提高技能人才配置效率。建立健全技能人才柔性流动机制,鼓励技能人才通过兼职、服务、技术攻关、项目合作等方式更好发挥作用。畅通高技能人才向专业技术岗位或管理岗位流动渠道。引导企业规范开展共享用工。支持各地结合产业发展需求实际,将急需紧缺技能人才纳入人才引进目录,引导技能人才向欠发达地区、基层一线流动。支持各地将高技能人才纳入城市直接落户范围,高技能人才的配偶、子女按有关规定享受公共就业、教育、住房等保障服务。

四、建立技能人才职业技能等级制度和多元化评价机制

(十一)拓宽技能人才职业发展通道。建立健全技能人才职业技能等级制度。对设

有高级技师的职业（工种），可在其上增设特级技师和首席技师技术职务（岗位），在初级工之下补设学徒工，形成由学徒工、初级工、中级工、高级工、技师、高级技师、特级技师、首席技师构成的"八级工"职业技能等级（岗位）序列。鼓励符合条件的专业技术人员按有关规定申请参加相应职业（工种）的职业技能评价。支持各地面向符合条件的技能人才招聘事业单位工作人员，重视从技能人才中培养选拔党政干部。建立职业资格、职业技能等级与相应职称、学历的双向比照认定制度，推进学历教育学习成果、非学历教育学习成果、职业技能等级学分转换互认，建立国家资历框架。

（十二）健全职业标准体系和评价制度。健全符合我国国情的现代职业分类体系，完善新职业信息发布制度。完善由国家职业标准、行业企业评价规范、专项职业能力考核规范等构成的多层次、相互衔接的职业标准体系。探索开展技能人员职业标准国际互通、证书国际互认工作，各地可建立境外技能人员职业资格认可清单制度。健全以职业资格评价、职业技能等级认定和专项职业能力考核等为主要内容的技能人才评价机制。完善以职业能力为导向、以工作业绩为重点，注重工匠精神培育和职业道德养成的技能人才评价体系，推动职业技能评价与终身职业技能培训制度相适应，与使用、待遇相衔接。深化职业资格制度改革，完善职业资格目录，实行动态调整。围绕新业态、新技术和劳务品牌、地方特色产业、非物质文化遗产传承项目等，加大专项职业能力考核项目开发力度。

（十三）推行职业技能等级认定。支持符合条件的企业自主确定技能人才评价职业（工种）范围，自主设置岗位等级，自主开发制定岗位规范，自主运用评价方式开展技能人才职业技能等级评价；企业对新招录或未定级职工，可根据其日常表现、工作业绩，结合职业标准和企业岗位规范要求，直接认定相应的职业技能等级。打破学历、资历、年龄、比例等限制，对技能高超、业绩突出的一线职工，可直接认定高级工以上职业技能等级。对解决重大工艺技术难题和重大质量问题、技术创新成果获得省部级以上奖项、"师带徒"业绩突出的高技能人才，可破格晋升职业技能等级。推进"学历证书+若干职业技能证书"制度实施。强化技能人才评价规范管理，加大对社会培训评价组织的征集遴选力度，优化遴选条件，构建政府监管、机构自律、社会监督的质量监督体系，保障评价认定结果的科学性、公平性和权威性。

（十四）完善职业技能竞赛体系。广泛深入开展职业技能竞赛，完善以世界技能大赛为引领、全国职业技能大赛为龙头、全国行业和地方各级职业技能竞赛以及专项赛为主体、企业和院校职业技能比赛为基础的中国特色职业技能竞赛体系。依托现有资源，加强世界技能大赛综合训练中心、研究（研修）中心、集训基地等平台建设，推动世界技能大赛成果转化。定期举办全国职业技能大赛，推动省、市、县开展综合性竞赛活动。鼓励行业开展特色竞赛活动，举办乡村振兴职业技能大赛。举办世界职业院校技能大赛、全国职业院校技能大赛等职业学校技能竞赛。健全竞赛管理制度，推行"赛展演会"结合的办赛模式,建立政府、企业和社会多方参与的竞赛投入保障机制,加强竞赛专兼职队伍建设,提高竞赛科学化、规范化、专业化水平。完善并落实竞赛获奖选手表彰奖励、升学、职业技能等级晋升等政策。鼓励企业对竞赛获奖选手建立与岗位使用及薪酬待遇挂钩的长效激励机制。

五、建立高技能人才表彰激励机制

(十五)加大高技能人才表彰奖励力度。建立以国家表彰为引领、行业企业奖励为主体、社会奖励为补充的高技能人才表彰奖励体系。完善评选表彰中华技能大奖获得者和全国技术能手制度。国家级荣誉适当向高技能人才倾斜。加大高技能人才在全国劳动模范和先进工作者、国家科学技术奖等相关表彰中的评选力度,积极推荐高技能人才享受政府特殊津贴,对符合条件的高技能人才按规定授予五一劳动奖章、青年五四奖章、青年岗位能手、三八红旗手、巾帼建功标兵等荣誉,提高全社会对技能人才的认可认同。

(十六)健全高技能人才激励机制。加强对技能人才的政治引领和政治吸纳,注重做好党委(党组)联系服务高技能人才工作。将高技能人才纳入各地人才分类目录。注重依法依章程推荐高技能人才为人民代表大会代表候选人、政治协商会议委员人选、群团组织代表大会代表或委员会委员候选人。进一步提高高技能人才在职工代表大会中的比例,支持高技能人才参与企业管理。按照有关规定,选拔推荐优秀高技能人才到工会、共青团、妇联等群团组织挂职或兼职。建立高技能人才休假疗养制度,鼓励支持分级开展高技能人才休假疗养、研修交流和节日慰问等活动。

六、保障措施

(十七)强化组织领导。坚持党对高技能人才队伍建设的全面领导,确保正确政治方向。各级党委和政府要将高技能人才工作纳入本地区经济社会发展、人才队伍建设总体部署和考核范围。在本级人才工作领导小组统筹协调下,建立组织部门牵头抓总、人力资源社会保障部门组织实施、有关部门各司其职、行业企业和社会各方广泛参与的高技能人才工作机制。各地区各部门要大力宣传技能人才在经济社会发展中的作用和贡献,进一步营造重视、关心、尊重高技能人才的社会氛围,形成劳动光荣、技能宝贵、创造伟大的时代风尚。

(十八)加强政策支持。各级政府要统筹利用现有资金渠道,按规定支持高技能人才工作。企业要按规定足额提取和使用职工教育经费,60%以上用于一线职工教育和培训。落实企业职工教育经费税前扣除政策,有条件的地方可探索建立省级统一的企业职工教育经费使用管理制度。各地要按规定发挥好有关教育经费等各类资金作用,支持职业教育发展。

(十九)加强技能人才基础工作。充分利用大数据、云计算等新一代信息技术,加强技能人才工作信息化建设。建立健全高技能人才库。加强高技能人才理论研究和成果转化。大力推进符合高技能人才培养需求的精品课程、教材和师资建设，开发高技能人才培养标准和一体化课程。加强国际交流合作，推动实施技能领域"走出去""引进来"合作项目，支持青年学生、毕业生参与青年国际实习交流计划，推进与各国在技能领域的交流互鉴。

（新华社北京 2022 年 10 月 7 日电）

人力资源社会保障部关于在工程技术领域实现高技能人才与工程技术人才职业发展贯通的意见（试行）

人社部发〔2018〕74号

各省、自治区、直辖市及新疆生产建设兵团人力资源社会保障厅（局），国务院各部委、各直属机构人事劳动保障工作机构，中央企业等人事劳动保障工作机构：

为拓宽人才发展空间，促进人才合理流动，提高技术技能人才待遇和地位，根据党中央、国务院《新时期产业工人队伍建设改革方案》《关于深化职称制度改革的意见》等有关要求，现就在工程技术领域实现高技能人才与工程技术人才职业发展贯通提出如下意见。

一、总体要求

（一）指导思想。

全面贯彻党的十九大和十九届二中、三中全会精神，坚持以习近平新时代中国特色社会主义思想为指导，牢固树立和贯彻落实新发展理念，深入实施人才强国战略，坚决破除束缚人才发展的思想观念和体制机制障碍，最大限度激发各类人才创新创造创业活力，努力形成人人渴望成才、人人努力成才、人人皆可成才、人人尽展其才的良好局面，加快建设知识型、技能型、创新型劳动者大军，为实现"两个一百年"奋斗目标和中华民族伟大复兴中国梦提供坚实人才保障。

（二）基本原则。

1. 坚持遵循规律。适应人才融合发展趋势，遵循社会主义市场经济规律和人才成长规律，建立高技能人才与专业技术人才职业发展通道，促进两类人才深度融合。

2. 坚持问题导向。针对束缚人才发展的思想观念和体制机制问题，打破职业技能评价与专业技术职称评审界限，改变人才发展独木桥、天花板现象，搭建人才成长立交桥。

3. 坚持科学评价。破除身份、学历、资历等障碍，突出品德、能力、业绩评价导向，建立体现两类人才特点的评价机制，让各类人才价值得到充分尊重和体现。两类人才贯通条件大体平衡，适当向高技能人才倾斜。

4. 坚持以用为本。围绕用好用活两类人才，发挥用人主体作用，建立评价与培养使用激励相联系的机制，营造有利于人才成长和发挥作用的制度环境。

二、主要内容

（一）支持工程技术领域高技能人才参评工程系列专业技术职称。

1. 明确参评范围。参加工程系列专业技术职称评审的高技能人才，应为在工程技术领域生产一线岗位，从事技术技能工作，具有高超技艺和精湛技能，能够进行创造性劳动，并作出贡献的技能劳动者。

2. 严格评审条件。高技能人才参加工程系列专业技术职称评审应具备以下基本条件：符合国家规定的工程技术人才职称评价基本标准条件；遵守单位规章制度和生产操作规程；具有高级工以上职业资格或职业技能等级，在现工作岗位上近3年年度考核合格。

技工院校中级工班、高级工班、预备技师（技师）班毕业，可分别按相当于中专、大专、本科学历申报评审相应专业职称。

获得高级工职业资格或职业技能等级后从事技术技能工作满2年，可申报评审相应专业助理工程师；获得技师职业资格或职业技能等级后从事技术技能工作满3年，可申报评审相应专业工程师；获得高级技师职业资格或职业技能等级后从事技术技能工作满4年，可申报评审相应专业高级工程师。

3. 突出高技能人才工作特点。高技能人才职称评审应充分体现其职业特点，坚持把职业道德放在评审的首位，引导技能人才爱岗敬业，弘扬工匠精神。要以职业能力和工作业绩评定为重点，注重评价高技能人才执行操作规程、解决生产难题、完成工作任务、参与技术改造革新、传技带徒等方面的能力和贡献，把技能技艺、工作实绩、生产效率、产品质量、技术和专利发明、科研成果、技能竞赛成绩等作为评价条件。改变唯身份、唯论文等倾向，不得将身份、论文等作为高技能人才职称评审的限制性条件。要通过职称评审，评价选拔一批技能精湛、专业知识扎实的工程技术人才，鼓励和支持他们在更宽广的领域钻研业务，解决工程技术难题，促进工程理论知识与技术技能的深度融合。

4. 注重向高技能领军人才倾斜。对长期坚守生产一线且在工程技术岗位从事技术技能工作、具有高超技艺技能和一流业绩水平、为经济发展和国家重大战略实施作出突出贡献的高技能人才，包括获得中华技能大奖、全国技术能手等荣誉，担任国家级技能大师工作室负责人，享受省级以上政府特殊津贴，或各省（自治区、直辖市）人民政府认定的高技能领军人才，可破格申报专业技术职称评审。

（二）鼓励专业技术人才参加职业技能评价。

1. 首次参加职业技能评价（含职业技能鉴定和职业技能等级认定，下同）。专业技术人才在技能岗位工作，可按有关规定申请参加与现岗位相对应职业（工种）的职业技能评价。取得助理工程师、工程师、高级工程师职称，其累计工作年限达到申报条件的，可分别申请参加与现岗位相对应职业（工种）的高级工、技师、高级技师职业技能评价，合格后取得相应职业资格证书或职业技能等级证书。

2. 参加晋级评价。专业技术人才在取得现从事职业（工种）职业资格或职业技能等级1年后，可按累计工作年限申报现从事职业（工种）晋级评价。助理工程师在取得现从事职业（工种）高级工1年后，其累计工作年限达到技师申报条件的，可申报技师考评；工程师在取得现从事职业（工种）技师1年后，其累计工作年限达到高级技师申报条件的，可申报高级技师考评。

3. 注重技能考核。对参加职业技能评价的专业技术人才，应注重技能考核。对具有所申报职业（专业）或相关职业（专业）毕业证书的，可免于理论知识考试。

（三）建立评价与培养使用激励相联系的工作机制。

落实中共中央办公厅、国务院办公厅《关于提高技术工人待遇的意见》要求，鼓励用人单位对在聘的高级工、技师、高级技师在学习进修、岗位聘任、职务职级晋升等方面，比照相应层级工程技术人员享受同等待遇。

三、组织实施

在工程技术领域实现高技能人才与工程技术人才职业发展贯通，促进技能人才与专业技术人才融合发展，是贯彻落实党中央、国务院人才强国战略部署的重要举措，各级人力资源社会保障部门要加强统筹管理，各部门和各有关单位要高度重视，加强领导，精心组织。要健全完善制度，制定具体实施方案，对评价条件、评价程序、评价办法和配套政策等作出具体规定。要严格评价标准，规范评价程序，不得随意降低评价标准条件，不得擅自扩大评价范围。要坚持试点先行，及时总结经验，逐步推开。要完善监管机制，加强指导监督，及时妥善处理工作中遇到的各种新情况新问题。要加强舆论引导，搞好政策解读，引导广大技能人才和专业技术人才积极参与和支持贯通工作，促进人才流动和发展。

人力资源社会保障部
2018年11月25日

人力资源社会保障部关于改革完善技能人才评价制度的意见

人社部发〔2019〕90号

各省、自治区、直辖市及新疆生产建设兵团人力资源社会保障厅（局），国务院各部委、各直属机构人事劳动保障工作机构，中央军委办公厅秘书局，有关行业组织、中央企业等人事劳动保障工作机构：

建立科学的技能人才评价制度，对于加强职业技能培训，提高劳动者素质，促进劳动者就业创业，激励引导技能人才成长成才具有重要作用。为贯彻落实《关于分类推进人才评价机制改革的指导意见》等文件精神，根据国务院推进"放管服"改革要求，现就改革完善技能人才评价制度提出如下意见。

一、总体要求

（一）指导思想。全面贯彻党的十九大和十九届二中、三中全会精神，以习近平新时代中国特色社会主义思想为指导，认真落实党中央、国务院决策部署，紧紧围绕统筹推进"五位一体"总体布局和协调推进"四个全面"战略布局，牢固树立新发展理念，深入实施人才强国战略、创新驱动发展战略和就业优先战略，加大"放管服"改革力度，加快政府职能转变，深化职业资格制度改革，建立职业技能等级制度，健全完善技能人才评价体系，形成科学化、社会化、多元化的技能人才评价机制，为实施职业技能提升行动，建设知识型、技能型、创新型劳动者大军做好支持服务。

（二）基本原则。

——坚持深化改革。围绕"放管服"改革部署要求，深化技能人才评价机制改革，进一步简政放权，推动政府职能转变，形成适应经济社会发展和技能人才发展需要的评价制度。

——坚持多元评价。完善国家职业资格目录，实行清单式管理，建立职业技能等级制度并做好与职业资格制度的衔接，规范专项职业能力考核，实行多元化技能评价。

——坚持科学公正。科学制定评价标准，注重职业道德，体现工匠精神，突出职业能力导向，强化工作业绩和贡献，推动评价工作科学、客观、公正进行。

——坚持以用为本。推动人才评价与使用激励紧密结合，引导技能人才培养培训，畅通技能人才发展通道，促进提高技能人才待遇水平和社会地位。

（三）主要目标。发挥政府、用人单位、社会组织等多元主体作用，建立健全以职业资格评价、职业技能等级认定和专项职业能力考核等为主要内容的技能人才评价制度，完善宏观管理、标准构建、组织实施、质量监管、服务保障等工作体系，形成有利于技能人才成长和发挥作用的制度环境，促进优秀技能人才脱颖而出，为经济高质量发展提供支撑。

二、改革技能人才评价制度

（四）深化技能人员职业资格制度改革。巩固职业资格改革成果，完善国家职业资格目录。对准入类职业资格，继续保留在国家职业资格目录内。对关系公共利益或涉及国家安全、公共安全、人身健康、生命财产安全的水平评价类职业资格，要依法依规转为准入类职业资格。对与国家安全、公共安全、人身健康、生命财产安全关系不密切的水平评价类职业资格，要逐步调整退出目录，对其中社会通用性强、专业性强、技术技能要求高的职业（工种），可根据经济社会发展需要，实行职业技能等级认定。

（五）建立职业技能等级制度。建立并推行职业技能等级制度，由用人单位和社会培训评价组织按照有关规定开展职业技能等级认定。符合条件的用人单位可结合实际面向本单位职工自主开展，符合条件的用人单位按规定面向本单位以外人员提供职业技能等级认定服务。符合条件的社会培训评价组织可根据市场和就业需要，面向全体劳动者开展。职业技能等级认定要坚持客观、公正、科学、规范的原则，认定结果要经得起市场检验、为社会广泛认可。

（六）规范专项职业能力考核。根据脱贫攻坚、乡村振兴、农村转移劳动力培训等工作需要，开展专项职业能力考核工作。要结合新兴产业发展、地方特色产业需要和就业创业需求，选择市场需求大、可就业创业的最小技能单元（模块）进行专项职业能力考核，作为技能人才评价的重要补充。

三、健全技能人才评价标准

（七）建立健全评价标准。国家确定职业分类，依据职业分类，建立由国家职业技能标准、行业企业评价规范、专项职业能力考核规范等构成的多层次、相互衔接的职业标准体系，作为开展技能人才评价的依据。职业资格评价要依据国家职业技能标准组织开展；职业技能等级认定要依据国家职业技能标准或行业企业评价规范组织开展；专项职业能力考核要依据经备案的考核规范组织开展。推动成熟的行业企业评价规范和专项职业能力考核规范上升为国家职业技能标准。

（八）完善标准开发机制。国家职业技能标准由人力资源社会保障部会同有关行业部门组织制定并颁布。行业企业评价规范由行业组织和用人单位参照《国家职业技能标准编制技术规程》开发。专项职业能力考核规范按照有关规定组织开发。

（九）合理确定技能等级。按照国家职业技能标准和行业企业评价规范设置的职业技能等级，一般分为初级工、中级工、高级工、技师和高级技师五个等级。企业可根据需要，在相应的职业技能等级内划分层次，或在高级技师之上设立特级技师、首席技师等，拓宽技能人才职业发展空间。

四、完善评价内容和方式

（十）突出品德、能力和业绩评价。坚持把品德作为技能人才评价的首要内容，全面考察技能人才的工匠精神、职业道德、职业操守和从业行为，强化社会责任。坚持以能力、业绩、贡献为导向，注重考核岗位工作绩效，强化生产服务成果、创新成果和实际贡献。

（十一）实行分类评价。用人单位和社会培训评价组织要根据不同类型技能人才的工作特点，实行差别化技能评价。在统一的评价标准体系框架基础上，对技术技能型人才的评价，要突出实际操作能力和解决关键生产技术难题要求，并根据需要增加新知识、新技术、新方法等方面的要求。对知识技能型人才的评价，要围绕高新技术发展需要，突出掌握运用理论知识指导生产实践、创造性开展工作要求。对复合技能型人才的评价，应根据产业结构调整和科技进步发展，突出掌握多项技能、从事多工种多岗位复杂工作要求。

（十二）创新评价方式。用人单位和社会培训评价组织可结合实际，按规定综合运用理论知识考试、技能操作考核、业绩评审、竞赛选拔、企校合作等多种鉴定考评方式，克服唯学历、唯职称、唯论文倾向，提高评价的针对性和有效性。用人单位、技工院校坚持就业导向，自主开展职业技能等级认定，或委托社会培训评价组织进行职业技能等级认定。

五、加强监督管理服务

（十三）实行目录管理。建立技能人才评价工作目录管理制度并实行动态调整。动态发布新职业信息和国家职业技能标准。职业资格及实施机构由国家职业资格目录规定。职业技能等级认定工作实行目录管理，向社会公开。中央企业由人力资源社会保障部进行遴选，纳入职业技能等级认定目录，所属子公司、分公司等分支机构由所在地省级人力资源社会保障部门给予工作支持、兑现相应待遇并进行监管；其他用人单位由所在地省级人力资源社会保障部门进行遴选，纳入属地管理。社会培训评价组织由人力资源社会保障部进行遴选，纳入职业技能等级认定目录。

（十四）规范证书发放管理。职业资格证书按规定颁发。职业技能等级证书由用人单位和社会培训评价组织颁发，由人力资源社会保障部制定编码规则，规范证书（或电子证书）样式。按规定发放的职业资格证书和职业技能等级证书纳入人才统计和认定范围，作为落实有关人才政策的依据。

（十五）完善监督管理措施。各地要做好本地区技能人才评价工作的综合管理，通过现场督查、同行监督和社会监督，采取"双随机、一公开"和"互联网+监管"等方式,加强对用人单位和社会培训评价组织及其评价活动的监督管理。建立职业技能等级认定工作质量监控体系,健全用人单位和社会培训评价组织评估机制,定期组织评估,评估结果向社会公开。

(十六)加快政府职能转变。加大技能人才评价工作改革力度,进一步明确政府、市场、用人单位、社会组织等在人才评价中的职能定位,建立权责清晰、管理科学、协调高效的人才评价管理体制。改进政府人才评价宏观管理、政策法规制定、公共服务、监督保障等工作。推进人力资源社会保障部门所属职业技能鉴定中心职能调整,逐步退出具体认定工作,转向加强质量监督、提供公共服务等工作。鼓励支持社会组织、市场机构以及企业、院校等作为社会培训评价组织,提供技能评价服务。

各地区各部门要充分认识技能人才评价制度改革的重要性,将技能人才评价制度改革纳入重要议事日程,加强组织领导,结合实际制定具体办法并指导实施。要做好与职业资格相关政策的衔接过渡,稳慎有序推进改革。各地区各部门各有关方面要加强政策解读和舆论引导,积极回应社会关切,形成全社会关心支持参与技能人才评价制度改革的良好氛围。

人力资源社会保障部
2019 年 8 月 19 日

人力资源社会保障部办公厅 公安部办公厅 市场监管总局办公厅关于加强职业技能评价规范管理工作的通知

人社厅发〔2024〕27号

各省、自治区、直辖市及新疆生产建设兵团人力资源社会保障厅（局）、公安厅（局）、市场监管局（厅、委）：

加强职业技能评价规范管理，对于开展职业技能培训、提高劳动者素质、引导激励技能人才成长成才具有重要促进作用。为进一步巩固职业技能培训和评价专项整治工作成果，持续加强职业技能评价监督管理，促进技能人才高质量发展，为经济社会发展提供有力技能人才支撑，现就有关事项通知如下。

一、严格规范多元评价。职业技能评价主要通过职业资格评价、职业技能等级认定和专项职业能力考核进行。职业资格评价按照人力资源社会保障部公布的现行《国家职业资格目录》，由相关部门（单位）依据国家职业标准和有关规定实施。职业技能等级认定由经人力资源社会保障部门遴选公布的用人单位和社会培训评价组织实施，其中用人单位对本单位职工（含劳务派遣等人员）依据国家职业标准和评价规范自主进行职业技能等级认定；社会培训评价组织按照市场化、社会化、专业化原则，依据国家职业标准面向社会开展职业技能等级认定。专项职业能力考核要结合新兴产业发展、地方特色产业需要和就业创业需求，选择市场需求大、可就业创业的最小技能单元（模块），并依据专项职业能力考核规范组织开展。国家职业标准由人力资源社会保障部组织制定颁布；评价规范由用人单位依据《国家职业标准编制技术规程（2023年版）》制定。

二、加强评价质量管理。职业资格评价和职业技能等级认定可通过考核评价或工作业绩评审认定等方式进行。职业资格实施部门（单位）和职业技能等级认定用人单位、社会培训评价组织（以下统称评价机构）组织考核评价，应当制定考务管理、质量管理、证书管理和收费标准等管理办法，并向社会公开。各地人力资源社会保障部门要加强考务组织，指导评价机构按照命题技术规程做好试题试卷命制工作。评价机构应建立考评人员和内部质量督导人员队伍，完善考核评价场地、设施设备等，妥善保管评价工作全过程资料，确保评价过程和结果可追溯、可倒查。

三、加大监管查处力度。按照"谁备案谁监管"的原则，现行《国家职业资格目录》内的职业资格实施部门（单位）会同人力资源社会保障部门对职业资格评价实施监管。按照"谁遴选谁监管"的原则，人力资源社会保障部门会同有关部门对职业技能等级认定实施监管。评价机构应在属地开展职业技能评价活动。各地人力资源社会保障部门会同公安、市场监管等部门对评价机构及其开展的评价活动进行常态化监管，对不严格执行国家职业标准或评价规范、不严格审核报考条件、甚至伪造报名资格、伪造试卷、编造虚假资料、不考试就发证、滥发倒卖证书等行为，应取消评价结果、宣布证书作废、撤销上传证书数据，追回相应补贴资金，对相关评价机构给予限期整改、移出职业技能评价机构目录等处理；构成职务犯罪的，移交纪检监察部门处理；构成其他犯罪的，移交公安机关依法追究刑事责任。有关单位开展的评价活动所发证书或在商业宣传时假借行政机关名义、违规使用国徽和行政机关标志、违规使用"中华人民共和国""中国""中华""国家""全国""职业资格""人员资格""职业技能鉴定""包过""保过"等字样的，限期整改并依法给予行政处罚；情节严重的，移送有关部门依法处理。

四、强化信息平台建设。加强机构管理、考务管理、评价监管等信息化建设，加强与有关部门信息互联互通，逐步实现信息共享比对、远程监控、违纪违规行为预警等功能，提高监管服务效率和水平。人力资源社会保障部依托"平台企业协同共治系统"，向平台企业发送指令和合规提示，督促平台企业对"职业资格""职业技能鉴定""职业资格证书""职业技能等级证书"等禁限售商品服务信息加强管控。各地人力资源社会保障部门依托技能人才评价工作网等现有信息系统，建立职业技能评价服务监管平台，实现职业技能评价全过程、全链条信息记录。

五、建立长效工作机制。各地人力资源社会保障部门要加强和有关行业主管部门沟通协调，通过质量督导、现场督查、同行监督、社会监督，采取"双随机、一公开"和"互联网+监管"等方式，将职业技能评价纳入有效监管。要加强基础能力建设，健全规章制度和风险防控体系，不断强化源头防控。要深入开展警示教育，适时选择代表性强、危害性大的违纪违规典型案例，通过新闻报道、以案说法、专家点评等方式及时向社会公开，以案示警、以案明纪，切实增强党员干部纪律意识、规矩意识和底线思维，严禁滥用职权、徇私舞弊、造假牟利，积极营造风清气正的职业技能评价工作氛围。

人力资源社会保障部办公厅
公安部办公厅
市场监管总局办公厅
2024年5月9日

人力资源社会保障部办公厅关于做好人力资源社会保障部门职业资格实施机构职能调整有关工作的通知

人社厅发〔2020〕49号

各省、自治区、直辖市及新疆生产建设兵团人力资源社会保障厅（局）：

根据2019年12月国务院常务会议关于推进职业资格实施机构职能调整的有关要求，为推动政府职能转变，深化技能人才评价体制机制改革，现就做好人力资源社会保障部门职业资格实施机构职能调整有关工作通知如下。

一、深化职业资格改革，推动政府职能转变

按照党的十四届三中全会关于"实行学历文凭和职业资格两种证书制度"要求，我国从1994年开始建立职业资格证书制度，各级人力资源社会保障部门（原劳动部门）逐步建立职业技能鉴定中心，形成遍布全国、覆盖省市县的职业技能鉴定组织实施体系，承担组织实施职业技能鉴定、推行技能人员职业资格制度有关工作。2013年以来，国务院推进"放管服"改革，先后取消七批职业资格许可和认定事项，削减比例达70%以上。2017年9月，经国务院同意，我部向社会公布国家职业资格目录。2019年12月，国务院常务会议决定，水平评价类技能人员职业资格全部退出国家职业资格目录，推行社会化职业技能等级认定，并要求稳妥推进现有职业资格实施机构职能调整。这是推动政府职能转变、形成以市场为导向的技能人才培养使用机制的一场革命。

贯彻落实上述要求，各级人力资源社会保障部门职业技能鉴定中心（以下简称鉴定中心）要进行职能调整，从今年起有序退出水平评价类技能人员职业资格具体认定工作，转向加强质量监督、提供公共服务等工作。各级人力资源社会保障部门要提高政治站位，充分认识这项工作的重要意义，进一步明确政府、市场、用人主体在技能人才评价中的职能定位，做好技能人才评价制度改革工作。

二、积极稳妥做好技能人才评价工作

在有序做好水平评价类技能人员职业资格退出国家职业资格目录、推行社会化职业技能等级认定工作过程中，各级鉴定中心要在行政部门指导下做好以下工作：

（一）大力推动职业技能等级认定工作。做好用人单位和社会培训评价组织的征集遴选工作。依托用人单位和社会培训评价组织，将水平评价类技能人员职业资格转为职业技能等级认定，为技能人才队伍建设提供支持服务。

（二）加快技能人才评价基础工作。做好职业技能标准和评价规范开发、命题和题库建设、考务管理服务等的技术指导。加强考评人员、督导人员和专家队伍建设。推进信息化建设和信息统计分析工作。

（三）做好技能人才评价工作的监督管理。强化属地监管，加强对本地区职业技能等级认定工作的质量监管，对群众投诉举报和媒体报道反映的问题及时调查核实处理。

（四）做好技能竞赛的组织实施与技术支持工作。协助做好技能人才评选表彰和高技能人才研修交流服务等有关事务性工作。

三、有关要求

（一）各级人力资源社会保障部门要将职业资格实施机构职能调整作为深化"放管服"改革的重要内容和关键环节，列入重要议事日程，加强组织领导，扎实推动落实。要及时研究职能调整中遇到的新情况新问题，加大与有关部门政策沟通协调力度，积极稳妥推进，确保各项工作平稳有序进行。

（二）各级鉴定中心要围绕中心、服务大局，进一步明确职能定位，切实履行职责，面向社会提供公益服务，为机关行使职能提供支持保障。要简化程序，优化流程，积极组织动员用人单位和社会培训评价组织开展职业技能等级认定，做好技能人才培养评价工作。

（三）推进技能人才评价制度改革是一项涉及面广、政策性强的工作。各级人力资源社会保障部门要做好政策解读和舆论引导工作，提升公众知晓度，及时回应社会关切，营造良好氛围。

人力资源社会保障部办公厅
2020 年 5 月 8 日

人力资源社会保障部办公厅关于支持企业大力开展技能人才评价工作的通知

人社厅发〔2020〕104号

各省、自治区、直辖市及新疆生产建设兵团人力资源社会保障厅（局），国务院有关部委、直属机构人事劳动保障工作机构，有关行业组织、企业人事劳动保障工作机构：

为深入贯彻习近平总书记关于健全技能人才培养、使用、评价、激励制度的重要指示精神，深化技能人才评价制度改革，现就做好支持企业大力开展技能人才评价工作有关事项通知如下。

一、支持企业自主开展技能人才评价。按照党中央、国务院"放管服"改革要求，加快政府职能转变，充分发挥市场在资源配置中的决定性作用，激发市场主体活力，向用人主体放权，按照"谁用人、谁评价、谁发证、谁负责"的原则，支持各级各类企业自主开展技能人才评价工作，发放职业技能等级证书，推动建立以市场为导向、以企业等用人单位为主体、以职业技能等级认定为主要方式的技能人才评价制度。解决水平评价类技能人员职业资格退出国家职业资格目录后技能人才评价载体缺失、评价工作急需跟进等问题，不断优化政策，畅通技能人才发展通道，努力形成人人渴望成才、人人努力成才、人人皆可成才、人人尽展其才的良好局面。

二、企业自主确定评价范围。符合条件、经备案的企业可面向本企业职工（含劳务派遣、劳务外包等各类用工人员）组织开展职业技能水平评价工作，实施职业技能等级认定，并将人才评价与培养、使用、待遇有机结合。企业可结合生产经营主业，依据国家职业分类大典和新发布的职业（工种），自主确定评价职业（工种）范围。对职业分类大典未列入但企业生产经营中实际存在的技能岗位，可按照相邻相近原则对应到职业分类大典内职业（工种）实施评价。支持企业参与新职业开发工作，推动较为成熟的技能岗位纳入国家职业分类体系。

三、企业自主设置职业技能等级。企业可以国家职业技能标准设置的五级（初级工）、四级（中级工）、三级（高级工）、二级（技师）和一级（高级技师）为基础，自主设置职业技能岗位等级，形成具有自身特色的评价等级结构，建立技能人才成长通道。企业可设置学徒工、特级技师、首席技师等岗位等级，并明确其与国家职业技能标准相应技能等级之间的对应关系；企业还可在技能等级内细分层级。

四、依托企业开发评价标准规范。适应产业发展和技术变革需求，发挥企业技术优势开发职业技能标准或评价规范，建立科学合理、符合生产实际的评价标准体系。企业可根据相应的国家职业技能标准，结合企业工种（岗位）特殊要求，对职业功能、工作内容、技能要求和申报条件等进行适当调整，原则上不低于国家职业技能标准要求。无相应国家职业技能标准的，企业可参照《国家职业技能标准编制技术规程》，自主开发制定企业评价规范。支持较为成熟和影响较大的企业评价规范，按程序申报国家职业技能标准。

五、企业自主运用评价方法。建立以职业能力为导向、以工作业绩为重点、注重工匠精神和职业道德养成的技能人才评价体系。坚持把品德作为评价的首要内容，重点考察劳动者执行操作规程、进行安全生产、解决生产问题和完成工作任务的能力，并注重考核岗位工作绩效，强化生产服务结果、创新成果和实际贡献。要把技能人才评价工作融入日常生产经营活动过程中，灵活运用过程化考核、模块化考核和业绩评审、直接认定等多种方式。探索利用现代信息技术，创新技能评价方式。

六、积极开展职业技能竞赛评价。发挥以赛促训、以赛促评作用，将职业技能竞赛作为技能人才评价的重要方式之一，促进评价工作公开公平公正。鼓励企业按照国家职业技能标准和行业企业评价规范要求，大力开展职业技能竞赛、岗位练兵、技术比武等活动，并将竞赛结果与职业技能等级认定相衔接。支持企业职工参加各级各类职业技能竞赛，对在职业技能竞赛中取得优异成绩的人员，可按规定晋升相应职业技能等级。

七、贯通企业技能人才职业发展。适应人才融合发展趋势，建立职业技能等级认定与专业技术职称评审贯通机制，破除身份、学历、资历等障碍，搭建企业人才成长立交桥。落实在工程技术领域实现高技能人才与工程技术人才职业发展贯通的意见要求，逐步扩大贯通领域，能扩尽扩，能融尽融。

八、提升企业评价服务能力。加强企业评价基础能力建设，发挥已有职业技能鉴定技术优势和组织优势，依托设在企业的职业技能鉴定所站、高技能人才培训基地和技能大师工作室等组织开展评价工作。鼓励备案企业申请为社会培训评价组织，为其他中小企业和社会人员提供人才评价服务。深化产教融合、企校合作，支持企业为院校学生提供人才评价服务，引导院校科学合理设置专业和课程。

九、加强质量督导和服务保障工作。各级人力资源社会保障部门要按照属地原则，加强对本地区企业技能人才评价工作的指导服务和质量督导。要健全工作机制，优化服务流程，简化程序，采取上门服务、现场集中办理、网上申报、告知承诺、网络核验等方式，做好企业技能人才评价工作的备案、质量管理和技术支持服务工作。加强跨地区协作，企业所在地人力资源社会保障部门要加强与企业子公司所在地人力资源社会保障部门的沟通衔接，建立信息互通、结果互认机制。企业按规定颁发的职业技能等级证书，纳入各级人力资源社会保障部门建设的证书查询系统，向社会公开。人力资源社会保障部门要将取得职业技能等级证书的人员纳入人才统计范围，并按规定落实相应人才政策。

各地人力资源社会保障部门在工作中遇到的突出问题，请及时向我部反映。

人力资源社会保障部办公厅

2020 年 11 月 7 日

人力资源社会保障部关于健全完善新时代技能人才职业技能等级制度的意见（试行）

人社部发〔2022〕14 号

各省、自治区、直辖市及新疆生产建设兵团人力资源社会保障厅（局），国务院各部委、各直属机构人事劳动保障工作机构，中央军委政治工作部兵员和文职人员局，有关行业组织、企业人事劳动保障工作机构：

为贯彻落实习近平总书记关于产业工人队伍建设和技能人才工作的一系列重要指示精神，根据中共中央、国务院关于新时期产业工人队伍建设改革、加强和改进新时代人才工作等有关文件要求，现就健全完善新时代技能人才职业技能等级制度提出如下意见。

一、总体要求

（一）指导思想

以习近平新时代中国特色社会主义思想为指导，全面贯彻党的十九大和十九届历次全会以及中央人才工作会议精神，健全技能人才培养、使用、评价、激励制度，畅通技能人才职业发展通道，提高待遇水平，增强荣誉感获得感幸福感，吸引更多劳动者走技能成才、技能报国之路，缓解技能人才短缺问题，充分发挥技能人才在经济社会高质量发展中的重要作用，为全面建设社会主义现代化国家提供有力的人才和技能支撑。

（二）基本原则

——坚持能力为本。围绕经济社会发展对技能人才的需求，充分发挥评价"指挥棒"作用，引导各级各类职业技能培训机构培训方向，激发技能人才参加职业技能培训的内生动力。

——坚持科学评价。遵循技能人才成长规律，以品德、能力、业绩、贡献为导向，完善职业标准，创新评价方式，规范评价流程，坚持考评结合、逐级认定，客观公正评价。优秀的可越级考评。

——坚持效果导向。聚焦技能人才职业发展中的"天花板"问题，完善职业技能等级（岗位）设置体系，畅通技能人才职业发展通道，延伸拓展其成长进步阶梯，推动形成人人学技能、有技能、长技能、比技能的技能型社会。

——坚持岗位使用。围绕用好用活人才，完善促进技能人才发展的政策措施，营造有利于技能人才成长和发挥作用的制度环境，让更多技能人才立足岗位，钻研技能，执着专注，实现岗位成才。

（三）目标任务

"十四五"期末，在以技能人员为主体的规模以上企业和其他用人单位（以下简称用人单位）中，全面推行职业技能等级认定，普遍建立与国家职业资格制度相衔接、与终身职业技能培训制度相适应，并与使用相结合、与待遇相匹配的新时代技能人才职业技能等级制度。涌现一大批高技能领军人才、大国工匠、能工巧匠，高端带动作用不断增强，引领集聚效应不断扩展，培养造就一支数量充足、结构合理、等级清晰、素质优良的产业工人队伍。

二、健全职业技能等级制度体系

（四）全面推行职业技能等级制度。实行技能人才职业技能等级制度，由用人单位和社会培训评价组织（以下简称社评组织）按照有关规定实施职业技能等级认定，使有技能等级晋升需求的人员均有机会得到技能评价。对关系公共利益或涉及国家安全、公共安全、人身健康、生命财产安全的职业（工种），纳入国家职业资格目录，依法实行职业资格准入，并做好与职业技能等级认定的衔接。

（五）健全技能岗位等级设置。企业根据技术技能发展水平等情况，结合实际，在现有职业技能等级设置的基础上适当增加或调整技能等级。对设有高级技师的职业（工种），可在其上增设特级技师和首席技师技术职务（岗位），在初级工之下补设学徒工，形成由学徒工、初级工、中级工、高级工、技师、高级技师、特级技师、首席技师构成的职业技能等级（岗位）序列。行业企业根据自身特点，考虑历史沿用、约定俗成等因素，对上述技能等级名称可使用不同称谓，并明确其与相应技能等级的对应关系。

（六）完善职业标准体系。建立健全由职业标准、评价规范、专项职业能力考核规范等构成的多层次、相互衔接、国际可比的职业标准体系。以满足人力资源管理需要和职业教育培训、技能评价需要为目标，按照职业标准编制技术规程确定的原则和要求开发职业标准或评价规范，并将职业道德、职业操守和劳模精神、劳动精神、工匠精神等要求纳入其中。对国家确定的职业（工种），各省（区、市）和部门（行业）可依托行业组织、龙头企业和院校等开发职业标准或评价规范。

（七）促进职业发展贯通。以职业分类为基础，统筹规划职业技能等级制度、职称制度、职业资格制度框架，并建立境外职业资格证书认可清单制度，避免交叉重复设置和评价，降低社会用人成本。鼓励专业技术人才参加职业技能评价。探索在数字经济领域促进技术技能人才融合发展。

三、完善职业技能等级认定机制

（八）实行分类考核评价。用人单位和社评组织要根据不同类型技能人才的工作特点，实行分类评价。在统一的职业标准体系框架基础上，对技术技能型人才的评价，要突出实际操作能力和解决关键生产技术难题等要求。对知识技能型人才的评价，要突出掌握运用理论知识指导生产实践、创造性开展工作等要求。对复合技能型人才的评价，要突出掌握多项技能、从事多工种多岗位复杂工作等要求。

（九）采取不同考核评价方式。学徒工的转正定级考核，由用人单位在其跟随师傅学习期满和试用期满后，依据本单位有关要求进行。参加中国特色企业新型学徒制的学员按照培养目标进行考核定级。初级工、中级工、高级工、技师、高级技师等级考核是技能考核评价的主体，由用人单位和社评组织按照职业标准和有关规定进行。鼓励支持采取以赛代评方式，依据职业标准举办的职业技能竞赛按照有关规定对获得优秀等次的选手晋升相应职业技能等级。

首席技师、特级技师是在高技能人才中设置的高级技术职务（岗位），一般应在有高级技师的职业（工种）领域中设立，通过评聘的方式进行，实行岗位聘任制。要稳妥有序开展特级技师、首席技师评聘工作，不搞高级技师普遍晋升。对本意见印发前已开展高级技师以上评审工作的，按照本意见有关要求进行复核确认。

特级技师评聘工作要在工程技术领域先行试点的基础上逐步扩大范围，由省级及以上人力资源社会保障部门指导用人单位制定实施方案，对评审标准、程序、办法和配套措施等作出具体规定。用人单位按照制定方案、组织评审、公示核准、任职聘用等程序组织实施。

首席技师原则上从特级技师中产生。首席技师是在技术技能领域作出重大贡献，或本地区、本行业企业公认具有高超技能、精湛技艺的高技能人才。首席技师评聘工作要在特级技师评聘的基础上先行试点、逐步推开，由省级及以上人力资源社会保障部门、国务院有关行业主管部门指导用人单位实施，采取基层推荐、地方或行业评审、公示核准、用人单位聘任等程序进行。

（十）支持用人单位自主开展职业技能等级认定。用人单位结合生产经营特点和实际需要，按照有关规定自主开展技能人才评价。鼓励用人单位在职业技能等级认定工作初期，广泛开展定级考评，根据岗位条件、职工日常表现、工作业绩等，按照有关规定认定职工相应职业技能等级。用人单位可将职业技能等级认定与岗位练兵、技术比武、技术攻关、揭榜领题等相结合。打破学历、资历、年龄、比例等限制，对技艺高超、业绩突出的一线职工，按照规定直接认定其相应技能等级。被派遣劳动者可在用工单位进行职业技能等级认定。

（十一）推行社会化职业技能等级认定。按照统筹规划、合理布局、严格条件、择优遴选、动态调整的原则，面向社会公开征集遴选社评组织。社评组织根据市场需求和劳动者就业创业需要，依据有关规定，按照客观、公正、科学、规范的原则，面向劳动者开展职业技能等级认定。

（十二）指导技工院校全面开展职业技能等级认定。促进技工院校教学与企业用人需求紧密结合，推行工学一体化技能人才培养模式，加强专业设置与产业需求对接、课程内容与职业标准对接、教学过程与工作过程对接，积极为学生提供职业技能等级认定服务。同时，支持技工院校依托合作企业为学生提供职业技能等级认定服务。加大将技工院校培育为社评组织力度，面向各类就业群体提供职业技能等级认定服务。

四、促进职业技能等级认定结果与培养使用待遇相结合

（十三）充分发挥技能评价对提高培养培训质量的导向作用。要将职业技能等级认定作为引导职业技能培训方向、检验培训质量的重要手段。依据职业标准组织开展各等级职业技能培训，突出能力导向，强化高技能人才培训，促进职业技能培训与职业技能等级认定有机衔接。推动建立并形成贯穿劳动者学习工作终身、覆盖劳动者职业生涯全程的职业技能培训制度。

（十四）促进职业技能等级认定结果与岗位使用有效衔接。建立评价与使用相结合的机制，评以适用、以用促评。用人单位结合用人需求，根据职业技能等级认定结果合理安排使用技能人才，实现职业技能等级认定结果与技能人才使用相衔接。实行聘期管理制度，健全日常和动态考核制度，在岗位聘用中实现人员能上能下。

（十五）建立与职业技能等级（岗位）序列相匹配的岗位绩效工资制。推动《技能人才薪酬分配指引》落实落地，强化工资收入分配的技能价值激励导向。引导用人单位建立基于岗位价值、能力素质、业绩贡献的工资分配制度，将职业技能等级作为技能人才工资分配的重要参考，突出技能人才实际贡献，通过在工资结构中设置体现技术技能价值的工资单元，或根据职业技能等级设置单独的技能津贴等方式，合理确定技能人才工资水平，实现多劳者多得、技高者多得。

（十六）健全高技能人才激励机制。引导用人单位工资分配向高技能人才倾斜，高技能人才人均工资增幅不低于本单位相应层级专业技术人员和管理人员人均工资增幅。对优秀的高技能人才，可探索实行协议工资、项目工资、年薪制、专项特殊奖励、股权期权激励、技术创新成果入股、岗位分红等激励办法。对在聘的高级工、技师、高级技师在学习进修、岗位聘任、职务职级晋升、评优评奖、科研项目申报等方面，比照相应层级专业技术人员享受同等待遇。聘用到特级技师岗位的人员，比照正高级职称人员享受同等待遇。首席技师薪酬待遇可参照本单位高级管理人员标准确定或根据实际确定，不低于特级技师薪酬待遇。机关事业单位工勤（工勤技能）人员的职业技能等级（岗位）设置和薪酬待遇按照有关规定执行。

五、加强服务监管

（十七）加强组织领导。健全完善职业技能等级制度关系广大技能人才的切身利益，涉及面广，政治性、政策性和技术性都非常强。各级人力资源社会保障部门要充分认识实施职业技能等级制度的重要意义，要从提升技能人才社会地位、巩固党的执政基础、实现人民共同富裕的高度,切实加强组织领导,统筹规划,周密部署,精心组织。要做好推动落实、服务保障、监督检查以及宣传引导等工作。

(十八)健全公共服务体系。按照全覆盖、可及性、便利性的要求,建立健全技能人才评价服务体系。做好评价机构备案服务,公布机构目录并实行动态调整。严格、规范证书(或电子证书)管理。建立完善信息化服务管理系统,面向社会提供技能人才评价机构和证书查询验证服务。加强跨区域职业技能等级认定结果互认,探索职业技能等级认定结果国际互认。

(十九)加强质量督导和监管。建立健全质量监管体系,实现事前事中事后全链条全领域监管。各地要按照属地管理原则,做好技能人才评价工作的综合管理。加强质量督导,采取"双随机、一公开"和"互联网+监管"等方式,加强对用人单位和社评组织及其评价活动的监督管理和指导。健全评价质量评估机制,及时向社会公开评估结果。用人单位和社评组织要落实评价质量管理主体责任,接受同行监督和社会监督。

附件:职业技能等级(岗位)要求

人力资源社会保障部
2022 年 3 月 18 日

附件

职业技能等级（岗位）要求

序号	级别名称	基本要求	实施机构
1	学徒工	能够基本完成本职业某一方面的主要工作。	用人单位
2	初级工	能够运用基本技能独立完成本职业的常规工作。	
3	中级工	能够熟练运用基本技能独立完成本职业的常规工作；在特定情况下，能够运用专门技能完成技术较为复杂的工作；能够与他人合作。	
4	高级工	能够熟练运用基本技能和专门技能完成本职业较为复杂的工作，包括完成部分非常规性的工作；能够独立处理工作中出现的问题；能够指导和培训初、中级工。	
5	技师	能够熟练运用专门技能和特殊技能完成本职业复杂的、非常规性的工作；掌握本职业的关键技术技能，能够独立处理和解决技术或工艺难题；在技术技能方面有创新；能够指导和培训初、中、高级工；具有一定的技术管理能力。	用人单位和社评组织
6	高级技师	能够熟练运用专门技能和特殊技能在本职业的各个领域完成复杂的、非常规性工作；熟练掌握本职业的关键技术技能，能够独立处理和解决高难度的技术问题或工艺难题；在技术攻关和工艺革新方面有创新；能够组织开展技术改造、技术革新活动；能够组织开展系统的专业技术培训；具有技术管理能力。	
7	特级技师	在生产科研一线从事技术技能工作、业绩贡献突出的"企业高技能领军人才"。能够熟练运用专门技能和特殊技能在本职业的各个领域完成复杂的、非常规性工作；精通本职业及相关职业的重要理论原理及关键技术技能，能够独立处理和解决高难度的技术问题或工艺难题；承担传授技艺的任务，在技能人才梯队培养上作出突出贡献。	省级及以上人力资源社会保障部门指导用人单位实施
8	首席技师	在技术技能领域作出重大贡献，或在本地区、本行业企业具有公认的高超技能、精湛技艺的"地方或行业企业高技能领军人才"。为地方、行业企业高技能人才队伍建设作出突出贡献；为国家重大技术攻关、成果转化、技术创新、发明等作出突出贡献，在地方、行业企业的技术进步与发展中发挥关键作用，专业水平在地方、行业企业具有很高认可度和影响力。	省级及以上人力资源社会保障部门、国务院有关行业主管部门指导用人单位实施

注：1. 行业企业可结合实际对上述要求进行修订完善。

2. 上述职业技能等级证书样式和编码按照有关规定确定。证书编码第16位为大写英文字母或阿拉伯数字，其中"X"表示"学徒工"，"T"表示"特级技师"，"S"表示"首席技师"，"5、4、3、2、1"分别表示"初级工、中级工、高级工、技师、高级技师"。

人力资源社会保障部办公厅关于印发《国家职业标准编制技术规程（2023年版）》的通知

人社厅发〔2023〕31号

各省、自治区、直辖市及新疆生产建设兵团人力资源社会保障厅（局），中共海南省委人才发展局，中央和国家机关有关部门组织人事部门，中央军委政治工作部兵员局、文职人员局，有关行业组织、企业人事劳动保障工作机构：

根据《中华人民共和国劳动法》有关规定和《中共中央办公厅 国务院办公厅关于加强新时代高技能人才队伍建设的意见》有关要求，为健全完善由国家职业标准、行业企业评价规范、专项职业能力考核规范等构成的多层次、相互衔接的职业标准体系，我们对《国家职业技能标准编制技术规程（2018年版）》进行了全面修订。同时，结合工作实际，新增了专业技术类职业标准编制有关内容。现将修订后的《国家职业标准编制技术规程（2023年版）》（以下简称《规程》）印发给你们，请遵照执行。

本《规程》自印发之日起施行。2012年颁布、2018年修订颁布的《国家职业技能标准编制技术规程》同时废止。现行国家职业标准中有关内容与本《规程》不一致的，以本《规程》为准。

人力资源社会保障部办公厅
2023年8月31日

国家职业标准编制技术规程（2023年版）

目　录

第一部分　技能类

1　范围 …………………………………………………………………………… 223
2　术语和定义 …………………………………………………………………… 223
　2.1　职业 …………………………………………………………………… 223
　2.2　职业分类 ……………………………………………………………… 223
　2.3　国家职业标准（技能类）…………………………………………… 223
3　总则 …………………………………………………………………………… 223
　3.1　指导思想 ……………………………………………………………… 223
　3.2　工作目标 ……………………………………………………………… 223
　3.3　编制原则 ……………………………………………………………… 223
4　职业标准结构要素 …………………………………………………………… 224
　4.1　封面 …………………………………………………………………… 224
　4.2　说明 …………………………………………………………………… 224
　4.3　内容 …………………………………………………………………… 224
　4.4　附录 …………………………………………………………………… 224
5　职业标准内容 ………………………………………………………………… 224
　5.1　职业概况 ……………………………………………………………… 224
　5.2　基本要求 ……………………………………………………………… 227
　5.3　工作要求 ……………………………………………………………… 227
　5.4　权重表 ………………………………………………………………… 229
6　编制程序 ……………………………………………………………………… 230
　6.1　组织开发 ……………………………………………………………… 230
　6.2　公开征集 ……………………………………………………………… 232
7　职业标准编排格式 …………………………………………………………… 233
　7.1　职业标准报批稿格式 ………………………………………………… 233
　7.2　职业标准出版格式 …………………………………………………… 233

附录1：职业标准结构图（略）
附录2：职业技能等级划分依据（略）

附录 3：职业环境条件描述要素（略）

附录 4：职业能力特征描述要素（略）

附录 5：申请参加职业技能评价的条件（略）

附录 6：职业标准编制启动会或评审会程序（略）

附录 7：职业标准报批稿格式（略）

附录 8：职业标准报批稿的字体和字号要求（略）

附录 9：职业标准出版格式（略）

附录 10：职业标准出版物的字体和字号要求（略）

第二部分　专业技术类

1 范围 …………………………………………………………………… 235
2 术语和定义 …………………………………………………………… 235
　2.1 职业 ……………………………………………………………… 235
　2.2 职业分类 ………………………………………………………… 235
　2.3 国家职业标准（专业技术类） ………………………………… 235
3 总则 …………………………………………………………………… 235
　3.1 指导思想 ………………………………………………………… 235
　3.2 工作目标 ………………………………………………………… 235
　3.3 编制原则 ………………………………………………………… 235
4 职业标准结构要素 …………………………………………………… 236
　4.1 封面 ……………………………………………………………… 236
　4.2 说明 ……………………………………………………………… 236
　4.3 内容 ……………………………………………………………… 236
　4.4 附录 ……………………………………………………………… 236
5 职业标准内容 ………………………………………………………… 237
　5.1 职业概况 ………………………………………………………… 237
　5.2 基本要求 ………………………………………………………… 239
　5.3 工作要求 ………………………………………………………… 239
　5.4 权重表 …………………………………………………………… 241
6 编制程序 ……………………………………………………………… 242
　6.1 职业标准立项 …………………………………………………… 242
　6.2 职业标准开发 …………………………………………………… 242
　6.3 职业标准审定 …………………………………………………… 243
　6.4 颁布 ……………………………………………………………… 243

7 职业标准编排格式 ……………………………………………………… 243
　7.1 职业标准报批稿格式 …………………………………………… 243
　7.2 职业标准出版格式 ……………………………………………… 243
附录1：职业标准结构图（略）
附录2：专业技术等级划分依据（略）
附录3：职业环境条件描述要素（略）
附录4：职业能力特征描述要素（略）
附录5：申请参加专业技术等级考核的条件（略）
附录6：职业标准评审会程序（略）
附录7：职业标准报批稿格式（略）

国家职业标准编制技术规程（技能类）

1 范围

本规程规定了国家职业标准（以下简称职业标准）的编制指导思想、工作目标、编制原则、结构要素、标准内容、编制程序以及编写表述规则和格式要求，并列出了有关表述样式。

本规程适用于现行《中华人民共和国职业分类大典》（以下简称《大典》）中所列技能类有关职业的职业标准编制。

2 术语和定义

2.1 职业

从业人员为获取主要生活来源所从事的社会工作类别。

2.2 职业分类

以工作性质的同一性或相似性为基本原则，对社会职业进行的系统划分与归类。

2.3 国家职业标准（技能类）

在职业分类的基础上，根据职业活动内容，对从事本职业应具备的知识和技能要求提出的综合性水平规定。它是开展职业教育培训和技能人才评价的基本依据。

3 总则

3.1 指导思想

以习近平新时代中国特色社会主义思想为指导，依据《中华人民共和国劳动法》和《中华人民共和国职业教育法》，立足新发展阶段、贯彻新发展理念、构建新发展格局、推动高质量发展，落实《关于分类推进人才评价机制改革的指导意见》《关于提高技术工人待遇的意见》《关于推行终身职业技能培训制度的意见》《关于加强新时代高技能人才队伍建设的意见》等有关要求，适应经济社会发展和科技进步需要，强化工匠精神和敬业精神，建立以职业活动为导向、以职业能力为核心的职业标准体系。

3.2 工作目标

职业标准应满足人力资源管理、职业教育培训和技能人才评价等工作需要，促进人力资源配置优化和从业人员素质提高，为全面建设社会主义现代化国家提供有力的技能人才支撑。

3.3 编制原则

3.3.1 整体性原则

职业标准应反映当前该职业活动的整体状况和水平，不仅要突出该职业的主流技术、主要技能要求，而且应兼顾不同地域或行业间可能存在的差异，同时还应考虑其未来发展趋势。

职业标准一般应定位略高于全国平均水平，且是多数人员经过教育培训或岗位实践能够达到的水平。

3.3.2 等级性原则

职业标准应综合考量从业人员职业活动范围的宽窄、工作责任的大小、工作难度的高低、技术技能复杂程度等因素划分职业技能等级。

3.3.3 规范性原则

职业标准的内容结构、表述方法应符合本规程的要求；职业标准中的术语应保持一致，同一概念应使用同一个术语；文字描述应简洁明确且无歧义，能被专业人员理解；所用专业术语与文字符号应符合现行国家技术标准。

3.3.4 实用性原则

职业标准不仅应客观、准确地反映工作现场对从业人员的知识和技能要求，而且应符合人力资源管理、职业教育培训和技能人才评价的需要。

3.3.5 可操作性原则

职业标准内容应力求具体化、可度量、可检验，便于实施。

4 职业标准结构要素

4.1 封面

封面应列出职业标准的信息，包括职业名称、职业编码、版本、发布部门等。

4.2 说明

说明应视情况依次列出以下内容：

——职业标准的编制依据；

——职业标准的主要内容或修订情况；

——职业标准的起草单位/主要起草人；

——职业标准的审定单位/审定人员；

——鸣谢单位/人员。

4.3 内容

职业标准内容主要包括职业概况、基本要求、工作要求和权重表四部分（职业标准结构图见附录1）。

4.4 附录

职业标准附录为可选要素，可列出标准历史沿革，或者有助于职业标准理解和使用的附加信息，如专业术语、参考文献、索引等。

5 职业标准内容

5.1 职业概况

5.1.1 职业名称

应采用《大典》确定的职业名称。若职业下包含工种，应列出工种名称。

5.1.2 职业编码

应采用《大典》确定的职业编码。

5.1.3 职业定义

应采用《大典》确定的职业定义。

5.1.4 职业技能等级

职业标准应根据职业的实际情况,参照《职业技能等级划分依据》(见附录2)确定技能等级级次,等级设置应为连续等级。

职业技能等级实行"八级工"制,由低到高分为:学徒工[①]、五级/初级工、四级/中级工、三级/高级工、二级/技师、一级/高级技师、特级技师、首席技师。[②] 技能类职业标准仅对五级/初级工、四级/中级工、三级/高级工、二级/技师、一级/高级技师的知识和技能要求进行描述;学徒工、特级技师、首席技师不作具体描述。

5.1.5 职业环境条件

从业人员所处的客观工作环境。

职业标准应根据职业的实际情况,参照《职业环境条件描述要素》(见附录3)进行客观描述。

5.1.6 职业能力特征

从业人员从事某个职业须具备的基本能力和潜力。

职业标准应根据职业的实际情况,参照《职业能力特征描述要素》(见附录4),列出影响从业人员职业生涯发展的必备核心要素。

5.1.7 普通受教育程度

从业人员初入本职业时一般具备的学历(力)。

职业标准应根据职业的实际情况,从下列表述中选择其一进行描述:

——无学历要求;

——初中毕业;

——高中毕业(或同等学力);

——大学专科毕业(或同等学力);

——大学本科毕业(或同等学力)。

5.1.8 职业培训要求

5.1.8.1 培训参考时长

职业标准应根据职业的特点和内容,分别列出各等级培训期限的参考性学时要求(包含理论知识学习时间和操作技能学习时间),以标准学时表示。

[①] 中国特色企业新型学徒制的学员除外。

[②] 行业企业根据自身特点,考虑历史沿用、约定俗成等因素,对上述技能等级名称可使用不同称谓,并明确其与相应技能等级的对应关系。

理论知识学习时间，由"基本要求"相关内容和各等级"工作要求"中的"相关知识要求"两部分所需的学习时间折算而成；操作技能学习时间，由各等级"工作要求"中的"技能要求"所需学习时间折算而成。学习时间按每天 8 标准学时计算。

示例：

培训参考时长：五级/初级工不少于××标准学时；四级/中级工不少于××标准学时；三级/高级工不少于××标准学时；二级/技师不少于××标准学时；一级/高级技师不少于××标准学时。

5.1.8.2　培训教师

根据职业的实际情况和培训对象的技能等级，对职业培训中承担理论知识或操作技能教学任务的教师应具备的条件提出要求。

5.1.8.3　培训场所设备

实施职业培训所必备的场所和设施设备要求。应对理论知识和操作技能培训场所设备分别进行描述。

5.1.9　职业技能评价[①]要求

5.1.9.1　申报条件

申请参加本职业相应等级技能评价的人员应具备的条件。

职业标准应根据职业的实际情况，参照《申请参加职业技能评价的条件》（见附录5）进行描述。原则上，各职业的申报年限不低于《申请参加职业技能评价的条件》的要求。必要时，可根据不同的职业类型结合实际情况作适当调整。

5.1.9.2　评价方式

职业标准应根据职业的特点，对理论知识考试、操作技能考核以及综合评审的方式，分别进行详细说明。

理论知识考试以笔试、机考等方式为主，主要考核从业人员从事本职业应掌握的基本要求和相关知识要求。

操作技能考核主要采用实际操作等方式进行，主要考核从业人员从事本职业应具备的技能水平。现实工作场景已实现数字化操作的职业，操作技能考核可采用模拟或仿真操作等方式进行。准入类职业资格操作技能考核不得采用模拟或仿真操作方式考核。

综合评审主要针对二级/技师和一级/高级技师，通常采取审阅申报材料、答辩等方式进行全面评议和审查。

理论知识考试、操作技能考核和综合评审均实行百分制，成绩皆达 60 分（含）以上为合格。职业标准中标注"★"的为涉及安全生产或操作的关键技能，如考生在操作技能考核中违反操作规程或未达到该技能要求的，则操作技能考核成绩为不合格。

---

① 含职业技能鉴定和职业技能等级认定。相关法律法规另有规定的，从其规定。

5.1.9.3 监考人员、考评人员与考生配比

职业标准应根据职业的特点,分别列出理论知识考试中的监考人员与考生数量的比例、操作技能考核中的考评人员与考生数量的比例,以及综合评审委员的最低人数。

理论知识考试中的监考人员与考生配比不低于1∶15(其中,采用机考方式的一般不低于1∶30),且每个考场不少于2名监考人员;操作技能考核中的考评人员与考生配比应根据职业特点、考核方式等因素确定,一般不低于1∶10,且考评人员为3人以上单数,每位考生由不少于3名考评员评分;综合评审委员为3人以上单数。

5.1.9.4 评价时长

职业标准应根据职业的特点和内容,分别列出各等级的理论知识考试、操作技能考核以及综合评审的最低时长要求,以分钟表示。

5.1.9.5 评价场所设备

职业标准应对理论知识考试和操作技能考核必备的场所和设施设备要求分别进行描述。

5.2 基本要求

5.2.1 职业道德

从业人员在职业活动中应遵循的基本观念、意识、品质和行为的要求,即一般社会道德、职业素养以及工匠精神和敬业精神在职业活动中的具体体现。主要包括职业道德基本知识、职业守则两部分。

职业标准应列出最能反映本职业特点的职业守则。

5.2.2 基础知识

从业人员在职业活动中应掌握的通用基本理论、安全、职业健康、环境保护、数字素养和有关法律法规知识等。

职业标准应本着实用性原则,列出与本职业密切相关并贯穿整个职业活动的,且为最低等级应掌握的核心基础知识。

5.3 工作要求

5.3.1 通则

工作要求是在分析、细化职业活动的基础上,对从业人员完成本职业具体工作所应具备的技能要求和相关知识要求的描述。它是职业标准的核心部分。工作要求应分等级进行编写,各等级的技能要求和相关知识要求应依次递进,高级别涵盖低级别的要求。职业下设工种(方向)或职业所包括的工作内容之间相似程度不高的,可采用模块化编写模式。

工作要求内容的编写,原则上不得超出《大典》描述的职业定义和主要工作任务。[①]

[①] 相关法律法规及政策文件另有规定的,从其规定。

工作要求包括职业功能、工作内容、技能要求、相关知识要求 4 项内容（见下表）。

×级/×××

职业功能	工作内容	技能要求	相关知识要求
1. ××××	1.1××××	1.1.1 能×××××× 1.1.2★能×××××× ……	1.1.1××××××× 1.1.2×××××× ……
	1.2××××	1.2.1 能×××××× 1.2.2 能×××××× ……	1.2.1××××××× 1.2.2××××××× ……
2. ××××	2.1××××	2.1.1 能×××××× 2.1.2 能×××××× ……	2.1.1××××××× 2.1.2××××××× ……
	2.2××××	2.2.1 能×××××× 2.2.2 能×××××× ……	2.2.1××××××× 2.2.2××××××× ……
……	……	……	……

5.3.2 职业功能

从业人员所要实现的工作目标，或本职业活动的主要方面（活动项目）。

职业标准应根据职业的特点，按照工作领域、工作项目、工作程序、工作对象或工作成果等划分职业功能。具体要求为：

——每项职业功能都应是：可就业的最小技能单元；从业人员的主要工作职责之一；可独立进行培训和评价。

——职业功能的划分标准要统一，通常情况下，每个等级的职业功能应不少于 3 项。

——职业功能的规范表述形式是："动词+名词"，如"维修发动机"；或"名词+动词"，如"市场调查""发动机维修"；或"动词"，如"制作""修理"。

——通常情况下，职业功能在各技能等级中是一致的，在二级/技师和一级/高级技师中，可增加"技术管理和培训"等内容。

5.3.3 工作内容

完成职业功能所应做的工作，是职业功能的细分。

职业标准应按照工作种类、工作流程或工作对象等划分工作内容。具体要求为：

——每项工作内容应是一个有始有终的完整过程，或是可观察到的具体工作单元，或是完成一项服务，或是产生一种结果。

——通常情况下，每项职业功能应包含 2 项或 2 项以上的工作内容。

——工作内容的规范表述形式与职业功能相同。

5.3.4 技能要求

完成每项工作内容应达到的结果或应具备的能力，是工作内容的细分。

职业标准应列出从业人员可独立完成的技能要求，其描述应具有可操作性。具体要求为：

——技能要求的内容应具有可操作性，对每项技能应有具体的描述，能量化的一定要量化；对于不同等级中同一项工作或技能，应分别写出不同的具体要求，不可用"了解""掌握""熟悉"等词语或仅用程度副词来区分等级。

——技能要求的规范表述形式为"能……+动词……"，或"能+动词……"等，如"能根据服装原型的要求测量人体的净体数据""能车削普通螺纹、英制螺纹""能在 1 分钟之内录入 60 个英文字符，准确率达到 90%"。

——技能要求中涉及工具设备的使用时，不能单纯要求"能使用……工具或设备"，而应写明"能使用……工具或设备+动词……"，如"能使用剪刀剪裁服装""能使用百分尺、游标量具、千分尺等常用量具检验零部件""能使用计算机辅助设计软件完成三维建模"。

5.3.5 相关知识要求

达到每项技能要求必备的知识。

职业标准应列出完成职业活动所需掌握的技术理论、技术要求、操作规程和安全规范等知识点。相关知识要求应与技能要求相对应，是具体的知识点，而不是宽泛的知识领域。

5.4 权重表

5.4.1 理论知识权重表

职业标准应列出基本要求和各等级职业功能对应的相关知识要求在职业培训、职业技能评价中所占的权重（见下表）。

项目		技能等级	五级/初级工（%）	四级/中级工（%）	三级/高级工（%）	二级/技师（%）	一级/高级技师（%）
基本要求	职业道德		×	×	×	×	×
	基础知识		×	×	×	×	×

续表

项目 \ 技能等级		五级/初级工（%）	四级/中级工（%）	三级/高级工（%）	二级/技师（%）	一级/高级技师（%）
相关知识要求	职业功能1	×	×	×	×	×
	职业功能2	×	×	×	×	×
	职业功能3	×	×	×	×	×
	……	……	……	……	……	……
	合计	100	100	100	100	100

5.4.2 技能要求权重表

职业标准应列出各等级职业功能对应的技能要求在职业培训、职业技能评价中所占的权重（见下表）。

项目 \ 技能等级		五级/初级工（%）	四级/中级工（%）	三级/高级工（%）	二级/技师（%）	一级/高级技师（%）
技能要求	职业功能1	×	×	×	×	×
	职业功能2	×	×	×	×	×
	职业功能3	×	×	×	×	×
	……	……	……	……	……	……
	合计	100	100	100	100	100

6 编制程序

职业标准的开发分为组织开发和公开征集两种方式。

6.1 组织开发

6.1.1 受理申请

中国就业培训技术指导中心（以下简称指导中心）根据经济社会发展需要，结合行业主管部门、行业协会等单位的职业标准开发需求，商人力资源社会保障部职业能力建设司（以下简称职业能力司），提出拟开发职业标准的职业（工种）范围，面向社会公开征集职业标准开发单位。有意向的单位，在规定时间内按要求向指导中心提交申请和工作方案。

6.1.2 评估遴选

指导中心负责对有意向参与职业标准开发工作的单位进行评估，综合考虑权威性、专业性等因素，遴选确定牵头单位，其他符合条件的列为参与单位。指导中心将评估遴选结果报职业能力司，职业能力司征求相关部门意见。

6.1.3 发布计划

职业能力司将评估遴选结果报经人力资源社会保障部领导同意后，由指导中心印发职业标准开发计划，明确拟开发的职业（工种）、牵头单位、参与单位、开发时限等。

6.1.4 开发编写

6.1.4.1 成立工作组

开发单位负责组建工作组，工作组由编写专家和本单位1名工作人员（即联络人）组成。

编写专家组由不少于5名专家组成，包括方法专家、内容专家和实际工作专家。方法专家由熟悉本规程和职业标准编制方法的人员担任；内容专家由长期从事该职业理论研究和教学工作的人员担任；实际工作专家由长期从事该职业活动的管理或操作人员担任。实际工作专家应占编写专家组总人数的一半以上；编写专家组应确定组长和主笔人。

联络人负责职业标准开发全过程的组织协调、进度控制、质量把关、信息传送等具体工作。

6.1.4.2 开展职业调查和职业分析

开发单位应组织力量开展职业调查，了解该职业的活动目标、工作领域、发展状况、从业人员数量、受教育程度以及从业人员必备的知识和技能等。在职业调查的基础上，由编写专家组进行职业分析，为职业标准编制做好前期准备。

6.1.4.3 召开职业标准编制启动会

开发单位组织召开职业标准编制启动会（程序见附录6），确定人员分工、时间进度，编写专家组汇报职业调查和分析、标准开发进度安排、任务分工及存在的问题等情况，与会专家讨论职业标准"职业功能"和"工作内容"等基本框架结构，并进行至少2个等级的1项"职业功能"的拟写。

6.1.4.4 编写初稿

编写专家组按照职业标准编制启动会确定的进度、框架结构等，结合职业调查和职业分析结果，编写职业标准初稿。

6.1.4.5 组织初审

开发单位组织召开职业标准初审会（程序见附录6），组织由7名以上单数人员组成的评审专家组（不含编写专家）对职业标准初稿进行初审，并形成专家初审意见。

6.1.5 审定颁布

6.1.5.1 征求意见

开发单位根据专家初审意见修改完善，形成职业标准征求意见稿，经指导中心符合性审查，由职业能力司报经人力资源社会保障部领导同意后，征求相关部门意见，同时通过技能人才评价工作网向社会公示征求意见（人力资源社会保障部门户网站同步链接），公示期限为10个工作日。

6.1.5.2 终审

根据公示征求意见情况，开发单位进一步修改完善，形成职业标准终审稿和征求意见采纳情况报告。开发单位组织召开职业标准终审会（程序见附录6），由7名以上单数人员组成的评审专家组（不含编写专家，初审专家比例不超过50%）对职业标准终审稿进行终审，形成专家终审意见。开发单位根据终审意见进一步修改完善，形成职业标准报批稿。

6.1.5.3 颁布

指导中心将职业标准报批稿报职业能力司审核。职业能力司将审核后的报批稿报经人力资源社会保障部领导同意后，由人力资源社会保障部办公厅或人力资源社会保障部办公厅会同有关部门综合司局颁布。职业标准内容应在标准颁布文件印发之日起10个工作日内，由指导中心在技能人才评价工作网发布。

6.2 公开征集

6.2.1 发布通告

人力资源社会保障部向社会发布征集国家职业标准的通告。

6.2.2 受理

6.2.2.1 有关单位向人力资源社会保障部提出颁布职业标准申请，由职业能力司会同指导中心进行符合性审查，并征求相关部门意见。如有多家单位同时提交同一职业标准申请，由职业能力司会同指导中心，结合相关部门意见，经评估择优确定。

6.2.2.2 鼓励有关单位在申报新职业建议的同时，按照本规程编写并提交该职业的职业标准初稿。

6.2.3 征求意见

申请单位根据人力资源社会保障部审查意见修改完善，形成职业标准征求意见稿，由职业能力司报经人力资源社会保障部领导同意后，征求相关部门意见，同时通过技能人才评价工作网向社会公示征求意见（人力资源社会保障部门户网站同步链接），公示期限为10个工作日。

6.2.4 终审

根据公示征求意见情况，申请单位进一步修改完善，形成职业标准终审稿和征求意见采纳情况报告。申请单位组织召开职业标准终审会，由7名以上单数人员组成的评审专家组（不含编写专家）对职业标准终审稿进行终审，形成专家终审意见。申请单位根据终审意见进一步修改完善，形成职业标准报批稿。

6.2.5 颁布

指导中心将职业标准报批稿报职业能力司审核。职业能力司将审核后的报批稿报经人力资源社会保障部领导同意后,由人力资源社会保障部办公厅或人力资源社会保障部办公厅会同有关部门综合司局颁布。职业标准内容应在标准颁布文件印发之日起 10 个工作日内,由指导中心在技能人才评价工作网发布。

7 职业标准编排格式

7.1 职业标准报批稿格式

职业标准报批稿统一采用 A4 纸张开幅,尺寸为 210 毫米×297 毫米,允许误差±1 毫米。职业标准报批稿采用统一编排格式(见附录 7),并统一字体和字号(见附录 8)。

开发单位可直接使用电子模板(文件名为"国家职业标准编写模板.doc"),按其已经设定好的编排格式进行编排。

7.2 职业标准出版格式

7.2.1 通则

出版职业标准的纸张统一采用 32 开幅面,尺寸为 148 毫米×210 毫米,允许误差±1 毫米。职业标准出版物采用统一格式(见附录 9),并统一字体和字号(见附录 10)。

7.2.2 封面

封面采用统一格式(见附录 9 图 1)。

7.2.2.1 职业名称

职业名称居中排列,可分为上下多行编排,行间距为 3 毫米。

7.2.2.2 颁布版本

按照颁布发文的实际情况编写,无则不写。

7.2.2.3 职业编码

职业编码中阿拉伯数字间的间隔线为半字线。

7.2.3 说明

说明部分另起一页,采用统一格式(见附录 9 图 2)。

7.2.4 正文

正文从单数页起排,采用统一格式(见附录 9 图 3、4、5)。正文首页中职业名称与"国家职业标准"字样分两行编排,行间距为 3 毫米。除正文首页外,每页 25 行,每行 24 个中文字符。

7.2.5 封底

封底采用统一格式(见附录 9 图 6)。

7.2.6 其他

7.2.6.1 标题和段落

标题占两行,上下居中,顶格编排,编号与其后的文字之间空一个汉字间隙。

标题下每个段落段首空两个汉字起排,回行时顶格编排。

7.2.6.2 书眉和页码

从职业标准的正文开始,在每页书眉位置列出职业编码,单数页排在书眉右侧(见附录9图3),双数页排在书眉左侧(见附录9图4)。

从说明页到正文前用正体大写罗马数字开始编页码;正文起用阿拉伯数字从1开始另编页码。页码单数页排在右下侧(见附录9图3),双数页排在左下侧(见附录9图4)。

国家职业标准编制技术规程（专业技术类）

1 范围

本规程规定了国家职业标准（以下简称职业标准）的编制指导思想、工作目标、编制原则、结构要素、标准内容、编制程序以及编写表述规则和格式要求，并列出了有关表述样式。

本规程适用于现行《中华人民共和国职业分类大典》（以下简称《大典》）中所列专业技术类有关职业的职业标准编制。

2 术语和定义

2.1 职业

从业人员为获取主要生活来源所从事的社会工作类别。

2.2 职业分类

以工作性质的同一性或相似性为基本原则，对社会职业进行的系统划分与归类。

2.3 国家职业标准（专业技术类）

在职业分类的基础上，根据职业活动内容，按照专业技术类有关职业的职业属性和工作要求，对从业人员的理论知识、专业能力提出的综合性规定。它是开展相应职业教育培训、继续教育和专业能力评价的基本依据。

3 总则

3.1 指导思想

以习近平新时代中国特色社会主义思想为指导，依据《中华人民共和国劳动法》和《中华人民共和国职业教育法》，立足新发展阶段、贯彻新发展理念、构建新发展格局、推动高质量发展，落实《关于加强和改进新时代人才工作的意见》《关于深化人才发展体制机制改革的意见》《关于分类推进人才评价机制改革的指导意见》《关于深化职称制度改革的意见》和《专业技术人员继续教育规定》等有关要求，适应经济社会发展和科技进步需要，弘扬科学精神和敬业精神，推动实施新时代人才强国战略、创新驱动发展战略，建立以职业活动为导向、以专业能力为核心的职业标准体系。

3.2 工作目标

职业标准应满足人力资源开发和管理的需要，充分发挥职业在经济社会发展和产业应用中的引领性和导向性作用。以职业分类和职业标准为基准，推进专业技术人员教育培训与专业技术等级考核，促进专业技术人员提升专业能力和综合素质，实现人力资源深度开发。

3.3 编制原则

3.3.1 整体性原则

职业标准应反映当前该职业活动在我国的整体状况和发展趋势，突出该职业领域的核心理论知识、主流技术及未来发展要求，适应专业技术标准化程度高、通用性强的特点，兼顾不同领域或行业间可能存在的差异。

职业标准一般应定位于全国中等偏上水平，且是相关专业技术领域人员经过继续教育或岗位实践能够达到的水平。

3.3.2 等级性原则

职业标准应遵循技术发展和人才成长规律，按照专业技术人员"职业活动范围的宽窄、工作责任的大小、工作难度的高低或技术复杂程度、风险等级"来划分专业技术等级。

3.3.3 规范性原则

职业标准的内容结构、表述方法应符合本规程的要求；职业标准中的术语应保持一致，同一概念应使用同一个术语；文字描述应简洁明确且无歧义，能被专业人员理解；所用技术术语与文字符号应符合现行国家技术标准。

3.3.4 实用性原则

职业标准不仅应客观、准确地反映工作岗位对专业技术人员的理论知识、技术能力要求，而且应符合继续教育、人才评价和人力资源管理工作的需要。

3.3.5 可操作性原则

职业标准内容应力求具体化、可度量、可检验，便于实施。

4 职业标准结构要素

4.1 封面

封面应列出职业标准的信息，包括职业名称、职业编码、版本、发布部门等。

4.2 说明

说明应视情况依次列出以下内容：

——职业标准编制的依据；

——职业标准的主要内容或修订情况；

——职业标准的起草单位/主要起草人；

——职业标准的审定人员。

4.3 内容

职业标准主要内容包括职业概况、基本要求、工作要求和权重表四部分（职业标准结构图见附录1）。

4.4 附录

职业标准附录为可选要素，可以列出有助于职业标准理解和使用的附加信息，如专业术语、参考文献、索引等。

5 职业标准内容

5.1 职业概况

5.1.1 职业名称
应采用《大典》确定的职业名称。

5.1.2 职业编码
应采用《大典》确定的职业编码。

5.1.3 职业定义
应采用《大典》确定的职业定义。

5.1.4 专业技术等级
专业技术等级由低到高一般可分为初级、中级、高级。根据职业实际需要，各等级可设若干职业方向。

参照《专业技术等级划分依据》（见附录2），确定专业技术等级，专业技术等级连续设置。

5.1.5 职业环境条件
从业人员所处的客观工作环境。

职业标准应根据职业的实际情况，参照《职业环境条件描述要素》（见附录3）进行客观描述。

5.1.6 职业能力特征
从业人员从事某个职业须具备的基本能力和潜力。

职业标准应根据职业的实际情况，参照《职业能力特征描述要素》（见附录4），列出影响本职业从业人员职业生涯发展的必备基本能力。

5.1.7 普通受教育程度
从业人员初入本职业时须具备的最低学历（力）要求。

职业标准应根据职业的实际情况，从下列表述中选择其一进行描述：
——高中毕业（或同等学力）；
——大学专科学历（或同等学力）；
——大学本科学历（或学士学位）；
——硕士学位（或第二学士学位）；
——博士学位。

5.1.8 职业培训要求
职业培训要求包括培训时间、培训教师、培训场所设备3项内容。

5.1.8.1 培训时间
根据本职业必备的基础知识、专业知识、技术实践要求，构建融合新技术和反映产业应用要求的培训培养模式、培训课程体系，编制培训大纲。参训人员按照本职业培训大纲的要求参加有关课程培训，完成规定学时。

职业标准应根据职业的特点和内容，分别列出各等级培训时间的参考性时长要求，以标准学时表示。

示例：初级××标准学时；中级××标准学时；高级××标准学时。

5.1.8.2 培训教师

对培训中承担理论知识或专业能力培训任务的人员要求。应根据职业的实际情况和培训对象的专业技术等级，提出要求：

——理论知识培训教师应具有的职称（职业资格）或专业技术等级和年限。

——专业能力培训教师应具有的职称（职业资格）或专业技术等级和年限。

5.1.8.3 培训场所设备

实施职业培训所必备的场所和设施设备要求。应对理论知识和专业能力培训场所设备分别进行描述：

——理论知识培训所需的教学场地要求和必备的教学仪器设备。

——专业能力培训所需的场地要求和必备的设施设备。

5.1.9 专业技术考核要求

5.1.9.1 申报条件

职业标准应根据职业的实际情况，参照《申请参加专业技术等级考核的条件》（见附录5）进行描述。原则上，各职业的申报年限应不低于规定的要求；国家有特殊规定的从其规定。如需对申报条件进行调整，须提交有关文字说明。

5.1.9.2 考核方式

从理论知识、专业能力两个维度对专业技术人员专业技术水平进行考核，分别以笔试（机考）、实操考核。

理论知识考试以笔试或机考方式为主，主要考查专业技术人员从事本职业应掌握的基本知识和专业知识；专业能力考核主要采用专业设计、模拟操作等实操考核方式进行，主要考查专业技术人员从事本职业应具备的实际工作能力。

职业标准应根据职业的特点，分别对笔试（机考）、实操考核的具体方法和形式，各职业等级考核的依据、分值结构、评分要求等作出说明。

理论知识考试、专业能力考核均实行百分制，成绩皆达60分（含）以上为合格。考核合格者获得相应专业技术等级证书。

5.1.9.3 监考人员、考评人员与考生配比

职业标准应根据职业的特点，分别列出理论知识考试中的监考人员与考生数量的比例、专业能力考核中的考评人员与考生数量的比例。

理论知识考试中的监考人员与考生配比不低于1∶15，且每个考场不少于2名监考人员；专业能力考核中的考评人员与考生配比应根据职业特点、考核方式等因素确定，

且考评人员为3人（含）以上单数。

5.1.9.4 考核时间

职业标准应根据职业的特点和内容，分别列出各专业技术等级的理论知识考试、专业能力考核的最低时间要求，以分钟表示。

5.1.9.5 考核场所设备

职业标准应对理论知识考试和专业能力考核必备的场所和设施设备要求分别进行描述。

5.2 基本要求

5.2.1 职业道德

专业技术人员在职业活动中应遵循的基本观念、意识、品质和行为的要求，即一般社会道德以及科学精神和敬业精神在职业活动中的具体体现。主要包括职业道德基本知识、职业守则两部分。

职业标准应列出最能反映本职业特点的职业守则。

5.2.2 基础知识

专业技术人员在职业活动中应掌握的通用基本理论、安全、知识产权保护、环境保护和有关法律法规知识等。

职业标准应本着实用、够用的原则，列出与本职业密切相关并贯穿整个职业活动的核心基础知识。

5.3 工作要求

5.3.1 通则

工作要求是在分析、细化职业活动基础上，对专业技术人员完成本职业具体工作所应具备的技术要求和相关知识要求的描述。它是职业标准的核心部分。工作要求应分专业技术等级进行编写，各等级的专业技术要求和相关知识要求应依次递进，高级别涵盖低级别的要求。对于职业所包括的工作内容之间相似程度不高的，可以采用模块化编写模式。

工作要求内容的编写原则上不得超出《大典》关于职业描述的职业定义和主要工作任务。

工作要求包括职业功能、工作内容、专业能力要求、相关知识要求4项内容（见下表）。

×级

职业功能	工作内容	专业能力要求	相关知识要求
1.××××	1.1××××	1.1.1 能××××××× 1.1.2 能××××××× ……	1.1.1××××××× 1.1.2××××××× ……
	1.2××××	1.2.1 能××××××× 1.2.2 能××××××× ……	1.2.1××××××× 1.2.2××××××× ……
2.××××	2.1××××	2.1.1 能××××××× 2.1.2 能××××××× ……	2.1.1××××××× 2.1.2××××××× ……
	2.2××××	2.2.1 能××××××× 2.2.2 能××××××× ……	2.2.1××××××× 2.2.2××××××× ……
	……	……	……
……			

5.3.2 职业功能

从业人员所要实现的工作目标，或本职业活动的主要方面（活动项目）。

职业标准应根据职业的特点，按照工作领域、工作项目、工作程序、工作对象或工作成果等划分职业功能。具体要求为：

——每项职业功能都应是：可就业的最小专业技术单元；从业人员的主要工作职责之一，定期出现；可独立进行培训和评价。

——职业功能的划分标准要统一，通常情况下，每个等级的职业功能应不少于3项。

——职业功能模块的规范表述形式是："动词+宾语"。

——通常情况下，职业功能在各专业技术等级中是一致的，高等级的职业功能一般比低等级多。

5.3.3 工作内容

完成职业功能所应做的工作，是职业功能的细分。

职业标准应按照工作种类、工作流程或工作对象等划分工作内容。具体要求为：

——每项工作内容应是一个有始有终的完整过程，或是可观察到的具体工作单元，或是完成一项服务，或是产生一种结果。

——通常情况下，每项职业功能应包含2项或2项以上的工作内容。

——工作内容的规范表述形式与职业功能相同。

5.3.4 专业能力要求

完成每项工作内容应达到的结果或应具备的能力,以及创新、协作、绿色、安全等方面能力,是工作内容的细分。

职业标准应列出从业人员可独立完成的专业能力要求,其描述应具有可识别性、可度量性。具体要求为:

——专业能力要求的内容应具有可识别性,对每项能力应有具体的描述,能度量的一定要量化;对于不同等级中同一项工作或能力,应分别写出不同的具体要求,不可用"了解""掌握""熟悉"等词语或仅用程度副词来区分等级。

——专业能力要求的规范表述形式为"能……+动词……",或"能+动词……"等,一般应包含"知识、技能、素养"3个要素。

——专业能力要求中涉及仪器设备的使用时,不能单纯要求"能使用……仪器或设备",而应写明"能使用……仪器或设备+动词……"。

5.3.5 相关知识要求

达到每项专业能力要求必备的知识。

职业标准应列出完成职业活动所需掌握的理论知识、专业技术要求、操作规程和安全规范等知识点。相关知识要求应与专业能力要求相对应,是具体的知识点,而不是宽泛的知识领域。

5.4 权重表

5.4.1 理论知识权重表

职业标准应列出基本要求和各等级职业功能对应的相关知识要求在教育培训、专业能力考核评价中所占的权重(见下表)。

项目		专业技术等级	初级(%)	中级(%)	高级(%)
基本要求		职业道德	×	×	×
		基础知识	×	×	×
相关知识要求		职业功能1	×	×	×
		职业功能2	×	×	×
		职业功能3	×	×	×
		……	……	……	……
		合计	100	100	100

5.4.2 专业能力要求权重表

职业标准应列出各等级职业功能对应的专业能力要求在教育培训、专业能力考核评价中所占的权重（见下表）。

项目	专业技术等级	初级（%）	中级（%）	高级（%）
专业能力要求	职业功能1	×	×	×
	职业功能2	×	×	×
	职业功能3	×	×	×
	……	……	……	……
合计		100	100	100

6 编制程序

6.1 职业标准立项

6.1.1 提出计划

行业主管部门可结合职业发展需求提出职业标准开发申请，人力资源社会保障部专业技术人员管理司（以下简称专技司）根据《大典》确定职业标准开发计划，面向社会公开征集遴选职业标准开发单位和职业标准。公开征集到的职业标准，可择优直接进入6.3.1初审环节。

6.1.2 组建工作组

职业标准开发单位牵头组建工作组，工作组由编写专家和本单位1名工作人员（即联络人）组成。

编写专家组由不少于5名专家组成，包括方法专家、内容专家和实际工作专家，涵盖相关职业领域的高等院校、科研院所、企业等。方法专家由熟悉本规程和职业标准编制方法的人员担任；内容专家由长期从事该职业理论研究和教学工作的人员担任；实际工作专家由长期从事该职业活动的管理或专业技术人员担任，占编写专家组总人数的一半以上。编写专家组应确定组长和主笔人。

联络人负责职业标准开发全过程的组织协调、进度控制、质量把关、材料报送等具体工作，并将工作组人员名单报专技司。

6.1.3 开展职业调查和职业分析

开发单位应组织力量开展职业调查，了解该职业的活动目标、工作领域、发展状况、从业人员数量、受教育程度以及从业人员必备的知识和专业技术等。职业调查可以由编写专家组承担，也可以委托专门工作机构进行。在职业调查的基础上，由编写专家组进行职业分析，为职业标准编制做好前期准备。

6.2 职业标准开发

6.2.1 召开职业标准编制启动会

开发单位组织召开职业标准编制启动会，专技司介绍职业标准开发的总体安排和有关要求，中国就业培训技术指导中心（以下简称指导中心）宣讲辅导本规程，开发单位确定人员分工、时间进度安排，编写专家研究提出职业标准的基本框架结构，并进行至少1项"工作内容"2个等级的职业标准拟写。

6.2.2 编写职业标准初稿

编写专家组按照职业标准编制启动会确定的进度、框架结构等，结合职业调查和职业分析的结果，编写职业标准初稿。

6.3 职业标准审定

6.3.1 初审

职业标准初稿经指导中心符合性审查后，开发单位组织召开职业标准初审会（程序见附录6），组织专家（不含编写专家组专家）对职业标准初审稿内容进行评审，形成专家评审意见。评审专家组由7名以上单数人员组成。

6.3.2 征求意见

开发单位根据专家评审意见修改完善形成职业标准征求意见稿，经专技司审核后报人力资源社会保障部领导审定，征求相关部门意见，并面向社会征求意见，时间为10个工作日。

6.3.3 终审

开发单位根据征求意见情况修改完善形成职业标准终审稿、征求意见采纳情况汇总表。组织召开职业标准终审会（程序见附录6），组织专家（不含编写专家组，初审专家比例不超过50%）对职业标准终审稿内容进行评审，形成专家评审意见。评审专家组由7名以上单数人员组成。

6.4 颁布

开发单位根据专家评审意见修改排版形成职业标准报批稿，经专技司审核后报人力资源社会保障部领导审定，由人力资源社会保障部办公厅或人力资源社会保障部办公厅会同有关部门综合司局颁布。

7 职业标准编排格式

7.1 职业标准报批稿格式

职业标准报批稿统一采用A4纸张开幅，尺寸为210毫米×297毫米，允许误差±1毫米。职业标准报批稿采用统一编排格式（见附录7），并统一字体和字号。

7.2 职业标准出版格式

7.2.1 通则

出版职业标准的纸张统一采用32开幅面，尺寸为148毫米×210毫米，允许误差±1毫米。职业标准出版物采用统一格式，并统一字体和字号。

7.2.2 封面

封面采用统一格式。

7.2.2.1 职业名称
职业名称居中排列,可分为上下多行编排,行间距为3毫米。

7.2.2.2 颁布版本
按照颁布发文的实际情况编写,无则不写。

7.2.2.3 职业编码
职业编码中阿拉伯数字间的间隔线为半字线。

7.2.3 说明
说明部分另起一页,采用统一格式。

7.2.4 正文
正文从单数页起排,采用统一格式。正文首页中职业名称与"国家职业标准"字样分两行编排,行间距为3毫米。除正文首页外,每页25行,每行24个中文字符。

7.2.5 封底
封底采用统一格式。

7.2.6 其他

7.2.6.1 标题和段落
标题占两行,上下居中,顶格编排,编号与其后的文字之间空一个汉字间隙。

标题下每个段落段首空两个汉字起排,回行时顶格编排。

7.2.6.2 书眉和页码
从职业标准的正文开始,在每页书眉位置列出职业编码,单数页排在书眉右侧,双数页排在书眉左侧。

从说明页到正文前用正体大写罗马数字开始编页码;正文起用阿拉伯数字从1开始另编页码。页码单数页排在右下侧,双数页排在左下侧。

关于印发《职业技能等级认定工作规程（试行）》的通知

人社职司便函〔2020〕17号

各省、自治区、直辖市及新疆生产建设兵团人力资源社会保障厅（局），国务院有关部委、直属机构人事劳动保障工作机构，有关行业组织、中央企业人事劳动保障工作机构：

为深化技能人员职业资格制度改革，建立职业技能等级制度，做好技能人才评价工作，加强技能人才队伍建设，根据《新时期产业工人队伍建设改革方案》《关于分类推进人才评价机制改革的指导意见》和《人力资源社会保障部关于改革完善技能人才评价制度的意见》等有关要求，我们制定了《职业技能等级认定工作规程（试行）》，现印发给你们，请参照执行。

工作中有何意见建议，请及时与我们联系。

人力资源社会保障部职业能力建设司
人力资源社会保障部职业技能鉴定中心
2020年4月10日

职业技能等级认定工作规程（试行）

第一章 总 则

第一条 为深化技能人员职业资格制度改革，建立职业技能等级制度，做好技能人才评价工作，加强技能人才队伍建设，根据《新时期产业工人队伍建设改革方案》《关于分类推进人才评价机制改革的指导意见》和《人力资源社会保障部关于改革完善技能人才评价制度的意见》等有关要求，制定本规程。

第二条 本规程所称的职业技能等级认定，是指经人力资源社会保障部门备案公布的用人单位和社会培训评价组织，按照国家职业技能标准或评价规范对劳动者的职业技能水平进行考核评价的活动，是技能人才评价的重要方式。

第三条 建立权责清晰、管理科学、协调高效的职业技能等级认定管理体制。

人力资源社会保障部门负责职业技能等级认定工作的政策制定、组织协调、宏观管理。

人力资源社会保障部门职业技能鉴定中心负责职业技能等级认定的国家职业技能标准和评价规范开发、试题试卷命制、考务管理服务等的技术支持和指导，并负责职业技能等级认定工作质量监督。

有关行业部门、行业组织职业技能鉴定中心及有关单位配合做好本行业领域职业分类、职业技能标准或评价规范开发等技术性工作，为本行业领域用人单位和社会培训评价组织提供职业技能等级认定有关服务支持。

第四条 建立与国家职业资格制度相衔接、与终身职业技能培训制度相适应的职业技能等级制度。根据国务院"放管服"改革要求，水平评价类技能人员职业资格全部转为职业技能等级认定。

第五条 探索建立职业技能等级认定与专业技术职称评审沟通衔接机制，推进工程技术领域高技能人才与工程技术人才职业发展贯通，搭建人才成长立交桥。

第二章 职业技能等级认定的范围和依据

第六条 职业技能等级认定的职业（工种）为现行《中华人民共和国职业分类大典》中技能类职业（工种），以及后续经人力资源社会保障部发布或备案的技能类职业（工种）。

第七条 依据职业分类，制定国家职业技能标准，备案国内行业企业评价规范，借鉴参考国际先进标准，健全完善职业技能等级认定标准体系。

第八条 国家职业技能标准和行业企业评价规范是实施职业技能等级认定的依据。

国家职业技能标准由人力资源社会保障部组织制定；行业企业评价规范由用人单位和社会培训评价组织参照《国家职业技能标准编制技术规程》开发，经人力资源社会保障部备案后实施。

第九条 职业技能等级一般分为初级工（五级）、中级工（四级）、高级工（三级）、技师（二级）和高级技师（一级）五个级别。用人单位可根据需要，在相应的职业技能等级内划分层次，或设立特级技师、首席技师等；社会培训评价组织一般按五个技能等级开展评价。

第三章 用人单位和社会培训评价组织的遴选

第十条 发挥市场、社会等多元评价主体作用，积极培育发展各类人才评价社会组织和专业机构，逐步有序承接政府转移的人才评价职能。

第十一条 人力资源社会保障部门面向社会公开征集遴选拟纳入政府支持引导范围的用人单位和社会培训评价组织（以下统称评价机构），组织开展职业技能等级认定。

人力资源社会保障部征集面向全国开展职业技能等级认定的评价机构。

各省（自治区、直辖市）及新疆生产建设兵团人力资源社会保障部门征集面向本辖区开展职业技能等级认定的评价机构。

第十二条 具备以下条件的独立法人机构（含技工院校等职业院校），可向人力资源社会保障部门申请开展职业技能等级认定工作：

（一）在中国境内依法登记，具有规范的财务制度和管理制度，社会信用良好，无违法违规、失信等不良行为记录；

（二）在拟开展评价的职业领域具有广泛的影响力，在所申报职业（工种）方面有较丰富的考核评价经验，具备相应的基础条件；

（三）有负责职业技能等级认定工作的专门机构、与评价工作相适应的专职工作人员、专家团队及相应的场地、设备设施（含视频监控设备）；

（四）坚持把社会效益放在首位，不以人才评价为营利目的，能为职业技能等级认定工作提供稳定的经费保障，其中用人单位还应建立培养与使用相结合、评价与待遇相挂钩的长效机制；

（五）具有完善的职业技能等级认定工作质量管理措施，自愿接受人力资源社会保障部门的监督。

第十三条 申请开展职业技能等级认定工作的机构，需按规定提交有关材料，并对其真实性、有效性、合法性负责。能通过网上核验的，可不提供书面材料。

第十四条 人力资源社会保障部门根据实际需要，采取材料核验、专家论证、现场考察等方式进行技术评估，遴选确定评价机构及其评价职业（工种）范围。其中，社会培训评价组织的遴选确定，还应向社会进行公示，广泛征求各方面意见。

第十五条 人力资源社会保障部门向社会公布评价机构目录。评价机构须同时签署开展职业技能等级认定工作承诺书。

第四章 职业技能等级认定的组织实施

第十六条 评价机构应坚持人才以用为本原则实施职业技能等级认定，认定结果要经得起市场检验、为社会广泛认可。

用人单位对本单位职工（含劳务派遣人员）进行自主评价，符合条件的用人单位按规定对其他用人单位和社会人员提供职业技能等级评价服务。

社会培训评价组织按照市场化、社会化、专业化原则面向社会开展职业技能等级认定。

第十七条 评价机构实施职业技能等级认定时，评价职业（工种）有国家职业技能标准的，依据国家职业技能标准开展评价活动；评价职业（工种）没有国家职业技能标准的，可依据经人力资源社会保障部备案的评价规范开展评价活动。

第十八条 评价机构依据国家职业技能标准或评价规范，结合实际确定评价内容和评价方式，综合运用理论知识考试、技能操作考核、工作业绩评审、过程考核、竞赛选拔等多种评价方式，对劳动者（含准备就业人员）的职业技能水平进行科学客观公正评价。开展评价命制试题试卷时，应当按照命题技术规程要求进行。

第十九条 评价机构应当制定职业技能等级认定考务管理、质量管理、证书管理和收费标准等管理办法，并向社会公示公开。

评价机构应当建立考评人员和内部质量督导人员队伍，完善考核评价场地设施设备等，确保评价工作质量。

第二十条 对经考试考核评审合格人员，评价机构可认定其职业技能等级，颁发相应职业技能等级证书。

职业技能等级证书实行全国统一编码规则和参考样式。评价机构按照统一的编码规则和参考样式要求，制作并颁发职业技能等级证书（或电子证书，可将社会保障卡作为电子证书的载体）。纸质证书与电子证书具有同等效力。

第二十一条 评价机构应定期报送职业技能等级认定有关情况统计表。评价机构应将职业技能等级证书发放数据报送人力资源社会保障部门职业技能鉴定中心，持证人员纳入技能人才统计范围。

评价机构应妥善保管评价工作全过程资料，纸质材料保管不少于3年，电子材料不少于5年，确保评价过程和结果可追溯、可倒查。

第五章 服务和监管

第二十二条 中国就业培训技术指导中心（人力资源社会保障部职业技能鉴定中

心）依托技能人才评价信息服务平台，利用信息化手段，向社会提供评价机构和职业技能等级证书有关信息查询服务，内容包括评价机构名称、备案期限、评价职业（工种）及等级范围、国家职业技能标准或评价规范、职业技能等级证书有关信息等。

第二十三条 有关职业技能鉴定中心要做好职业技能等级认定管理人员、考评人员、督导人员和专家队伍建设规划，指导评价机构做好人员培训，加强规范管理，提供技术支持和指导。

第二十四条 职业技能等级认定活动实行属地化管理，构建政府监管、机构自律、社会监督的质量监督体系。

第二十五条 人力资源社会保障部门会同有关部门采取"双随机、一公开"监管模式，通过调阅资料、现场检查等方式，对评价机构及其评价活动进行抽查检查；对群众投诉举报和媒体报道反映的问题及时调查核实处理。

第二十六条 加强职业技能等级认定工作质量督导，探索建立评价机构信用评估机制，动态公布评估结果。

第二十七条 评价机构在开展职业技能等级认定工作过程中，不履行工作承诺，经调查核实，退出评价机构目录；涉嫌违纪违法的，由有关部门严肃查处，追究相关责任人责任。

第二十八条 评价机构退出评价机构目录的，应妥善处理后续工作，承担因违法违规行为造成的后果。

第六章 附　　则

第二十九条 本规程由人力资源社会保障部职业能力建设司和职业技能鉴定中心解释。

第三十条 本规程自印发之日起试行。

关于加强职业技能鉴定质量管理有关工作的通知

人社职司便函〔2020〕44号

各省、自治区、直辖市及新疆生产建设兵团人力资源社会保障厅（局），国务院有关部门、有关行业组织人事劳动保障工作机构，中央军委政治工作部兵员和文职人员局：

根据《人力资源社会保障部办公厅关于做好水平评价类技能人员职业资格退出目录有关工作的通知》（人社厅发〔2020〕80号）要求，为规范实施职业技能鉴定工作，保证鉴定质量，严格职业资格证书发放，维护证书的严肃性和权威性，现就加强职业技能鉴定质量管理有关工作通知如下：

一、严格按照《国家职业资格目录》规定组织开展职业技能鉴定工作。严禁在《国家职业资格目录》之外开展职业资格许可和认定工作。

二、严格执行现行国家职业技能标准，严禁突破国家职业技能标准开展职业技能鉴定工作。严格按照国家职业技能标准规定对考生的申报条件进行审核。

三、加强职业技能鉴定命题管理，保证命题质量。各地在组织开展职业技能鉴定时应按规定使用国家题库，从国家题库中抽取试题组卷。

四、严格按照职业技能鉴定有关规定，加强考务管理，规范工作秩序，强化职业技能鉴定工作档案管理，做到全程留痕。

五、严格做好职业资格证书发放管理，严禁在退出《国家职业资格目录》前违规突击鉴定、颁发职业资格证书。加强职业资格证书数据审核，填报《全国集中管理监管库职业资格证书数据审核确认表》，确保每本证书数据准确可靠、真实有效，严禁问题数据入网。

六、强化职业技能鉴定质量督导，加强对职业技能鉴定所（站）和考评员、督导员等人员的管理，加强现场督导。畅通监督举报渠道，设立并公布监督电话，对群众举报的问题，发现一起查处一起。

全国职业技能鉴定质量监督举报电话：010-84661234。

人力资源社会保障部职业能力建设司
人力资源社会保障部职业技能鉴定中心
2020年8月7日

关于印发《技能人才评价质量督导工作规程（试行）》的通知

人社职司便函〔2020〕53号

各省、自治区、直辖市及新疆生产建设兵团人力资源社会保障厅（局），国务院有关部委、直属机构人事劳动保障工作机构，中央军委政治工作部兵员和文职人员局，有关行业组织、企业人事劳动保障工作机构：

根据《关于分类推进人才评价机制改革的指导意见》和《人力资源社会保障部关于改革完善技能人才评价制度的意见》（人社部发〔2019〕90号）等有关要求，我们制定了《技能人才评价质量督导工作规程（试行）》，现印发给你们，请参照执行。

人力资源社会保障部职业能力建设司
人力资源社会保障部职业技能鉴定中心
2020年9月1日

技能人才评价质量督导工作规程（试行）

第一章 总 则

第一条 为保证技能人才评价质量，根据《关于分类推进人才评价机制改革的指导意见》和《人力资源社会保障部关于改革完善技能人才评价制度的意见》（人社部发〔2019〕90号）等有关要求，制定本规程。

第二条 本规程适用于职业资格评价、职业技能等级认定、专项职业能力考核等机构（以下统称评价机构）组织实施的技能人才评价工作的监督、检查和指导。

第三条 质量督导应当以提高技能人才评价质量为目标，坚持监督与指导并重，秉持公平公正原则。

第四条 质量督导员分为外部质量督导员（以下简称外督）和内部质量督导员（以下简称内督）。

外督是指人力资源社会保障部门根据实际工作需要选聘的相关人员，代表人力资源社会保障部门对评价机构实施的技能人才评价工作进行质量督导。

内督是指评价机构和相关行业部门选聘的符合条件的相关人员，负责对评价机构实施的技能人才评价工作进行质量督导。

第五条 人力资源社会保障部职业能力建设司负责全国技能人才评价工作质量督导的统筹规划和政策制定。中国就业培训技术指导中心（人力资源社会保障部职业技能鉴定中心）负责全国技能人才评价工作质量督导的技术指导、支持服务和日常管理。

省级人力资源社会保障行政部门负责本地区技能人才评价工作质量督导的统筹规划和政策制定。省级人力资源社会保障部门职业技能鉴定中心负责本地区技能人才评价工作质量督导的技术指导、支持服务和日常管理。

评价机构及相关行业部门负责本单位、本行业技能人才评价工作质量督导。

第二章 质量督导员的培养使用

第六条 质量督导员应具备下列条件：
（一）坚持党的基本路线，热爱技能人才评价工作；
（二）掌握技能人才评价有关政策、法规和规章，熟悉技能人才评价理论和技术方法；
（三）坚持原则、廉洁奉公、办事公道、作风正派，具有良好的职业道德和敬业精神；
（四）具有较强的组织协调能力和表达能力；

（五）身体健康，能胜任质量督导工作。

第七条 符合第六条规定条件的人员，经培训考核合格后，可以聘任为质量督导员。外督由省级及以上人力资源社会保障部门职业技能鉴定中心培训并颁发《技能人才评价质量督导员》（外督）证卡；内督由评价机构及相关行业部门培训并颁发《技能人才评价质量督导员》（内督）证卡。

《技能人才评价质量督导员》证卡由人力资源社会保障部统一样式和编码规则。

第八条 质量督导员实行委派制，委派机构从取得《技能人才评价质量督导员》证卡的人员中采取随机抽调的方式派遣。

委派机构也可与质量督导员签署聘用合同，聘期3年，聘期届满自动解聘；可续聘，不得超过三届。

第九条 质量督导员具有以下职责：

（一）监督技能人才评价活动；

（二）向评价机构就督导事项提出询问；

（三）查阅、调阅与督导事项有关的文件、资料；

（四）进行个别访问、调查问卷、测试和复核；

（五）现场调查，包括明察和暗访；

（六）向委派机构提出对评价机构或者其相关负责人给予奖惩的建议。

第十条 质量督导员在执行质量督导任务时应佩戴或携带质量督导员证卡，认真履行质量督导职责，客观公正地向委派机构反映实际情况，不得隐瞒或虚构事实；不得泄露与评价机构相关的工作秘密、商业秘密等。

督导工作结束后，须向委派机构书面反馈质量督导结果情况。

第十一条 委派机构对委派的质量督导员实施考核制度，建立考核档案。对考核不合格的人员，视情况取消其资格或不予续聘。

第三章 质量督导活动实施

第十二条 质量督导主要包括以下内容：

（一）对评价机构贯彻执行有关法律法规、规章和有关政策及其质量管理体系建设等情况进行督导；

（二）对技能人才评价工作情况进行督导，包括评价机构的评价范围、职业技能标准（或评价规范）及试题（题库）的执行情况、参加评价人员的资格条件、考场秩序、证书管理与发放，以及考评人员、管理人员工作情况等；

（三）对群众举报的技能人才评价工作中涉嫌违规违纪情况进行调查核实；

（四）对技能人才评价工作中的重大问题进行调查研究，向委派机构报告反映情况，并提出建议。

第十三条 质量督导分为日常督导和专项督导两种类型。

日常督导是指质量督导员受委派机构委派，对评价机构的评价活动进行的日常监督和检查。

专项督导是指质量督导员受委派机构委派，对评价机构进行本规程第十二条规定的一项或几项内容的监督和检查。

第十四条 日常督导可采取"双随机、一公开"等方式，通过现场督导、数据比对、远程监控等多种形式进行，提倡技术督导。结合实际，增加督导频次，扩大督导覆盖面。

第十五条 专项督导可采取"双随机、一公开"等方式进行。督导前，应当明确督导事项，成立督导小组。督导小组原则上由3名以上质量督导员组成。工作程序如下：

（一）督导小组对评价机构进行现场考察、听取意见；

（二）督导小组对评价机构的自评报告、现场考察情况进行评议，形成初步督导意见，并向评价机构反馈；

（三）委派机构根据督导小组初步督导意见，综合分析评价机构的申辩意见，向评价机构发出督导意见书；

（四）评价机构应根据督导意见书进行整改。

第十六条 质量督导实行回避制度，质量督导员不能参加可能影响其客观公正督导的工作，不能兼任同场次考评工作。

第四章 罚 则

第十七条 质量督导员有下列情形的，予以解聘。

（一）未经委派擅自参加或无故拒绝参加督导工作的；

（二）不履行督导职责的；

（三）在督导活动中造成不良影响的。

第十八条 评价机构及有关工作人员有下列情形之一的，由人力资源社会保障部门通报批评并责令其改正；拒不改正或情节严重的，对直接负责的主管人员和其他责任人员，向其主管部门提出给予处分的建议；直至取消其技能人才评价工作资格。

（一）拒绝向质量督导员提供与其督导内容相关情况和文件资料的；

（二）阻挠有关人员向质量督导员反映情况的；

（三）对督导意见拒不采取改进措施的；

（四）弄虚作假、采取欺骗手段干扰质量督导工作的；

（五）打击、报复质量督导员的；

（六）其他影响质量督导工作的行为。

第五章 附 则

第十九条 各省、自治区、直辖市及新疆生产建设兵团人力资源社会保障部门、有关行业部门和评价机构根据本规程制定实施细则。

第二十条 本规程自颁布之日起试行。原《职业技能鉴定质量督导工作规程》（劳社培就司函〔2003〕126号）同时废止。

附件1

技能人才评价质量督导员证卡编码规则（试行）

一、技能人才评价质量督导员（外督）

（一）证卡编码结构

技能人才评价质量督导员（外督）证卡编码由1位大写英文字母和8位阿拉伯数字组成，主要包括4个部分：1. 证卡类别代码；2. 证卡颁发机构代码；3. 证卡核发年份代码；4. 证卡序列码。具体表现形式见表1。

表1　证卡编码构成

序号	1	2	3	4	5	6	7	8	9
说明	证卡类别代码	证卡颁发机构代码		证卡核发年份代码		证卡序列码			

（二）代码及释义

1. 第1位：证卡类别代码

证卡类别指外部质量督导员，其代码使用大写英文字母R表示，见表2。

表2　证卡类别代码

证卡类别	代码标识
外部质量督导员	R

2. 第2~3位：证卡颁发机构代码

人力资源社会保障部门代码取值见表3。

表3　人力资源社会保障部门代码表

代码	名称	代码	名称	代码	名称
00	人力资源社会保障部	11	北京市	12	天津市
13	河北省	14	山西省	15	内蒙古自治区
21	辽宁省	22	吉林省	23	黑龙江省
31	上海市	32	江苏省	33	浙江省
34	安徽省	35	福建省	36	江西省
37	山东省	41	河南省	42	湖北省
43	湖南省	44	广东省	45	广西壮族自治区
46	海南省	50	重庆市	51	四川省
52	贵州省	53	云南省	54	西藏自治区

续表

代码	名称	代码	名称	代码	名称
61	陕西省	62	甘肃省	63	青海省
64	宁夏回族自治区	65	新疆维吾尔自治区	66	新疆生产建设兵团
71	台湾省	81	香港特别行政区	82	澳门特别行政区

3. 第4~5位：证卡核发年份代码

证卡核发年份代码使用阿拉伯数字表示，取公元纪年后两位。例如：21表示证书核发时间为2021年。

4. 第6~9位：证卡序列码

质量督导员证卡序列码使用阿拉伯数字表示，由证卡颁发机构按年度分别从0001~9999依次顺序取值或由证卡颁发机构统筹研究确定并赋码。

二、技能人才评价质量督导员（内督）

（一）证卡编码结构

技能人才评价质量督导员（内督）证卡编码由1位大写英文字母和12位阿拉伯数字组成，主要包括4个部分：1. 证卡类别代码；2. 证卡颁发机构代码；3. 证卡核发年份代码；4. 证卡序列码。具体表现形式见表4。

表4　　证卡编码构成

序号	1	2	3	4	5	6	7	8	9	10	11	12	13
说明	证卡类别代码	证卡颁发机构代码						证卡核发年份代码		证卡序列码			

（二）代码及释义

1. 第1位：证卡类别代码

证卡类别指内部质量督导员，主要来自行业部门、用人单位和社会培训评价组织，其代码分别使用大写英文字母H、Y和S表示，见表5。

表5　　证卡类别代码

证卡类别	代码标识
行业部门	H
用人单位	Y
社会培训评价组织	S

2. 第2~7位：证卡颁发机构代码

证卡颁发机构代码使用6位阿拉伯数字表示。

（1）行业部门证卡颁发机构代码取值由人力资源社会保障部统筹研究确定并赋码。

（2）用人单位证卡颁发机构代码取值，其中：

人力资源社会保障部备案的用人单位取值为两个 0 和 4 位阿拉伯数字（人力资源社会保障部备案的评价机构代码）；

省级人力资源社会保障部门备案的用人单位取值为 6 位阿拉伯数字（省级人力资源社会保障部门备案的评价机构序列码）。

（3）社会培训评价组织证卡颁发机构代码取值，其中：

人力资源社会保障部备案的社会培训评价组织取值为两个 0 和 4 位阿拉伯数字（人力资源社会保障部备案的评价机构代码）；

省级人力资源社会保障部门备案的社会培训评价组织取值为 6 位阿拉伯数字（省级人力资源社会保障部门备案的评价机构序列码）。

3. 第 8~9 位：证卡核发年份代码

证卡核发年份代码使用阿拉伯数字表示，取公元纪年后两位。例如：21 表示证书核发时间为 2021 年。

4. 第 10~13 位：证卡序列码

质量督导员证卡序列码使用阿拉伯数字表示，由证卡颁发机构按年度分别从 0001~9999 依次顺序取值或由证卡颁发机构统筹研究确定并赋码。

附件2

技能人才评价质量督导员证卡样式

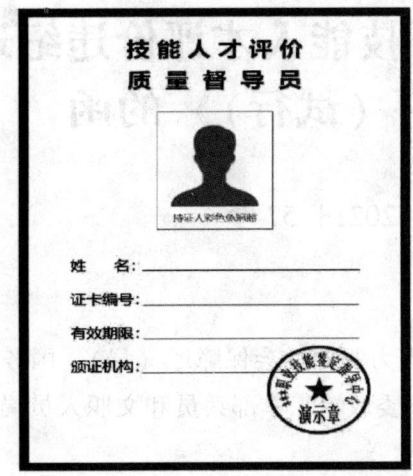 

技能人才评价质量督导员证卡制作说明

序号	内容	规格
1	证卡尺寸	统一尺寸，正反两面，单面尺寸为：宽 80 mm，长 110 mm，厚度 1 mm（非硬性要求，可以根据选用的材质确定）
2	正面	标题：16磅，黑体加粗，24磅行间距 照片：彩色1寸照片（尺寸2.5 cm×3.5 cm） 正文：12磅，黑体，22磅行间距
3	反面	标题：16磅，黑体加粗，24磅行间距 印制单位：12磅，黑体加粗，24磅行间距
4	证卡材料（非硬性要求）	PVC层压打印料 A4×0.17 mm、夹层、保护膜、卡套、挂绳
5	制作要求（非硬性要求）	用层压机进行高温层压，约 40 min，待温度下降后，进行人工膜切、人工打孔、检查、包装

注：制作说明仅供参考。

关于印发《职业技能等级评价机构备案事项办理指南（试行）》和《技能人才评价违纪违规行为处理工作指引（试行）》的函

人社职司便函〔2021〕57 号

各省、自治区、直辖市及新疆生产建设兵团人力资源社会保障厅（局），国务院有关部委、直属机构人事劳动保障工作机构，中央军委政治工作部兵员和文职人员局，有关行业组织、企业人事劳动保障工作机构：

为做好职业技能等级评价机构备案工作，规范技能人才评价违纪违规行为的认定与处理，加强对技能人才评价机构的服务保障和监督管理，建立健全技能人才评价工作机制，完善职业技能等级制度，我们制定了《职业技能等级评价机构备案事项办理指南（试行）》和《技能人才评价违纪违规行为处理工作指引（试行）》，现印发给你们。请结合实际，认真贯彻落实。

工作中有何意见建议，请及时与我们联系。

附件：1.《职业技能等级评价机构备案事项办理指南（试行）》
2.《技能人才评价违纪违规行为处理工作指引（试行）》

人力资源社会保障部职业能力建设司
人力资源社会保障部职业技能鉴定中心
2021 年 12 月 23 日

附件1

职业技能等级评价机构备案事项办理指南（试行）

一、全国性用人单位①

（一）适用范围

本指南适用于全国性用人单位备案事项的申请和办理。

（二）办理依据

1.《人力资源社会保障部关于改革完善技能人才评价制度的意见》（人社部发〔2019〕90号）。

2.《人力资源社会保障部办公厅关于开展职业技能等级认定试点工作的通知》（人社厅发〔2018〕148号）。

3.《关于印发〈企业职业技能等级认定备案工作流程（试行）〉的通知》（人社鉴发〔2019〕3号）。

4.《关于征集第二批职业技能等级认定试点用人单位的通告》（中就培函〔2019〕66号）。

（三）受理机构

中国就业培训技术指导中心（以下简称指导中心）。

（四）决定机构

人力资源社会保障部。

（五）数量限制

无数量限制。

（六）申请条件

1. 国资委央企名录中的中央企业，或大型国有企业、民营企业等。

2. 技能人员为单位职工的重要组成部分。

3. 具有良好的技能人员培训和评价工作基础。

4. 以用为本，建立健全培训与使用相结合、评价与激励相联系的人才发展机制。

5. 自愿接受各级人力资源社会保障部门的监督。

（七）禁止性规定

无。

---

① 各地可参照本指南制定本地用人单位备案指南。

(八)申请材料(包含但不限于)

序号	提交材料名称	份数	提交形式
1	职业技能等级评价机构备案申请表	1	电子版
2	法人登记证书复印件	1	电子版
3	职业技能等级认定工作实施方案	1	电子版
4	职业技能等级认定备案企业分支机构表	1	电子版
5	企业技能人才队伍建设相关制度清单	1	电子版
6	职业技能等级认定职业(工种)和标准目录清单	1	电子版
7	职业技能等级认定职业(工种)培训大纲及教材清单	1	电子版
8	职业技能等级认定职业(工种)题库或卷库清单	1	电子版
9	职业技能等级认定主体职业(工种)评价的场地、设施、设备配置情况清单	1	电子版
10	职业技能等级认定考评人员名册	1	电子版
11	职业技能等级认定督导人员名册	1	电子版
12	职业技能等级认定评价队伍分布情况表	1	电子版
13	职业技能等级认定申报机构评价情况统计表	1	电子版
14	职业技能等级认定申报机构培训情况统计表	1	电子版

上述材料可通过电子核验途径获得结果的,鼓励电子核验。

(九)申请接收

申报平台网址:djsb.osta.org.cn。

(十)办理流程

1. 申请。申报机构在职业技能等级评价机构备案申报平台(djsb.osta.org.cn)提交备案相关材料。

2. 受理。指导中心受理全国性用人单位备案申请,对申报资料进行收集、整理、汇总和初步审核,并在10个工作日内通过电话方式告知申报机构申报资料是否符合要求或补正相关材料。

3. 技术评审。指导中心组织专家对申报机构是否具备条件开展职业技能等级认定工作进行技术评审,重点对人才队伍建设相关制度、职业(工种)范围、相应职业标准等进行技术评审。

4. 部级备案。通过技术评审的申报机构,由指导中心赋予机构备案码,并出具备案回执。

5. 省级备案。分支机构所在地人力资源社会保障部门根据部级备案回执,对分支机构进行技术评审并赋码、出具分支机构备案回执。

6. 网上公布。通过技能人才评价工作网（www.osta.org.cn）统一公布全国性用人单位及其分支机构、职业（工种）范围等。

（十一）办理时限

无。

（十二）备案结果

关于同意×××（用人单位）开展职业技能等级认定工作备案的函。

（十三）收费依据及标准

不收费。

（十四）结果送达

备案同意后，通过电话方式告知服务对象，并通过邮寄等方式送达备案回执。

（十五）申报机构权利和义务

申报机构应当如实向受理机构提交有关材料，并对申报材料实质内容的真实性负责。

申报机构对办理事项享有陈述权、知情权。

（十六）咨询途径

1. 电话咨询：（010）84661135/1134。

2. 电子邮件咨询：pingjiachu@cettic.gov.cn。

3. 信函咨询：中国就业培训技术指导中心，北京市朝阳区育慧路3号，邮政编码：100101，联系电话：（010）84661135。

（十七）监督投诉渠道

信函投诉：人力资源社会保障部，北京市东城区和平里中街12号，邮政编码：100716。

（十八）办公地址和时间

1. 办公地址：中国就业培训技术指导中心，北京市朝阳区育慧路3号。

2. 办公时间：工作日8：30—11：30，13：30—17：00。

（十九）公开查询

申报机构可拨打咨询电话查询实时办理状态和结果。

二、社会培训评价组织[①]

（一）适用范围

本指南适用于社会培训评价组织备案事项的申请和办理。

[①] 职业资格实施部门（单位）和各省级人力资源社会保障部门根据《人力资源社会保障部关于实行职业技能考核鉴定机构备案管理的通知》（人社部发〔2019〕30号）要求，参照本指南，做好职业技能考核鉴定机构备案工作。

（二）办理依据

1. 《人力资源社会保障部关于改革完善技能人才评价制度的意见》（人社部发〔2019〕90号）。

2. 《关于印发〈职业技能等级认定工作规程（试行）〉的通知》（人社职司便函〔2020〕17号）。

3. 我部及各地人力资源社会保障部门发布的征集通告。

（三）受理机构

各地人力资源社会保障部门技能人才评价指导部门（以下简称评价指导部门）。

（四）数量限制

各地人力资源社会保障部门按照统筹规划、合理布局、严格条件、择优遴选、动态调整的原则，征集遴选社会培训评价组织。原则上，各辖区1个职业不超过3家社会培训评价组织。

（五）申请条件

1. 在中国境内依法登记的独立法人（如企业、院校、民营非企业、社会团体等），以人才培养培训服务为主要工作职责，具备登记或批准的培训或评价相关业务范围，具有规范的财务制度和管理制度，社会信用良好，无违法违规、失信等不良行为记录。

2. 在拟开展评价的职业领域具有广泛的影响力，在所申报职业（工种）方面有较丰富的考核评价资源和经验，培训评价规模达到一定人数、年限，具备相应的基础条件。

3. 有专门负责职业技能等级认定工作的机构、与评价工作相适应的专职工作人员、专家团队及相应的场地、设施设备（含视频监控设备），能为职业技能等级认定工作提供稳定的经费保障。

4. 具有完善的职业技能等级认定工作质量管控措施，把社会效益放在首位，不以营利为最终目的。

5. 自愿接受各级人力资源社会保障部门的监督。

（六）申报职业（工种）范围

现行《中华人民共和国职业分类大典》及我部后续发布的新职业中第三、四、五、六大类中的技能类职业（工种）[涉及现行《国家职业资格目录》内的职业（工种）另行研究]，且有相应的国家职业技能标准或经人力资源社会保障部备案公示的评价规范。

（七）禁止性规定

1. 政府及其所属部门（事业单位、未与政府部门脱钩的社会团体）不能申报。

2. 有以下情形之一者不能申报：（1）申请机构及法定代表人在培训评价领域有违法违规及失信行为（如有）；（2）社会团体、民营非企业等3年内民政部门年审不合格；（3）社会团体、民营非企业在民政部门非法社会组织名单内；（4）企业3年内在市场监管部门公布的企业经营异常目录内；（5）机构在人才评价领域有不良记录。

（八）申请材料（包含但不限于）

序号	提交材料名称
1	社会培训评价组织基本情况表
2	法人登记证书复印件或统一社会信用信息代码
3	职业技能等级认定工作实施方案及质量管控措施
4	专家等专业人员技能水平证明或相关承诺书
5	场地设施设备等资产有效证明文件或相关承诺书
6	信用报告或诚信承诺书

以上材料可通过电子核验途径获得结果的，鼓励电子核验。

（九）申请接收

各地人力资源社会保障部门评价指导部门。

（十）办理流程

1. 申请。申报机构联系各地评价指导部门提交备案相关材料。

2. 受理。评价指导部门对申报资料进行收集、整理、汇总和初步审核，确认申报资料是否符合要求。

3. 评估。评价指导部门对申报机构是否具备条件开展职业技能等级认定工作进行评估，重点对机构性质、职业（工种）范围、相应的国家职业技能标准或经人力资源社会保障部备案公示的评价规范、实施条件及能力等进行核验评估。

4. 公示。评价指导部门按规定对拟备案社会培训评价组织名单向社会公示、征求意见。

5. 备案。评价指导部门对符合要求的申报机构出具备案回执。

6. 网上公布。通过技能人才评价工作网（www.osta.org.cn）统一公布社会培训评价组织。

（十一）申报机构权利和义务

申报机构应当如实向受理机构提交有关材料，并对申报材料实质内容的真实性负责。申报材料如有不真实的，经查实后取消备案资质。

申报机构对办理事项享有陈述权、知情权。

（十二）咨询途径

各地人力资源社会保障部门评价指导部门。

（十三）监督投诉渠道

各地人力资源社会保障部门。

附件2

技能人才评价违纪违规行为处理工作指引（试行）

第一章 总 则

第一条 为规范技能人才评价违纪违规行为的认定与处理，维护技能人才评价的公平、公正，保障参评人员、工作人员及评价机构的合法权益，根据《中华人民共和国劳动法》和《劳动保障监察条例》（国务院令第423号）等有关法律法规，结合工作实际，制定本指引。

第二条 技能人才评价违纪违规行为（以下简称违纪违规行为）的认定与处理适用本指引。法律、行政法规和部门规章另有规定的，从其规定。

本指引所称技能人才评价包括技能人员职业资格评价、职业技能等级认定、专项职业能力考核等。

第三条 坚持合法依规、客观公正、科学规范、惩教结合的原则对违纪违规行为进行认定与处理。

第四条 人力资源社会保障部职业能力建设司负责全国技能人才评价工作的统筹规划、综合管理和监督检查；中国就业培训技术指导中心（人力资源社会保障部职业技能鉴定中心）负责全国技能人才评价质量监管的组织实施和技术支持服务。

各省级人力资源社会保障部门负责属地技能人才评价工作的监督检查与处理。

行业部门人事劳动保障工作机构负责本行业领域技能人才评价工作的监督检查与处理。

评价机构依据本指引对参评人员、工作人员在评价过程中的违纪违规行为进行认定与处理。

第二章 参评人员违纪违规行为的认定与处理

第五条 参评人员有下列行为之一的，取消其当次该科目的评价成绩。

（一）携带禁携物品（包括与评价内容相关的书籍、资料、电子产品、通信设备以及规定以外的工具等）进入座位（或考位）或未将禁携物品放在指定位置，经提醒拒不改正的；

（二）未在规定的座位（或考位）参加评价，或未经工作人员允许擅自离开座位（或考位），经提醒拒不改正的；

（三）在考场（或考区）禁止的范围内，喧哗、吸烟或实施其他影响考场秩序的行为，经提醒拒不改正的；

（四）其他违反考场规则但尚未构成作弊的行为。

第六条 参评人员有下列行为之一的，取消其当次全部科目评价成绩，且当年不得参加评价。

（一）在评价过程中使用规定以外的带拍照、存储、传输或通讯功能的电子设备（如相机、手机、耳机、U盘、手提电脑、智能手表、智能手环等）或其他电子用品的；

（二）抄袭或协助他人抄袭试题答案或与评价内容相关资料等的；

（三）故意损毁试卷、工件或考试材料的；

（四）擅自将试题、答卷或者有关内容带出考场的；

（五）存在其他作弊但对其他应试人员未造成严重干扰的行为。

第七条 参评人员有下列行为之一的，取消其当次全部科目评价成绩。情节轻微的，2年内不得参加评价；情节严重的，5年内不得参加评价，并依据有关法律法规移送有关部门。

（一）通过虚假承诺、提供虚假材料以及其他非正当手段取得参加评价资格的；

（二）评价前以非正当手段获得试题或答案或进行传播的；

（三）抢夺、窃取他人试卷或胁迫他人配合作弊、偷换工量器具或工件等的；

（四）由他人冒名顶替参加评价或替他人参加评价的；

（五）串通作弊或参与有组织作弊的；

（六）故意损毁评价设备（含视频监控系统）、材料，造成设备事故、人身伤害或设备主要零部件损坏的；

（七）其他影响恶劣或严重扰乱评价管理秩序的行为。

第八条 评价活动结束后，发现参评人员违纪违规行为并经确认的，依照本指引第五、六、七条的规定处理，对其中已颁发证书的，由评价机构或评价机构监管部门宣布评价成绩无效，并对已发放证书、已上网证书数据及时作出相应处理。

第三章 工作人员违纪违规行为的认定与处理

第九条 考务管理人员有下列行为之一的，取消其当年参加评价工作的资格，由评价机构按有关规定作出相应处理。

（一）对参评人员资格审查不严的；

（二）不按规定按时领取、分发和收回试卷或相关材料的；

（三）未认真履行职责，造成所负责考场出现秩序混乱，或对考场内作弊现象等违纪违规行为不及时制止或上报，或参与违规组织考试的；

（四）在证书管理工作中存在弄虚作假、徇私舞弊等的；

（五）其他违反考务管理、证书管理、工作人员有关规定的行为。

第十条 考评人员有下列行为之一的，由考评人员证书颁发部门吊销其考评人员证书，由评价机构按有关规定作出相应处理。

（一）在阅卷评分、评审或面试过程中，未按照参考答案或评分标准进行阅卷评分、评审，或因失职造成阅评结果出现重大错误的；

（二）盗窃、损毁、偷换、违规涂改参评人员答卷（或工件）、评价成绩、参评人员信息材料、考场原始记录及其他有关材料，或在上述材料中弄虚作假的；

（三）非法出售、提供试题、答案的行为。

第十一条 质量督导员违反考务管理、督导工作管理等有关规定，造成不良影响的，由评价机构或评价机构监管部门按有关规定作出相应处理。

第四章 评价机构违纪违规行为的认定与处理

第十二条 评价机构有下列行为之一的，由评价机构监管部门对其主要负责人进行约谈，听取其陈述事实或承诺，提醒其规范操作，视情况宣布当次评价颁发证书或评价成绩部分或全部无效。

（一）对参评人员的参评资格审核不严，未执行职业技能标准或评价规范及有关制度规定，情节轻微的；

（二）评价组织管理松懈，或未严格按规定提供考场和配备工作人员确保对同批次考生采用相同考核评价方式并使其处于同等考核评价环境进行考核评价，或阅卷管理不规范、评分标准不统一，或其他违反考务管理、证书管理等有关规定，情节轻微的；

（三）技能人才评价档案材料保存不完整、管理不规范的；

（四）对评价活动未安排质量督导或不符合质量督导工作规程相关规定，情节轻微的行为。

第十三条 评价机构有下列行为之一的，由评价机构监管部门予以警告，限期整改，并在限期整改期间暂停其评价活动，视情况将其列入诚信不良档案，并向社会公布。

（一）第十二条所列情况，情节严重的；

（二）未严格按照规定区域和地点组织开展评价的；

（三）一年内无正当理由不开展评价活动的；

（四）评价机构利用广告或其他方法，进行评价"包过""保过"等虚假宣传的；

（五）对监督检查中发现或其他渠道反映的违规问题未按期完成整改的；

（六）评价机构因涉嫌违纪违规问题正在调查核实的；

（七）被投诉举报并经核实的行为。

第十四条 评价机构有下列行为之一的，评价机构监管部门予以终止备案。对涉及的相关证书及数据等及时作出相应处理。

（一）备案申请中故意提供虚假承诺、虚假资料的；

（二）严重超出备案范围开展评价工作的；

（三）为参评人员或协助参评人员伪造申报资料或证件，或纵容参评人员违规报名的；

（四）考场秩序混乱，有组织舞弊的；

（五）证书数据造假的；

（六）已被警告，整改后再次违反本指引第十三条规定的；

（七）一年（含）以上不开展评价工作的；

（八）其他不履行工作承诺，造成严重不良社会影响并经核实确认的行为。

第十五条 评价机构超范围上传证书数据、上传证书数据有错误的，撤销其上传的违规证书数据，并视情节给予警告、暂停评价活动，直至终止备案的处理。

评价机构、评价机构监管部门均应建立数据安全、准确、完整保障机制，发生超范围读取证书数据、泄露个人隐私、利用证书数据等提供有偿服务等行为的，评价机构、评价机构监管部门应立即查清情况，对造成上述问题的相关机构、人员，立即取消其证书数据读取权限，并责令其删除已读取的证书数据，并依据相关规定进行处罚，对违反法律法规的，移交相关部门处理。

第五章 违纪违规行为的处理程序

第十六条 参评人员涉及本指引所列违纪违规行为的，经2名（含）以上工作人员签字报考场负责人确认，评价机构按程序认定后，依据本指引有关条款进行处理。

相关工作人员涉及本指引所列违纪违规行为的，评价机构、评价机构监管部门依据本指引有关条款进行处理，评价机构应同时向评价机构监管部门报备处理情况。

评价机构涉及本指引所列违纪违规行为的，评价机构监管部门经认定后，依据本指引有关条款进行处理。

第十七条 对评价机构和参评人员、相关工作人员违纪违规行为作出处理决定前，应当告知评价机构和相关人员拟作出的处理决定及相关事实、理由和依据。

对评价机构和参评人员、工作人员违纪违规行为作出处理决定的，分别由评价机构或评价机构监管部门作出违纪违规行为处理决定，并以书面形式送达相关机构或人员，或按有关规定进行公告。

第十八条 对已由其他机关处理的评价机构和相关个人，评价机构监管部门以相关处理结论为依据，作出相应处理。

第十九条 对处理决定存在异议的机构或个人，可以向作出处理决定的评价机构或评价机构监管部门进行陈述和申辩。经复核后，评价机构或评价机构监管部门作出复核决定。

第二十条 评价机构和评价机构监管部门应当建立违纪违规行为处理档案，记录、保存违纪违规行为的处理决定等。

第六章 附 则

第二十一条 本指引所称评价机构监管部门是指各级人力资源社会保障部门、有关行业部门人事劳动保障工作机构。

本指引所称评价机构是指经人力资源社会保障部门备案的组织实施技能人员职业资格评价、职业技能等级认定、专项职业能力考核等的机构。

本指引所称工作人员是指参与技能人才评价工作的考务管理人员、考评人员、质量督导人员等。

本指引所称参评人员是指依据相关规定报名参加技能人员职业资格评价、职业技能等级认定、专项职业能力考核等评价的人员。

第二十二条 各省级人力资源社会保障部门、各行业部门可根据本地区、本行业部门实际情况制定实施细则。

第二十三条 本指引由人力资源社会保障部职业能力建设司、中国就业培训技术指导中心（人力资源社会保障部职业技能鉴定中心）负责解释。

第二十四条 本指引自印发之日起施行。

关于开展技能人才评价要情报告工作的通知

人社职司便函〔2022〕11号

各省、自治区、直辖市及新疆生产建设兵团人力资源社会保障厅（局），国务院有关部委、直属机构人事劳动保障工作机构，有关评价机构：

为提高技能人才评价工作风险防控和治理能力，完善技能人才评价质量监督管理工作机制，推动技能人才评价工作持续健康发展，请及时发现并报告工作中出现的重要情况和问题。现就有关事项通知如下：

一、报告范围

技能人才评价工作中出现以下重要、重大情况（以下简称要情），用人单位、社会培训评价组织、职业技能鉴定所站（以下统称评价机构）要及时向所在地同意其备案的人力资源社会保障部门报告，逐级报至我部职业能力建设司，并抄报中国就业培训技术指导中心。

（一）评价机构在评价范围、参评人员资格审核、考评过程管理、评价宣传等方面存在严重不规范行为，被多次（三次及以上）举报或导致群体性事件的；

（二）经技能人才评价质量督导或群众举报问题核查，评价服务质量存在较严重问题的；

（三）评价机构上传证书数据存在批量异常的；

（四）引发有关方面关注，经人力资源社会保障部或省级人力资源社会保障部门函询或转办的；

（五）涉及技能人才评价领域相关问题，经纪检监察、人民法院、人民检察院、公安、民政、司法、审计、市场监管等部门（机构）作出处理的；

（六）涉及技能人才评价领域相关情况引发媒体负面报道或出现负面网络舆情的；

（七）应报告的其他事项。

二、有关要求

要情一经发生发现，技能人才评价工作监管部门、评价机构应第一时间报告，报告内容包括但不限于：情况摘要，发生发现时间、地点、方式，涉及相关单位、人员，处置情况，原因分析，整改措施，其他需报告或说明的相关情况及联系人信息等。

一般要情应在发生发现后 24 小时内报告；突发群体性事件或负面网络舆情等重大要情应立刻报告，可先口头报告，随后行文报送情况。技能人才评价工作监管部门、评价机构应确保上报信息的准确性，要情报告由机构主要负责人审核签字并加盖单位公章。

三、工作机制

各地、各有关部门和单位应抓紧建立技能人才评价要情报告公章机制，完善评价工作预警和处罚措施。

技能人才评价工作监管部门要切实加强要情发现、处置等情况的跟踪和督办，发生要情的机构应做好处置及后续相关工作。对于出现拖延误报、隐瞒不报、漏报谎报的，特别是已由媒体曝光、群众举报，或已由有关机构立案调查而不报告或未及时报告的（除有关规定外），监管部门或其上级部门应对相关机构进行约谈提醒、督促整改等。人力资源社会保障部门根据有关规定，结合实际情况，采取暂停证书数据上传、中止或终止机构备案等处理。同时，要建立要情台账，选择要情报告中的典型案例及追责问责情况，开展警示教育，在一定范围内通报。

人力资源社会保障部职业能力建设司

中国就业培训技术指导中心

2022 年 3 月 10 日

关于印发《职业技能等级证书编码规则（试行）》和《职业技能等级证书参考样式》的通知

人社鉴发〔2019〕2号

各省、自治区、直辖市及新疆生产建设兵团人力资源社会保障厅（局）职业技能鉴定（指导）中心，职业技能等级认定试点机构：

根据《人力资源社会保障部办公厅关于开展职业技能等级认定试点工作的通知》（人社厅发〔2018〕148号）要求，为做好职业技能等级认定试点工作，经商职业能力建设司，我们制定了《职业技能等级证书编码规则（试行）》和《职业技能等级证书参考样式》，现印发给你们，请遵照执行。

附件：1. 职业技能等级证书编码规则（试行）
   2. 职业技能等级证书参考样式

人力资源社会保障部职业技能鉴定中心
2019年4月19日

附件1

职业技能等级证书编码规则（试行）

一、证书编码结构

职业技能等级证书编码由1位大写英文字母和21位阿拉伯数字组成，主要包括7个部分：1. 评价机构类别代码；2. 评价机构代码；3. 评价机构（站点①）所在地省级代码；4. 评价机构（站点）序列码；5. 证书核发年份代码；6. 职业技能等级代码；7. 证书序列码。其中，第1~4部分由人力资源社会保障部门赋码，第5~7部分由评价机构赋码。具体表现形式见表1。

表1　　　　　　　　　　证书编码构成

序号	1	2	3	4	5	6	7	8	9	10	11	12	13	14	15	16	17	18	19	20	21	22
说明	评价机构类别代码	评价机构代码				评价机构（站点）所在地省级代码		评价机构（站点）序列码						证书核发年份代码		职业技能等级代码	证书序列码					
来源	人力资源社会保障部门确定															评价机构确定						

二、代码及释义

（一）第1位：评价机构类别代码

评价机构类别指用人单位和社会培训评价组织，分别面向本单位和面向社会开展职业技能等级评价，其代码分别使用大写英文字母Y和S表示，见表2。

表2　　　　　　　　　　评价机构类别代码

评价机构类别	代码标识
用人单位	Y
社会培训评价组织	S

（二）第2~5位：评价机构代码

评价机构先行向人力资源社会保障部备案的，由人力资源社会保障部确定并赋码，代码使用阿拉伯数字，从0001~9999依次顺序取值；评价机构先行向省级人力资源社会保障部门备案的，固定取值0000，见表3。

---

① 注：指在人力资源社会保障部备案的中央企业子公司、分公司和社会培训评价组织的考核站点。

表3　　　　　　　　　　　评价机构代码

备案管理部门	代码标识
人力资源社会保障部	0001~9999
省级人力资源社会保障部门	0000

（三）第6~7位：评价机构（站点）所在地省级代码

评价机构（站点）所在地省级代码取值见表4。

表4　　　　　　　　　　　省级代码表

代码	名称	代码	名称	代码	名称
11	北京市	12	天津市	13	河北省
14	山西省	15	内蒙古自治区	21	辽宁省
22	吉林省	23	黑龙江省	31	上海市
32	江苏省	33	浙江省	34	安徽省
35	福建省	36	江西省	37	山东省
41	河南省	42	湖北省	43	湖南省
44	广东省	45	广西壮族自治区	46	海南省
50	重庆市	51	四川省	52	贵州省
53	云南省	54	西藏自治区	61	陕西省
62	甘肃省	63	青海省	64	宁夏回族自治区
65	新疆维吾尔自治区	66	新疆生产建设兵团	71	台湾省
81	香港特别行政区	82	澳门特别行政区		

（四）第8~13位：评价机构（站点）序列码

评价机构（站点）序列码使用阿拉伯数字，由评价机构（站点）参保地省级人力资源社会保障部门统筹研究确定并赋码。

（五）第14~15位：证书核发年份代码

证书核发年份代码使用阿拉伯数字表示，取公元纪年后两位。例如：19表示证书核发时间为2019年。

（六）第16位：职业技能等级代码

职业技能等级代码使用阿拉伯数字1~5表示，见表5。

表5　　　　　　　　　　　职业技能等级代码

职业技能等级	代码标识
一级/高级技师	1
二级/技师	2
三级/高级工	3
四级/中级工	4
五级/初级工	5

（七）第 17~22 位：证书序列码

职业技能等级证书序列码使用阿拉伯数字表示，由评价机构按年度分职业技能等级分别从 000001~999999 依次顺序取值。

三、示例

（一）示例 1：Y 0001 23 ×××××× 19 5 000001

第 1 位表示该评价机构类别为用人单位；第 2~5 位表示人力资源社会保障部赋予该机构的代码为 0001；第 6~7 位表示该评价机构（站点）在黑龙江省；第 8~13 位表示该评价机构（站点）序列码，由黑龙江省人力资源社会保障厅统筹研究确定并赋码；第 14~15 位表示该证书核发年份为 2019 年；第 16 位表示该证书职业技能等级为五级；第 17~22 位表示该证书序列码为 000001。

（二）示例 2：S 0001 23 ×××××× 19 5 000001

第 1 位表示该评价机构类别为社会培训评价组织；第 2~5 位表示人力资源社会保障部赋予该机构的代码为 0001；第 6~7 位表示该评价机构（站点）在黑龙江省；第 8~13 位表示该评价机构（站点）序列码，由黑龙江省人力资源社会保障厅统筹研究确定并赋码；第 14~15 位表示该证书核发年份为 2019 年；第 16 位表示该证书职业技能等级为五级；第 17~22 位表示该证书序列码为 000001。

（三）示例 3：Y 0000 11 ×××××× 19 5 000001

第 1 位表示该评价机构类别为用人单位；第 2~5 位表示评价机构先行向省级人力资源社会保障部门备案，固定取值 0000；第 6~7 位表示该评价机构（站点）在北京市；第 8~13 位表示该评价机构（站点）序列码，由北京市人力资源社会保障局统筹研究确定并赋码；第 14~15 位表示该证书核发年份为 2019 年；第 16 位表示该证书职业技能等级为五级；第 17~22 位表示该证书序列码为 000001。

（四）示例 4：S 0000 11 ×××××× 19 5 000001

第 1 位表示该评价机构类别为社会培训评价组织；第 2~5 位表示评价机构先行向省级人力资源社会保障部门备案，固定取值 0000；第 6~7 位表示该评价机构（站点）在北京市；第 8~13 位表示该评价机构（站点）序列码，由北京市人力资源社会保障局统筹研究确定并赋码；第 14~15 位表示该证书核发年份为 2019 年；第 16 位表示该证书职业技能等级为五级；第 17~22 位表示该证书序列码为 000001。

四、补充说明

（一）评价机构（站点）取消后的编码处理

评价机构（站点）取消后，原有编码随即作废，由人力资源社会保障部门将该编码列入废置库。废置库中的编码仅作为历史记录供查询、追溯使用，不再重新赋予其他评价机构（站点）。

（二）评价机构（站点）合并后的编码处理

两个或两个以上评价机构（站点）合并形成新的评价机构，视为新增评价机构（站点），被合并的评价机构（站点）视为被取消，分别按新增评价机构（站点）和取消评价机构（站点）进行编码处理。评价机构（站点）并入其他评价机构的，保留并入的评价机构（站点）编码，被并入的评价机构（站点）按取消处理。

（三）职业技能等级证书编码的监督与管理

评价机构（站点）跨多个省（自治区、直辖市）时，应分别向员工缴纳社保的省级人力资源社会保障部门进行备案。各省（自治区、直辖市）人力资源社会保障部门按照属地管理原则对本省（自治区、直辖市）评价机构（站点）的编码规则进行审核与确认。

附件 2

职业技能等级证书参考样式

注：1. 本证书格式仅供参考，评价机构可在保留上述内容信息的基础上自行确定证书内容信息。

  2. 评价机构名称、印章应与人力资源社会保障部门备案公布的名称一致。评价机构印章可使用本机构人事劳动保障工作机构代章。

  3. 工种名称如无，请填写"——"。

职业技能等级证书参考样式制作说明

序号	位置	内容	规格
1	边框居横排 A4 纸（210 mm×297 mm）满幅	粗实线	188 mm×269 mm，2.25 磅
2	左页上	证书名称	30 磅，华文楷体
	左页中	正文部分	16 磅，华文楷体，单倍行距
	左页下	网址部分	14 磅，华文楷体，单倍行距
3	右页上	个人照片	2 寸彩色（白底）
		二维码	30 mm×30 mm
	右页下	基本信息	16 磅，华文楷体，单倍行距

注：制作说明仅供参考。

参考文献

[1] 中国就业培训技术指导中心，人力资源社会保障部职业技能鉴定中心. 职业技能鉴定质量督导技术指导手册［M］. 北京：中国劳动社会保障出版社，2017.

[2] 中国就业培训技术指导中心. 国家职业技能鉴定机构质量管理体系教程［M］. 北京：中国劳动社会保障出版社，2008.

[3] 劳动和社会保障部培训就业司，劳动和社会保障部职业技能鉴定中心. 国家职业技能鉴定教程［M］. 北京：北京广播学院出版社，2003.

后 记

随着国家职业资格制度改革和职业技能等级认定工作机制体系逐步建立,技能人才评价质量监管及质量督导工作的重要性日益凸显。为指导各地人力资源社会保障部门、国家职业资格实施部门(单位)和各级各类评价机构了解评价工作政策理论依据和组织实施技术要求,做好技能人才评价质量督导工作,加强技能人才评价质量督导队伍建设,保证技能人才评价质量监管工作权威性科学性有效性,在人力资源社会保障部职业能力建设司的支持指导下,中国就业培训技术指导中心编写了《技能人才评价质量督导工作指导手册》,并请部分地方、部门行业及企业专家审提意见,手册编写涉及督导指标等技术应用、督导队伍建设等工作,编写组与各地省级职业技能鉴定(指导)中心、部分部门行业企业的同志进行了沟通,听取了意见,在此一并感谢。

这本手册可作为技能人才评价质量督导人员熟悉技能人才评价有关要求、掌握质量督导技术方法、做好质量督导工作的工具书,并为各地人力资源社会保障部门及职业技能鉴定(指导)中心、国家职业资格实施部门(单位)及各级各类评价机构了解质量督导内容程序和组织质量督导工作提供指导。

目前,职业技能等级认定工作机制正处于建立和逐步完善阶段,相关政策制度和技术规则逐步制定和完善,请读者随时关注新文件新要求。本手册尚有许多不足之处,欢迎批评指正。随着各地、部门行业及用人单位在实践中不断总结经验,我们将根据实际情况适时进行修订,以期在实践应用中不断完善发展。